U0650107

案例版

税务筹划实操
从新手到高手

邵永为◎编著

中国铁道出版社有限公司
CHINA RAILWAY PUBLISHING HOUSE CO., LTD.

图书在版编目（CIP）数据

税务筹划实操从新手到高手：案例版 / 邵永为编著 . —北京：中国铁道出版社有限公司，2022.7

ISBN 978-7-113-27569-3

Ⅰ . ①税… Ⅱ . ①邵… Ⅲ . ①企业管理－税收筹划－中国 Ⅳ . ① F812.423

中国版本图书馆 CIP 数据核字（2021）第 266352 号

书　　　名：**税务筹划实操从新手到高手（案例版）**
SHUIWU CHOUHUA SHICAO CONG XINSHOU DAO GAOSHOU (ANLIBAN)
作　　　者：邵永为

责任编辑：王　佩　　　　编辑部电话：(010) 51873022　　　邮箱：505733396@qq.com
封面设计：宿　萌
责任校对：孙　玫
责任印制：赵星辰

出版发行：中国铁道出版社有限公司（100054，北京市西城区右安门西街 8 号）
印　　刷：三河市航远印刷有限公司
版　　次：2022 年 7 月第 1 版　　2022 年 7 月第 1 次印刷
开　　本：700 mm×1 000 mm　1/16　印张：18　字数：293 千
书　　号：ISBN 978-7-113-27569-3
定　　价：69.80 元

前　言

　　纳税筹划是纳税人的一项基本权利，是国家鼓励的行为。在公司财务、投资、战略管理、资本运作等领域中，复杂的经济业务与庞大的税收政策相比，产生了大量的纳税筹划机会。如果不能完全理解产生纳税筹划机会的决策环境，不能将纳税筹划战略并入企业的经营决策之中，不能根据税收政策的变化及时调整经济业务的结构，将使企业在激烈的竞争中处于劣势地位。管理人员在掌握财务报表分析、财务管理等技术的基础上，应将企业战略管理与纳税筹划结合起来，不断提升其统筹规划能力，并极大地提高自身的水平。

■ 写作目的

　　纳税筹划不仅对纳税人有利，对国家也是有利的。纳税人有了合法的减轻税负的手段，就不会采取非法的减轻税负的手段。纳税筹划的基本手段是充分运用国家出台的各项税收优惠政策。国家之所以出台这些税收优惠政策，正是为了让纳税人从事这些政策所鼓励的行为，如果纳税人不进行纳税筹划，那么，国家出台税收优惠政策就达不到其预先设定的目标了。可见，纳税筹划是国家顺利推进税收优惠政策所必不可少的条件。

　　我国还有一些人对纳税筹划存在错误的认识，包括纳税人和税务机关的工作人员。其实，纳税筹划是构建和谐税收征纳关系必不可少的润滑剂。当然，有些人以纳税筹划为幌子，进行税收违法行为，这是纳税筹划专业人士所坚决反对的。纳税筹划靠的是专家对税法的理解，靠的是专家的智慧，而不是靠非法手段。

■ 本书内容

　　全书包括增值税纳税筹划、消费税纳税筹划、企业所得税纳税筹划、个人所得税纳税筹划、房产税纳税筹划、契税纳税筹划六章内容。每章内容分为两大节，第一节为该税种的简介，第二节为该税种筹划的思路与案例。在每个案例之后，都会以导图的形式来展示不同的方案，以最简单的形式呈现税务筹划的思路，在方案对比后，附有专家点评，以最新税收法律法规作为支撑，保证纳税人在法律允许范围内实现最大程度的节税。

■ 本书特色

第一，全面系统。本书全面介绍了企业所涉及的主要税种进行纳税筹划的基本思路和方法，坚持理论与实际相结合的原则，列举大量实务案例，以案例为载体，对一些重点、难点问题答疑解惑，旨在帮助纳税人举一反三，融会贯通。

第二，图文结合。本书每个部分都从最基础的理论讲起，力图打破纳税人在学习中遇到的阻碍，在阐述税务筹划方法时，都加入了对应的思维导图以辅助理解，避免了"盲人摸象"式的学习方式。

第三，实用性强。本书的纳税筹划方案全部来自现实生活，而且可以直接应用到现实生活中去，具有非常强的实用性。

第四，与时俱进。我国税法处于不断成熟阶段，本书以国家最新颁布和修订的税收法律、法规及相关政策为依据，紧扣改革脉搏，联系实践前沿，所有的内容及时更新，与时俱进，具有较强的可读性与可操作性。

■ 读者对象

本书体系完整，内容全面，并与最新的税收法规保持了同步。通过阅读、查询本书，将会带给不同需求的读者不同的收获。

大中专院校的财务管理专业学生：了解税收最新法规、企业税务筹划的基本知识。

税务筹划人员：了解企业纳税工作的基本流程和具体要求，选择最优的纳税筹划方法。

企业经营管理者：了解最新的税法法规，把握纳税筹划实务工作的关键要点。

企业培训及咨询人员：查询最新的会计、财务、税法法规。

在编写本书的过程中，笔者得到了多位企业财务人员、国家税务机关工作人员的热情支持，在此一并表示感谢。由于水平有限，书中疏漏在所难免，恳请广大读者不吝指正，期待读者一起参与，笔者将与大家共同努力，争取将税收筹划的理论与实践推向更高的境界。

本书编委会联系方式：duzhezixun@139.com。

编　者

2021 年 10 月

目　录

第一章

增值税筹划

第一节　增值税简介

　　增值税是以商品和劳务在流转过程中产生的增值额作为征收对象而征收的一种流转税，是我国现阶段税收收入规模最大的税种。1993 年 12 月 13 日国务院令第 134 号发布、2008 年 11 月 10 日国务院令第 538 号修订、2016 年 2 月 6 日国务院令第 666 号第一次修订、2017 年 11 月 19 日国务院令第 691 号第二次修订《中华人民共和国增值税暂行条例》（以下简称《增值税暂行条例》）。2008 年 12 月 15 日财政部、国家税务总局令第 50 号颁布，2011 年 10 月 28 日财政部、国家税务总局令第 65 号修正《中华人民共和国增值税暂行条例实施细则》（以下简称《增值税暂行条例实施细则》）。为进一步完善增值税制，消除重复征税，促进经济结构优化，经国务院常务会议决定，自 2012 年 1 月 1 日起，在上海市开展交通运输业和部分现代服务业营业税改征增值税试点。2016 年 3 月 24 日，财政部、国家税务总局印发《营业税改征增值税试点实施办法》，自 2016 年 5 月 1 日起，在全国范围内全面推开营改增试点，建筑业、房地产业、金融业、生活服务业等全部营业税纳税人，纳入试点范围，由缴纳营业税改为缴纳增值税。这些构成我国增值税法律制度的主要内容。

一、增值税纳税人和扣缴义务人

（一）纳税人

　　根据《增值税暂行条例》的规定，在中华人民共和国境内销售货物或者加工、修理修配劳务（以下简称"劳务"），销售服务、无形资产、不动产以及进口货物的单位和个人，为增值税的纳税人。单位，是指企业、行政单位、事业单位、军事单位、社会团体及其他单位。个人，是指个体工商户和其他个人。

单位以承包、承租、挂靠方式经营的，承包人、承租人、挂靠人（以下统称"承包人"）以发包人、出租人、被挂靠人（以下统称"发包人"）名义对外经营并由发包人承担相关法律责任的，以该发包人为纳税人。否则，以承包人为纳税人。

资管产品运营过程中发生的增值税应税行为，以资管产品管理人为增值税纳税人。

（二）纳税人的分类

根据纳税人的经营规模以及会计核算健全程度的不同，增值税的纳税人可划分为小规模纳税人和一般纳税人。

1. 小规模纳税人

（1）增值税小规模纳税人的标准为年应征增值税销售额 500 万元及以下。年应税销售额，是指纳税人在连续不超过 12 个月或 4 个季度的经营期内累计应征增值税销售额，包括纳税申报销售额、稽查查补销售额、纳税评估调整销售额。

（2）已登记为增值税一般纳税人的单位和个人，转登记日前连续 12 个月或者连续 4 个季度累计销售额未超过 500 万元的，在 2019 年 12 月 31 日前，可选择转登记为小规模纳税人，其未抵扣的进项税额作转出处理。

小规模纳税人会计核算健全，能够提供准确税务资料的，可以向税务机关申请登记为一般纳税人，不再作为小规模纳税人。会计核算健全，是指能够按照国家统一的会计制度规定设置账簿，根据合法、有效凭证核算。

小规模纳税人实行简易征税办法，并且一般不使用增值税专用发票，但基于增值税征收管理中一般纳税人与小规模纳税人之间客观存在的经济往来的实情，小规模纳税人可以到税务机关代开增值税专用发票。

为持续推进放管服（"简政放权、放管结合、优化服务"的简称）改革，全面推行小规模纳税人自行开具增值税专用发票。小规模纳税人（其他个人除外）发生增值税应税行为，需要开具增值税专用发票的，可以自愿使用增值税发票管理系统自行开具，但销售其取得的不动产，需要开具增值税专用发票的，应当按照有关规定向税务机关申请代开。

2. 一般纳税人

一般纳税人，是指年应税销售额超过财政部、国家税务总局规定的小规模纳税人标准的企业和企业性单位。

一般纳税人实行登记制，除另有规定外，应当向税务机关办理登记手续。

下列纳税人不办理一般纳税人登记。

（1）按照政策规定，选择按照小规模纳税人纳税的。

（2）年应税销售额超过规定标准的其他个人。

纳税人自一般纳税人生效之日起，按照增值税一般计税方法计算应纳税额，并可以按照规定领用增值税专用发票，财政部、国家税务总局另有规定的除外。

纳税人登记为一般纳税人后，不得转为小规模纳税人，国家税务总局另有规定的除外。

（三）扣缴义务人

中华人民共和国境外的单位或者个人在境内销售劳务，在境内未设有经营机构的，以其境内代理人为扣缴义务人；在境内没有代理人的，以购买方为扣缴义务人。

二、增值税征税范围

增值税的征税范围包括在中华人民共和国境内销售货物或者劳务，销售服务、无形资产、不动产以及进口货物等。

（一）销售货物

在中国境内销售货物，是指销售货物的起运地或者所在地在境内。

销售货物是指有偿转让货物的所有权。货物，是指有形动产，包括电力、热力、气体在内。有偿，是指从购买方取得货币、货物或者其他经济利益。

（二）销售劳务

在中国境内销售劳务，是指提供的劳务发生地在境内。

销售劳务，是指有偿提供加工、修理修配劳务。单位或者个体工商户聘用的员工为本单位或者雇主提供加工、修理修配劳务的不包括在内。

加工，是指受托加工货物，即委托方提供原料及主要材料，受托方按照委托方的要求，制造货物并收取加工费的业务；修理修配，是指受托对损伤和丧失功能的货物进行修复，使其恢复原状和功能的业务。

（三）销售服务

销售服务，是指提供交通运输服务、邮政服务、电信服务、建筑服务、金融服务、现代服务、生活服务。

1. 交通运输服务

交通运输服务，是指利用运输工具将货物或者旅客送达目的地，使其空间位置得到转移的业务活动，包括陆路运输服务、水路运输服务、航空运输服务和管道运输服务。

（1）陆路运输服务，是指通过陆路（地上或者地下）运送货物或者旅客的运输业务活动，包括铁路运输服务和其他陆路运输服务。

出租车公司向使用本公司自有出租车的出租车司机收取的管理费用，按照陆路运输服务缴纳增值税。

（2）水路运输服务，是指通过江、河、湖、川等天然、人工水道或者海洋航道运送货物或者旅客的运输业务活动。

水路运输的程租、期租业务，属于水路运输服务。

（3）航空运输服务，是指通过空中航线运送货物或者旅客的运输业务活动。航空运输的湿租业务，属于航空运输服务。

航天运输服务，按照航空运输服务缴纳增值税。

航天运输服务，是指利用火箭等载体将卫星、空间探测器等空间飞行器发射到空间轨道的业务活动。

（4）管道运输服务，是指通过管道设施输送气体、液体、固体物质的运输业务活动。

无运输工具承运业务，按照交通运输服务缴纳增值税。

无运输工具承运业务，是指经营者以承运人身份与托运人签订运输服务合同，收取运费并承担承运人责任，然后委托实际承运人完成运输服务的经营活动。

2. 邮政服务

邮政服务，是指中国邮政集团公司及其所属邮政企业提供邮件寄递、邮政汇兑和机要通信等邮政基本服务的业务活动，包括邮政普遍服务、邮政特殊服务和其他邮政服务。

（1）邮政普遍服务，是指函件、包裹等邮件寄递，以及邮票发行、报刊发行和邮政汇兑等业务活动。

（2）邮政特殊服务，是指义务兵平常信函、机要通信、盲人读物和革命烈士遗物的寄递等业务活动。

（3）其他邮政服务，是指邮册等邮品销售、邮政代理等业务活动。

3. 电信服务

电信服务，是指利用有线、无线的电磁系统或者光电系统等各种通信网络资源，提供语音通话服务，传送、发射、接收或者应用图像、短信等电子数据和信息的业务活动，包括基础电信服务和增值电信服务。

（1）基础电信服务，是指利用固网、移动网、卫星、互联网，提供语音通话服务的业务活动，以及出租或者出售带宽、波长等网络元素的业务活动。

（2）增值电信服务，是指利用固网、移动网、卫星、互联网、有线电视网络，提供短信和彩信服务、电子数据和信息的传输及应用服务、互联网接入服务等业务活动。

卫星电视信号落地转接服务，按照增值电信服务缴纳增值税。

4. 建筑服务

建筑服务，是指各类建筑物、构筑物及其附属设施的建造、修缮、装饰，线路、管道、设备、设施等的安装以及其他工程作业的业务活动，包括工程服务、安装服务、修缮服务、装饰服务和其他建筑服务。

（1）工程服务，是指新建、改建各种建筑物、构筑物的工程作业，包括与建筑物相连的各种设备或者支柱、操作平台的安装或者装设工程作业，以及各种窑炉和金属结构工程作业。

（2）安装服务，是指生产设备、动力设备、起重设备、运输设备、传动设备、医疗实验设备以及其他各种设备、设施的装配、安置工程作业，包括与被安装设备相连的工作台、梯子、栏杆的装设工程作业，以及被安装设备的绝缘、防腐、保温、油漆等工程作业。

固定电话、有线电视、宽带、水、电、燃气、暖气等经营者向用户收取的安装费、初装费、开户费、扩容费以及类似收费，按照安装服务缴纳增值税。

（3）修缮服务，是指对建筑物、构筑物进行修补、加固、养护、改善，使之恢复原来的使用价值或者延长其使用期限的工程作业。

（4）装饰服务，是指对建筑物、构筑物进行修饰装修，使之美观或者具有特定用途的工程作业。

（5）其他建筑服务，是指上列工程作业之外的各种工程作业服务，如钻井（打井）、拆除建筑物或者构筑物、平整土地、园林绿化、疏浚（不包括航道疏浚）、建筑物平移、搭脚手架、爆破、矿山穿孔、表面附着物（包括岩层、土层、沙层等）剥离和清理等工程作业。

5. 金融服务

金融服务，是指经营金融保险的业务活动，包括贷款服务、直接收费金融服务、保险服务和金融商品转让。

（1）贷款服务。贷款，是指将资金贷与他人使用而取得利息收入的业务活动。

各种占用、拆借资金取得的收入，包括金融商品持有期间（含到期）利息（保本收益、报酬、资金占用费、补偿金等）收入、信用卡透支利息收入、买入返售金融商品利息收入、融资融券收取的利息收入，以及融资性售后回租、押汇、罚息、票据贴现、转贷等业务取得的利息及利息性质的收入，按照贷款服务缴纳增值税。

融资性售后回租，是指承租方以融资为目的，将资产出售给从事融资性售后回租业务的企业后，从事融资性售后回租业务的企业将该资产出租给承租方的业务活动。

以货币资金投资收取的固定利润或者保底利润，按照贷款服务缴纳增值税。

（2）直接收费金融服务，是指为货币资金融通及其他金融业务提供相关服务并且收取费用的业务活动，包括提供货币兑换、账户管理、电子银行、信用卡、信用证、财务担保、资产管理、信托管理、基金管理、金融交易场所（平台）管理、资金结算、资金清算、金融支付等服务。

（3）保险服务，是指投保人根据合同约定，向保险人支付保险费，保险人对于合同约定的可能发生的事故因其发生所造成的财产损失承担赔偿保险金责任，或者当被保险人死亡、伤残、疾病或者达到合同约定的年龄、期限等条件时，承担给付保险金责任的商业保险行为，包括人身保险服务和财产保险服务。

（4）金融商品转让，是指转让外汇、有价证券、非货物期货和其他金融商品所有权的业务活动。

其他金融商品转让包括基金、信托、理财产品等各类资产管理产品和各种金融衍生品的转让。

6. 现代服务

现代服务，是指围绕制造业、文化产业、现代物流产业等提供技术性、知识性服务的业务活动，包括研发和技术服务、信息技术服务、文化创意服务、物流辅助服务、租赁服务、鉴证咨询服务、广播影视服务、商务辅助服务和其他现代服务。

（1）研发和技术服务，包括研发服务、合同能源管理服务、工程勘察勘探服务、专业技术服务。

（2）信息技术服务，是指利用计算机、通信网络等技术对信息进行生产、收集、处理、加工、存储、运输、检索和利用，并提供信息服务的业务活动，包括软件服务、电路设计及测试服务、信息系统服务、业务流程管理服务和信息系统增值服务。

（3）文化创意服务，包括设计服务、知识产权服务、广告服务和会议展览服务。

（4）物流辅助服务，包括航空服务、港口码头服务、货运客运场站服务、打捞救助服务、装卸搬运服务、仓储服务和收派服务。

（5）租赁服务，包括融资租赁服务和经营租赁服务。

融资性售后回租不按照本税目缴纳增值税。

将建筑物、构筑物等不动产或者飞机、车辆等有形动产的广告位出租给其他单位或者个人用于发布广告，按照经营租赁服务缴纳增值税。

车辆停放服务、道路通行服务（包括过路费、过桥费、过闸费）等按照不动产经营租赁服务缴纳增值税。

（6）鉴证咨询服务，包括认证服务、鉴证服务和咨询服务。翻译服务和市场调查服务按照咨询服务缴纳增值税。

（7）广播影视服务，包括广播影视节目（作品）的制作服务、发行服务和播映（含放映）服务。

（8）商务辅助服务，包括企业管理服务、经纪代理服务、人力资源服务、安全保护服务。

（9）其他现代服务，是指除研发和技术服务、信息技术服务、文化创意服务、物流辅助服务、租赁服务、鉴证咨询服务、广播影视服务和商务辅助服务以外的现代服务。

7. 生活服务

生活服务，是指为满足城乡居民日常生活需求提供的各类服务活动，包括文化体育服务、教育医疗服务、旅游娱乐服务、餐饮住宿服务、居民日常服务和其他生活服务。

（1）文化体育服务，包括文化服务和体育服务。

（2）教育医疗服务，包括教育服务和医疗服务。

（3）旅游娱乐服务，包括旅游服务和娱乐服务。

（4）餐饮住宿服务，包括餐饮服务和住宿服务。

（5）居民日常服务，是指主要为满足居民个人及其家庭日常生活需求提供的服务，包括市容市政管理、家政、婚庆、养老、殡葬、照料和护理、救助救济、美容美发、按摩、桑拿、氧吧、足疗、沐浴、洗染、摄影扩印等服务。

（6）其他生活服务，是指除文化体育服务、教育医疗服务、旅游娱乐服务、餐饮住宿服务和居民日常服务之外的生活服务。

（四）销售无形资产

销售无形资产，是指转让无形资产所有权或者使用权的业务活动。无形资产，是指不具实物形态，但能带来经济利益的资产，包括技术、商标、著作权、自然资源使用权和其他权益性无形资产。

技术，包括专利技术和非专利技术。

自然资源使用权，包括土地使用权、海域使用权、探矿权、采矿权、取水权和其他自然资源使用权。

其他权益性无形资产，包括基础设施资产经营权、公共事业特许权、配额、经营权（包括特许经营权、连锁经营权、其他经营权）、经销权、分销权、代理权、会员权、席位权、网络游戏虚拟道具、域名、名称权、肖像权、冠名权、转会费等。

（五）销售不动产

销售不动产，是指转让不动产所有权的业务活动。不动产，是指不能移动或者移动后会引起性质、形状改变的财产，包括建筑物、构筑物等。

建筑物，包括住宅、商业营业用房、办公楼等可供居住、工作或者进行其他活动的建造物。

构筑物，包括道路、桥梁、隧道、水坝等建造物。

转让建筑物有限产权或者永久使用权的，转让在建的建筑物或者构筑物所有权的，以及在转让建筑物或者构筑物时一并转让其所占土地使用权的，按照销售不动产缴纳增值税。

（六）进口货物

进口货物，是指申报进入中国海关境内的货物。根据《增值税暂行条例》的规定，只要是报关进口的应税货物，均属于增值税的征税范围，除享受免税政策外，在进口环节缴纳增值税。

（七）非经营活动的界定

销售服务、无形资产或者不动产，是指有偿提供服务、有偿转让无形资产或者不动产，但属于下列非经营活动的情形除外。

1. 行政单位收取的同时满足以下条件的政府性基金或者行政事业性收费

（1）由国务院或者财政部批准设立的政府性基金，由国务院或者省级人民政府及其财政、价格主管部门批准设立的行政事业性收费。

（2）收取时开具省级以上（含省级）财政部门监（印）制的财政票据。

（3）所收款项全额上缴财政。

2. 单位或者个体工商户聘用的员工为本单位或者雇主提供取得工资的服务

3. 单位或者个体工商户为聘用的员工提供服务

4.财政部和国家税务总局规定的其他情形

（八）境内销售服务、无形资产或者不动产的界定

1.在境内销售服务、无形资产或者不动产，是指以下几项

（1）服务（租赁不动产除外）或者无形资产（自然资源使用权除外）的销售方或者购买方在境内。

（2）所销售或者租赁的不动产在境内。

（3）所销售自然资源使用权的自然资源在境内。

（4）财政部和国家税务总局规定的其他情形。

2.下列情形不属于在境内销售服务或者无形资产

（1）境外单位或者个人向境内单位或者个人销售完全在境外发生的服务。

（2）境外单位或者个人向境内单位或者个人销售完全在境外使用的无形资产。

（3）境外单位或者个人向境内单位或者个人出租完全在境外使用的有形动产。

（4）财政部和国家税务总局规定的其他情形。

（九）视同销售货物行为

1.单位或者个体工商户的下列行为，视同销售货物，征收增值税

（1）将货物交付其他单位或者个人代销。

（2）销售代销货物。

（3）设有两个以上机构并实行统一核算的纳税人，将货物从一个机构移送其他机构用于销售，但相关机构设在同一县（市）的除外。

（4）将自产或者委托加工的货物用于非增值税应税项目。

（5）将自产、委托加工的货物用于集体福利或者个人消费。

（6）将自产、委托加工或者购进的货物作为投资，提供给其他单位或者个体工商户。

（7）将自产、委托加工或者购进的货物分配给股东或者投资者。

（8）将自产、委托加工或者购进的货物无偿赠送其他单位或者个人。

2.单位或者个人的下列情形视同销售服务、无形资产或者不动产，征收增

值税

（1）单位或者个体工商户向其他单位或者个人无偿提供服务，但用于公益事业或者以社会公众为对象的除外。

（2）单位或者个人向其他单位或者个人无偿转让无形资产或者不动产，但用于公益事业或者以社会公众为对象的除外。

（3）财政部和国家税务总局规定的其他情形。

（十）混合销售

一项销售行为如果既涉及货物又涉及服务，则为混合销售。从事货物的生产、批发或者零售的单位和个体工商户的混合销售行为，按照销售货物缴纳增值税；其他单位和个体工商户的混合销售行为，按照销售服务缴纳增值税。

上述从事货物的生产、批发或者零售的单位和个体工商户，包括以从事货物的生产、批发或者零售为主，并兼营销售服务的单位和个体工商户在内。

自 2017 年 5 月起，纳税人销售活动板房、机器设备、钢结构件等自产货物的同时提供建筑、安装服务，不属于混合销售，应分别核算货物和建筑服务的销售额，分别适用不同的税率或者征收率。

（十一）兼营

兼营，是指纳税人的经营中包括销售货物、加工修理修配劳务以及销售服务、无形资产和不动产的行为。

纳税人发生兼营行为，应当分别核算适用不同税率或征收率的销售额，未分别核算销售额的，按照以下办法适用税率或征收率。

（1）兼有不同税率的销售货物、加工修理修配劳务、服务、无形资产或者不动产，从高适用税率。

（2）兼有不同征收率的销售货物、加工修理修配劳务、服务、无形资产或者不动产，从高适用征收率。

（3）兼有不同税率和征收率的销售货物、加工修理修配劳务、服务、无形资产或者不动产，从高适用税率。

（十二）不征收增值税项目

（1）根据国家指令无偿提供的铁路运输服务、航空运输服务，属于《营业税改征增值税试点实施办法》规定的用于公益事业的服务。

（2）存款利息。

（3）被保险人获得的保险赔付。

（4）房地产主管部门或者其指定机构、公积金管理中心、开发企业以及物业管理单位代收的住宅专项维修基金。

（5）在资产重组过程中，通过合并、分立、出售、置换等方式，将全部或者部分实物资产以及与其相关联的债权、负债和劳动力一并转让给其他单位和个人，其中涉及的不动产、土地使用权转让行为。

（6）纳税人在资产重组过程中，通过合并、分立、出售、置换等方式，将全部或者部分实物资产以及与其相关联的债权、负债和劳动力一并转让给其他单位和个人，不属于增值税的征税范围，其中涉及的货物转让，不征收增值税。

三、增值税税率和征收率

（一）增值税税率

1. 纳税人销售货物、劳务、有形动产租赁服务或者进口货物，除《增值税暂行条例》第二条第 2 项、第 4 项、第 5 项（下列第 2、4、5 项）另有规定外，税率为 13%。

2. 纳税人销售交通运输、邮政、基础电信、建筑、不动产租赁服务，销售不动产，转让土地使用权，销售或者进口下列货物，税率为 9%。

（1）粮食等农产品、食用植物油、食用盐。

（2）自来水、暖气、冷气、热水、煤气、石油液化气、天然气、二甲醚、沼气、居民用煤炭制品。

（3）图书、报纸、杂志、音像制品、电子出版物。

（4）饲料、化肥、农药、农机、农膜。

（5）国务院规定的其他货物。

3. 纳税人销售服务、无形资产，除《增值税暂行条例》第二条第 1 项、第 2 项、第 5 项（上述第 1、2 项和下列第 5 项）另有规定外，税率为 6%。

4. 纳税人出口货物，税率为零；但是，国务院另有规定的除外。

5. 境内单位和个人跨境销售国务院规定范围内的服务、无形资产，税率为零，包括以下几个方面。

（1）国际运输服务。

（2）航天运输服务。

（3）向境外单位提供的完全在境外消费的下列服务：①研发服务；②合同能源管理服务；③设计服务；④广播影视节目（作品）的制作和发行服务；⑤软件服务；⑥电路设计及测试服务；⑦信息系统服务；⑧业务流程管理服务；⑨离岸服务外包业务；⑩转让技术。

（4）国务院规定的其他服务。

（二）增值税征收率

1.征收率的一般规定

小规模纳税人以及一般纳税人选择简易办法计税的，征收率为3%；另有规定除外。具体为：

（1）一般纳税人销售自己使用过的属于《增值税暂行条例》第10条规定，不得抵扣且未抵扣进项税额的固定资产，按简易办法依照3%征收率减按2%征收增值税。

（2）一般纳税人销售自己使用过的其他固定资产（以下简称"已使用过的固定资产"）应区分不同情形征收增值税。

①销售自己使用过的2009年1月1日以后购进或者自制的固定资产，按照适用税率征收增值税。

②2008年12月31日以前未纳入扩大增值税抵扣范围试点的纳税人，销售自己使用过的2008年12月31日以前购进或者自制的固定资产，按照简易办法依照3%征收率减按2%征收增值税。

③2008年12月31日以前已纳入扩大增值税抵扣范围试点的纳税人，销售自己使用过的在本地区扩大增值税抵扣范围试点以前购进或者自制的固定资产，按照简易办法依照3%征收率减按2%征收增值税；销售自己使用过的在本地区扩大增值税抵扣范围试点以后购进或者自制的固定资产，按照适用税率征收增值税。

（3）一般纳税人销售自己使用过的除固定资产以外的物品，应当按照适用税率征收增值税。

（4）小规模纳税人（除其他个人外，下同）销售自己使用过的固定资产，减按 2% 征收率征收增值税。

小规模纳税人销售自己使用过的除固定资产以外的物品，应按 3% 的征收率征收增值税。

（5）纳税人销售旧货，按照简易办法依照 3% 征收率减按 2% 征收增值税。

旧货，是指进入二次流通的具有部分使用价值的货物（含旧汽车、旧摩托车和旧游艇），但不包括自己使用过的物品。

（6）一般纳税人销售自产的下列货物，可选择按照简易办法依照 3% 征收率计算缴纳增值税，选择简易办法计算缴纳增值税后，36 个月内不得变更，具体适用范围如下。

①县级及县级以下小型水力发电单位生产的电力。小型水力发电单位，是指各类投资主体建设的装机容量为 5 万千瓦以下（含 5 万千瓦）的小型水力发电单位。

②建筑用和生产建筑材料所用的砂、土、石料。

③以自己采掘的砂、土、石料或其他矿物连续生产的砖、瓦、石灰（不含黏土实心砖、瓦）。

④用微生物、微生物代谢产物、动物毒素、人或动物的血液或组织制成的生物制品。

⑤自来水（对属于一般纳税人的自来水公司销售自来水按简易办法依照 3% 的征收率征收增值税，不得抵扣其购进自来水取得增值税扣税凭证上注明的增值税税款）。

⑥商品混凝土（仅限于以水泥为原料生产的水泥混凝土）。

（7）一般纳税人销售货物属于下列情形之一的，暂按简易办法依照 3% 的征收率计算缴纳增值税。

①寄售商店代销寄售物品（包括居民个人寄售的物品在内）。

②典当业销售死当物品。

③经国务院或国务院授权机关批准的免税商店零售的免税品。

（8）建筑企业一般纳税人提供建筑服务属于老项目的，可以选择简易办法按

14

照 3% 的征收率征收增值税。

2. 征收率的特殊规定

（1）小规模纳税人转让其取得的不动产，按照 5% 的征收率征收增值税。

（2）一般纳税人转让其 2016 年 4 月 30 日前取得的不动产，选择简易计税方法计税的，按照 5% 的征收率征收增值税。

（3）小规模纳税人出租其取得的不动产（不含个人出租住房），按照 5% 的征收率征收增值税。

（4）一般纳税人出租其 2016 年 4 月 30 日前取得的不动产，选择简易计税方法计税的，按照 5% 的征收率征收增值税。

（5）房地产开发企业（一般纳税人）销售自行开发的房地产老项目，选择简易计税方法计税的，按照 5% 的征收率征收增值税。

（6）房地产开发企业（小规模纳税人）销售自行开发的房地产项目，按照 5% 的征收率征收增值税。

（7）纳税人提供劳务派遣服务，选择差额纳税的，按照 5% 的征收率征收增值税。

四、增值税应纳税额的计算

（一）一般计税方式应纳税额的计算

一般纳税人销售货物、劳务、服务、无形资产、不动产（以下简称应税销售行为），采取一般计税方法计算应纳增值税额，其计算公式为：

$$应纳税额 = 当期销项税额 - 当期进项税额$$

当期销项税额小于当期进项税额不足抵扣时，不足部分可以结转下期继续抵扣。

销项税额是指纳税人发生应税销售行为，按照销售额和适用税率计算并向购买方收取的增值税价款，其计算公式为：

$$销项税额 = 销售额 \times 适用税率$$

可见，一般计税方法计算增值税应纳税额时，主要有两个因素：一是销售额；二是进项税额。

1. 销售额的确定

（1）销售额的概念。

销售额是指纳税人发生应税销售行为向购买方收取的全部价款和价外费用，但是不包括收取的销项税额。价外费用，包括价外向购买方收取的手续费、补贴、基金、集资费、返还利润、奖励费、违约金、滞纳金、延期付款利息、赔偿金、代收款项、代垫款项、包装费、包装物租金、储备费、优质费、运输装卸费以及其他各种性质的价外收费。上述价外费用无论其会计制度如何核算，均应并入销售额计算销项税额。但下列项目不包括在销售额内：

①受托加工应征消费税的消费品所代收代缴的消费税。

②同时符合以下条件代为收取的政府性基金或者行政事业性收费：由国务院或者财政部批准设立的政府性基金，由国务院或者省级人民政府及其财政、价格主管部门批准设立的行政事业性收费；收取时开具省级以上财政部门印制的财政票据；所收款项全额上缴财政。

③销售货物的同时代办保险等而向购买方收取的保险费，以及向购买方收取的代购买方缴纳的车辆购置税、车辆牌照费。

④以委托方名义开具发票代委托方收取的款项。

（2）含税销售额的换算。

增值税实行价外税，计算销项税额时，销售额中不应含有增值税款。如果销售额中包含了增值税款即销项税额，则应将含税销售额换算成不含税销售额，其计算公式为：

$$不含税销售额 = 含税销售额 \div （1 + 增值税税率）$$

（3）视同销售货物的销售额的确定。

《增值税暂行条例实施细则》规定了8种视同销售货物行为，这8种视同销售行为一般不以资金的形式反映出来，因而会出现无销售额的情况。在此情况下，主管税务机关有权按照下列顺序核定其销售额：

①按纳税人最近时期同类货物的平均销售价格确定。

②按其他纳税人最近时期同类货物的平均销售价格确定。

③按组成计税价格确定，其计算公式为：

$$组成计税价格 = 成本 \times （1 + 成本利润率）$$

征收增值税的货物，同时又征收消费税的，其组成计税价格中应包括消费税税额，其计算公式为：

组成计税价格=成本×（1+成本利润率）+消费税税额

或，组成计税价格=成本×（1+成本利润率）÷（1-消费税税率）

公式中的成本分为两种情况：一是销售自产货物的为实际生产成本；二是销售外购货物的为实际采购成本。公式中的成本利润率通常为10%，但属于应从价定率征收消费税的货物，其组成计税价格公式中的成本利润率为《消费税若干具体问题的规定》中规定的成本利润率。

纳税人销售货物或者劳务的价格明显偏低且无正当理由的，由税务机关按照上述方法核定其销售额。

《营业税改征增值税试点实施办法》规定，纳税人销售服务、无形资产或者不动产价格明显偏低或者偏高且不具有合理商业目的的，或者发生无销售额的，主管税务机关有权按照下列顺序确定销售额。

第一，按照纳税人最近时期销售同类服务、无形资产或者不动产的平均价格确定。

第二，按照其他纳税人最近时期销售同类服务、无形资产或者不动产的平均价格确定。

第三，按照组成计税价格确定。组成计税价格的公式为：

组成计税价格=成本×（1+成本利润率）

成本利润率由国家税务总局确定。

不具有合理商业目的，是指以谋取税收利益为主要目的，通过人为安排，减少、免除、推迟缴纳增值税税款，或者增加退还增值税税款。

【例1-1】某公司为增值税一般纳税人，2020年10月从国外进口一批高档化妆品，海关核定的关税完税价格为300万元，已纳关税40万元。已知消费税税率为15%，增值税税率为13%。计算该公司进口环节应纳增值税税额。

【解析】根据增值税法律制度的规定，进口货物如果缴纳消费税，则在计算增值税应纳税额时，组成的计税价格中含有消费税税款。

①进口环节应纳消费税税额=（300+40）÷（1-15%）×15%=400×15%=60（万元）

①组成计税价格 =300+40+60=400（万元）

②进口环节应纳增值税税额 =400×13%=52（万元）

（4）混合销售的销售额的确定。

依照《营业税改征增值税试点实施办法》及相关规定，混合销售的销售额为货物销售额与服务销售额的合计。

（5）兼营的销售额的确定。

依据《营业税改征增值税试点的实施办法》及相关规定，纳税人兼营不同税率的货物、劳务、服务、无形资产或者不动产，应当分别核算不同税率或者征收率的销售额；未分别核算销售额的，从高适用税率。

（6）特殊销售方式下销售额的确定。

①折扣方式销售。折扣销售是指销货方在销售货物时，因购货方购货数量较大等原因而给予购货方的价格优惠。纳税人采取折扣方式销售货物，如果销售额和折扣额在同一张发票上分别注明，可以按折扣后的销售额征收增值税；如果将折扣额另开发票，不论其在财务上如何处理，均不得从销售额中减除折扣额。

②以旧换新方式销售。以旧换新销售是指纳税人在销售货物时，折价收回同类旧货物，并以折价款部分冲减新货物价款的一种销售方式。纳税人采取以旧换新方式销售货物的，应按新货物的同期销售价格确定销售额，不得扣减旧货物的收购价格。

但是对金银首饰以旧换新业务，可以按销售方实际收取的不含增值税的全部价款征收增值税。

③还本销售方式销售。还本销售是指纳税人在销售货物后，到一定期限将货款一次或分次退还给购货方的一种销售方式。这种方式实际上是一种筹资，是以货物换取资金的使用价值，到期还本不付息的方法。纳税人采取还本销售方式销售货物，其销售额就是货物的销售价格，不得从销售额中减除还本支出。

④以物易物方式销售。以物易物是指购销双方不是以货币结算，而是以同等价款的货物相互结算，实现货物购销的一种方式。以物易物双方都应作购销处理，以各自发出的货物核算销售额并计算销项税额，以各自收到的货物按规定核算购货额并计算进项税额。在以物易物活动中，应分别开具合法的票据，如收到的货物不能取得相应的增值税专用发票或其他合法票据的，不能抵扣进项税额。

⑤直销方式销售。直销企业先将货物销售给直销员，直销员再将货物销售给消费者的，直销企业的销售额为其向直销员收取的全部价款和价外费用。直销员将货物销售给消费者时，应按照现行规定缴纳增值税。

直销企业通过直销员向消费者销售货物，直接向消费者收取货款，直销企业的销售额为其向消费者收取的全部价款和价外费用。

（7）包装物押金。

包装物是指纳税人包装本单位货物的各种物品。一般情况下，销货方向购货方收取包装物押金，购货方在规定时间内返还包装物，销货方再将收取的包装物押金返还。纳税人为销售货物而出租、出借包装物收取的押金，单独记账核算的，且时间在 1 年以内，又未过期的，不并入销售额征税；但对因逾期未收回包装物不再退还的押金，应按所包装货物的适用税率计算增值税款。实践中，应注意以下具体规定：

①"逾期"是指按合同约定实际逾期或以 1 年为期限，对收取 1 年以上的押金，无论是否退还均并入销售额征税。

②包装物押金是含税收入，在并入销售额征税时，需要先将该押金换算为不含税收入，再计算应纳增值税款。

③包装物押金不同于包装物租金，包装物租金属于价外费用，在销售货物时随同货款一并计算应纳增值税款。

④从 1995 年 6 月 1 日起，对销售除啤酒、黄酒外的其他酒类产品而收取的包装物押金，无论是否返还以及会计上如何核算，均应并入当期销售额征收增值税。

（8）营改增行业销售额的规定。

①贷款服务，以提供贷款服务取得的全部利息及利息性质的收入为销售额。

②直接收费金融服务，以提供直接收费金融服务收取的手续费、佣金、酬金、管理费、服务费、经手费、开户费、过户费、结算费、转托管费等各类费用为销售额。

③金融商品转让，按照卖出价扣除买入价后的余额为销售额。

转让金融商品出现的正负差，按盈亏相抵后的余额为销售额。若相抵后出现负差，可结转下一纳税期与下期转让金融商品销售额相抵，但年末时仍出现负差的，不得转入下一个会计年度。

金融商品的买入价，可以选择按照加权平均法或者移动加权平均法进行核算，选择后36个月内不得变更。

金融商品转让，不得开具增值税专用发票。

④经纪代理服务，以取得的全部价款和价外费用，扣除向委托方收取并代为支付的政府性基金或者行政事业性收费后的余额为销售额。向委托方收取的政府性基金或者行政事业性收费，不得开具增值税专用发票。

⑤航空运输企业的销售额，不包括代收的机场建设费和代售其他航空运输企业客票而代收转付的价款。

⑥试点纳税人中的一般纳税人提供客运场站服务，以其取得的全部价款和价外费用，扣除支付给承运方运费后的余额为销售额。

⑦试点纳税人提供旅游服务，可以选择以取得的全部价款和价外费用，扣除向旅游服务购买方收取并支付给其他单位或者个人的住宿费、餐饮费、交通费、签证费、门票费和支付给其他接团旅游企业的旅游费用后的余额为销售额。

选择上述办法计算销售额的试点纳税人，向旅游服务购买方收取并支付的上述费用，不得开具增值税专用发票，可以开具普通发票。

⑧试点纳税人提供建筑服务适用简易计税方法的，以取得的全部价款和价外费用扣除支付的分包款后的余额为销售额。

⑨房地产开发企业中的一般纳税人销售其开发的房地产项目（选择简易计税方法的房地产老项目除外），以取得的全部价款和价外费用，扣除受让土地时向政府部门支付的土地价款后的余额为销售额。

房地产老项目，是指《建筑工程施工许可证》注明的，合同开工日期在2016年4月30日前的房地产项目。

（9）销售额确定的特殊规定。

①纳税人兼营免税、减税项目的，应当分别核算免税、减税项目的销售额；未分别核算的，不得免税、减税。

②纳税人发生应税销售行为，开具增值税专用发票后，发生开票有误或者销售折让、中止、退回等情形的，应当按照国家税务总局的规定开具红字增值税专用发票；未按照规定开具红字增值税专用发票的，不得扣减销项税额或者销售额。

（10）外币销售额的折算。

纳税人按人民币以外的货币结算销售额的，其销售额的人民币折合率可以选择销售物发生的当天或者当月1日的人民币外汇中间价。纳税人应在事先确定采用何种折合率，确定后在1年内不得变更。

2.进项税额的确定

进项税额，是指纳税人购进货物、劳务、服务、无形资产或者不动产，支付或者负担的增值税额。

（1）准予从销项税额中抵扣的进项税额。

①从销售方取得的增值税专用发票（含税控机动车销售统一发票，下同）上注明的增值税额。

②从海关取得的海关进口增值税专用缴款书上注明的增值税税额。

③购进农产品，取得一般纳税人开具的增值税专用发票或者海关进口增值税专用缴款书的，以增值税专用发票或海关进口增值税专用缴款书上注明的增值税税额为进项税额；从按照简易计税方法依照3%征收率计算缴纳增值税的小规模纳税人取得增值税专用发票的，以增值税专用发票上注明的金额和9%的扣除率计算进项税额；取得（开具）农产品销售发票或收购发票的，以农产品收购发票或销售发票上注明的农产品买价和9%的扣除率计算进项税额；纳税人购进用于生产或者委托加工13%税率货物的农产品，按照10%的扣除率计算进项税额。进项税额计算公式为：

$$进项税额=买价 \times 扣除率$$

购进农产品，按照《农产品增值税进项税额核定扣除试点实施办法》抵扣进项税额的除外。

④纳税人购进国内旅客运输服务未取得增值税专用发票的，暂按照以下规定确定进项税额：

取得增值税电子普通发票的，为发票上注明的税额；

取得注明旅客身份信息的航空运输电子客票行程单的，按照下列公式计算进项税额：

$$航空旅客运输进项税额=（票价+燃油附加费）\div（1+9\%）\times 9\%$$

取得注明旅客身份信息的铁路车票的，按照下列公式计算进项税额：

铁路旅客运输进项税额=票面金额÷（1+9%）×9%

取得注明旅客身份信息的公路、水路等其他客票的，按照下列公式计算进项税额：

公路、水路等其他旅客运输进项税额=票面金额÷（1+3%）×3%

⑤自境外单位或者个人购进劳务、服务、无形资产或者境内的不动产，从税务机关或者扣缴义务人取得的代扣代缴的完税凭证上注明的增值税额。

⑥原增值税一般纳税人购进货物或者接受劳务，用于《销售服务、无形资产或者不动产注释》所列项目的，不属于《增值税暂行条例》第十条规定不得抵扣进项税额的项目，其进项税额准予从销项税额中抵扣。

⑦原增值税一般纳税人购进服务、无形资产或者不动产，取得的增值税专用发票上注明的增值税额为进项税额，准予从销项税额中抵扣。

⑧原增值税一般纳税人自用的应征消费税的摩托车、汽车、游艇，其进项税额准予从销项税额中抵扣。

纳税人购进货物、劳务、服务、无形资产、不动产，取得的增值税扣税凭证不符合法律、行政法规或者国务院税务主管部门有关规定的，其进项税额不得从销项税额中抵扣。

增值税扣税凭证，是指增值税专用发票、海关进口增值税专用缴款书、农产品收购发票、农产品销售发票、完税凭证和符合规定的国内旅客运输发票。

纳税人凭完税凭证抵扣进项税额的，应当具备书面合同、付款证明和境外单位的对账单或者发票。资料不全的，其进项税额不得从销项税额中抵扣。

【例1-2】某外贸公司为增值税一般纳税人，2020年9月从国外进口一批普通商品，海关核定的关税完税价格为200万元。已知进口关税税率为10%，增值税税率为13%。计算该公司进口环节应纳增值税税额。

【解析】根据增值税法律制度的规定，进口货物应纳增值税额，按照组成计税价格和规定税率计算。

①进口环节应纳关税税额=200×10%=20（万元）

②进口环节应纳增值税税额=（200+20）×13%=28.6（万元）

（2）不得从销项税额中抵扣的进项税额。

①用于简易计税方法计税项目、免征增值税项目、集体福利或者个人消费的

购进货物、劳务、服务、无形资产和不动产，其中涉及的固定资产、无形资产、不动产，仅指专用于上述项目的固定资产、无形资产（不包括其他权益性无形资产）、不动产。

如果是既用于上述不允许抵扣项目又用于抵扣项目的，该进项税额准予全部抵扣。自 2018 年 1 月 1 日起，纳税人租入固定资产、不动产，既用于一般计税方法计税项目，又用于简易计税方法计税项目、免征增值税项目、集体福利或者个人消费的，其进项税额准予从销项税额中全额抵扣。

纳税人的交际应酬消费属于个人消费。

②非正常损失的购进货物，以及相关的劳务和交通运输服务。

③非正常损失的在产品、产成品所耗用的购进货物（不包括固定资产）、劳务和交通运输服务。

④非正常损失的不动产，以及该不动产所耗用的购进货物、设计服务和建筑服务。

⑤非正常损失的不动产在建工程所耗用的购进货物、设计服务和建筑服务。

纳税人新建、改建、扩建、修缮、装饰不动产，均属于不动产在建工程。

⑥购进的贷款服务、餐饮服务、居民日常服务和娱乐服务。

⑦纳税人接受贷款服务向贷款方支付的与该笔贷款直接相关的投融资顾问费、手续费、咨询费等费用，其进项税额不得从销项税额中抵扣。

⑧财政部和国家税务总局规定的其他情形。

上述第④项、第⑤项所称货物，是指构成不动产实体的材料和设备，包括建筑装饰材料和给排水、采暖、卫生、通风、照明、通信、煤气、消防、中央空调、电梯、电气、智能化楼宇设备及配套设施。

不动产、无形资产的具体范围，按照《销售服务、无形资产或者不动产注释》执行。

固定资产，是指使用期限超过 12 个月的机器、机械、运输工具以及其他与生产经营有关的设备、工具、器具等有形动产。

非正常损失，是指因管理不善造成货物被盗、丢失、霉烂变质，以及因违反法律法规造成货物或者不动产被依法没收、销毁、拆除的情形。

（3）适用一般计税方法的纳税人，兼营简易计税方法计税项目、免税增值税项目而无法划分不得抵扣的进项税额，按照下列公式计算不得抵扣的进项税额：

不得抵扣的进项税额＝当期无法划分的全部进项税额×（当期简易计税方法计税项目销售额＋免征增值税项目销售额）÷当期全部销售额

税务机关可以按照上述公式依据年度数据对不得抵扣的进项税额进行清算。

（4）根据《增值税暂行条例实施细则》的规定，一般纳税人当期购进的货物或劳务用于生产经营，其进项税额在当期销项税额中予以抵扣。但已抵扣进项税额的购进货物或劳务如果事后改变用途，用于集体福利或者个人消费、购进货物发生非正常损失、在产品或产成品发生非正常损失等，应当将该项购进货物或者劳务的进项税额从当期的进项税额中扣减；无法确定该项进项税额的，按当期外购项目的实际成本计算应扣减的进项税额。

（5）已抵扣进项税额的固定资产，发生《增值税暂行条例》规定的不得从销项税额中抵扣情形的，应在当月按下列公式计算不得抵扣的进项税额：

不得抵扣的进项税额＝固定资产净值×适用税率

固定资产净值，是指纳税人按照财务会计制度计提折旧后计算的固定资产净值。

（6）已抵扣进项税额的购进服务，发生《营业税改征增值税试点实施办法》规定的不得从销项税额中抵扣情形（简易计税方法计税项目、免征增值税项目除外）的，应当将该进项税额从当期进项税额中扣减；无法确定该进项税额的，按照当期实际成本计算应扣减的进项税额。

（7）已抵扣进项税额的无形资产，发生《营业税改征增值税试点实施办法》规定的不得从销项税额中抵扣情形的，按照下列公式计算不得抵扣的进项税额：

不得抵扣的进项税额＝无形资产净值×适用税率

无形资产净值，是指纳税人根据财务会计制度摊销后的余额。

（8）已抵扣进项税额的不动产，发生非正常损失，或者改变用途，专用于简易计税方法计税项目、免征增值税项目、集体福利或者个人消费的，按照下列公式计算不得抵扣的进项税额，并从当期进项税额中扣减：

不得抵扣的进项税额＝已抵扣进项税额×不动产净值率

不动产净值率＝（不动产净值÷不动产原值）×100%

（9）纳税人适用一般计税方法计税的，因销售折让、中止或者退回而退还给购买方的增值税额，应当从当期的销项税额中扣减；因销售折让、中止或者退回而收回的增值税额，应当从当期的进项税额中扣减。

（10）有下列情形之一者，应当按照销售额和增值税税率计算应纳税额，不得抵扣进项税额，也不得使用增值税专用发票：

①一般纳税人会计核算不健全，或者不能够提供准确税务资料的。

②应当办理一般纳税人资格登记而未办理的。

（11）自 2019 年 4 月 1 日起，增值税一般纳税人取得不动产或者不动产在建工程的进项税额不再分两年抵扣。此前按照规定尚未抵扣完毕的待抵扣进项税额，可自 2019 年 4 月税款所属期起从销项税额中抵扣。

取得不动产，包括以直接购买、接受捐赠、接受投资入股、自建以及抵债等各种形式取得不动产。

（12）根据《营业税改征增值税试点实施办法》及相关规定，不得抵扣且未抵扣进项税额的固定资产、无形资产，发生用途改变，用于允许抵扣进项税额的应税项目，可在用途改变的次月按照下列公式，计算可以抵扣的进项税额：

可以抵扣的进项税额=固定资产、无形资产净值÷（1+适用税率）×适用税率

上述可以抵扣的进项税额应取得合法有效的增值税扣税凭证。

（13）按照规定不得抵扣进项税额的不动产，发生改变用途，用于允许抵扣进项税额项目的，按照下列公式在改变用途的次月计算可抵扣进项税额：

可抵扣进项税额=增值税扣税凭证注明或计算的进项税额×不动产净值率

（14）一般纳税人发生下列应税行为可以选择适用简易计税方法计税，不允许抵扣进项税额。

①公共交通运输服务，包括轮客渡、公交客运、地铁、城市轻轨、出租车、长途客运、班车。

②经认定的动漫企业为开发动漫产品提供的动漫脚本编撰、形象设计、背景设计、动画设计、分镜、动画制作、摄制、描线、上色、画面合成、配音、配乐、音效合成、剪辑、字幕制作、压缩转码（面向网络动漫、手机动漫格式适配）服务，以及在境内转让动漫版权（包括动漫品牌、形象或者内容的授权及再授权）。

③电影放映服务、仓储服务、装卸搬运服务、收派服务和文化体育服务。

④以纳入营改增试点之日前取得的有形动产为标的物提供的经营租赁服务。

⑤在纳入营改增试点之日前签订的尚未执行完毕的有形动产租赁合同。

3.进项税额抵扣期限的规定

（1）自2017年7月1日起，增值税一般纳税人取得的2017年7月1日及以后开具的增值税专用发票和机动车销售统一发票，应自开具之日起360日内认证或登录增值税发票选择确认平台进行确认，并在规定的纳税申报期内，向税务机关申报抵扣进项税额。

（2）增值税一般纳税人取得的2017年7月1日及以后开具的海关进口增值税专用缴款书，应自开具之日起360日内向税务机关报送《海关完税凭证抵扣清单》，申请稽核比对。

（二）简易计税方法应纳税额的计算

小规模纳税人发生应税销售行为采用简易计税方法计税，应按照销售额和征收率计算应纳增值税税额，不得抵扣进项税额。其计算公式为：

$$应纳税额=销售额×征收率$$

简易计税方法的销售额不包括其应纳税额，纳税人采用销售额和应纳税额合并定价方法的，按照下列公式计算销售额：

$$销售额=含税销售额÷（1+征收率）$$

纳税人适用简易计税方法计税的，因销售折让、中止或者退回而退还给购买方的销售额，应当从当期销售额中扣减。扣减当期销售额后仍有余额造成多缴的税款，可以从以后的应纳税额中扣减。

一般纳税人发生财政部和国家税务总局规定的特定应税行为，可以选择适用简易计税方法计税，但一经选择，36个月内不得变更。

【例1-3】某企业为增值税小规模纳税人，专门从事商业咨询服务。2020年10月发生以下业务：

（1）15日，向某一般纳税人企业提供资讯信息服务，取得含增值税销售额3.09万元。

（2）20日，向某小规模纳税人提供注册信息服务，取得含增值税销售额1.03万元。

（3）25日，购进办公用品，支付价款2.06万元，并取得增值税普通发票。

已知增值税征收率为3%。计算该企业当月应纳增值税税额。

【解析】根据《营业税改征增值税试点实施办法》及相关规定，小规模纳税人提供应税服务，采用简易办法征税，销售额中含有增值税款的，应换算为不含税销售额，计算应纳税额，购进货物支付的增值税款不允许抵扣。

销售额=（3.09+1.03）÷（1+3%）=4（万元）

应纳增值税税额=4×3%=0.12（万元）

（三）进口货物应纳税额的计算

纳税人进口货物，无论是一般纳税人还是小规模纳税人，均应按照组成计税价格和规定的税率计算应纳税额，不允许抵扣发生在境外的任何税金。其计算公式为：

$$应纳税额=组成计税价格×税率$$

组成计税价格的构成分两种情况：

（1）如果进口货物不征收消费税，则上述公式中组成计税价格的计算公式为：

$$组成计税价格=关税完税价格+关税$$

（2）如果进口货物征收消费税，则上述公式中组成计税价格的计算公式为：

$$组成计税价格=关税完税价格+关税+消费税$$

根据《海关法》和《进出口关税条例》的规定，一般贸易下进口货物的关税完税价格以海关审定的成交价格为基础的到岸价格作为完税价格。所谓成交价格是一般贸易下进口货物的买方为购买该项货物向卖方实际支付或应当支付的价格；到岸价格，包括货价，加上货物运抵我国关境内输入地点起卸前的包装费、运费、保险费和其他劳务费等费用构成的一种价格。

特殊贸易下进口的货物，由于进口时没有"成交价格"可作依据，为此，《进出口关税条例》对这些进口货物制定了确定其完税价格的具体办法。

【例1-4】某小五金制造企业为增值税一般纳税人，2020年10月发生经济业务如下：

（1）购进一批原材料，取得增值税专用发票注明的金额为50万元，增值税为 6.5 万元。支付运费，取得增值税普通发票注明的金额为 2 万元，增值税为 0.18 万元。

（2）接受其他企业投资转入材料一批，取得增值税专用发票注明的金额为 100 万元，增值税为 13 万元。

（3）购进低值易耗品，取得增值税专用发票注明的金额 6 万元，增值税为 0.78 万元。

（4）销售产品一批，取得不含税销售额 200 万元，另外收取包装物租金 1.13 万元。

（5）采取以旧换新方式销售产品，新产品含税售价为 7.91 万元，旧产品作价 2 万元。

（6）因仓库管理不善，上月购进的一批工具被盗，该批工具的买价为 8 万元（购进工具的进项税额已抵扣）。

已知：该企业取得增值税专用发票均符合抵扣规定；购进和销售产品适用的增值税税率为 13%。计算该企业当月应纳增值税税额。

【解析】根据增值税法律制度的规定：（1）购进材料的进项税额允许抵扣，支付运费未取得增值税专用发票，进项税额不允许抵扣；（2）接受投资的材料的进项税额和购进低值易耗品的进项税额均可以抵扣；（3）包装物租金属于价外费用，应当按照含税价换算为不含税价计算增值税销项税额；（4）以旧换新应当按照新产品的价格计算增值税销项税额；（5）购进工具因管理不善被盗，按照规定应将进项税额转出。

计算过程：

（1）进项税额 =6.5+13+0.78=20.28（万元）

（2）销项税额：200×13%+1.13÷（1+13%）×13%+7.91÷（1+13%）×13%=26+0.13+0.91=27.04（万元）

（3）进项税额转出 =8×13%=1.04（万元）

（4）应纳增值税税额 =27.04-20.28+1.04=7.8（万元）

（四）扣缴计税方法

境外单位或者个人在境内发生应税销售行为，在境内未设有经营机构的，扣缴义务人按照下列公式计算应扣缴税额：

$$应扣缴税额=购买方支付的价款÷（1+税率）×税率$$

【例 1-5】某银行为增值税一般纳税人，2020 年第 3 季度发生的有关经济业务如下：

（1）购进 5 台自助存取款机，取得增值税专用发票注明的金额为 40 万元，增值税为 5.2 万元。

（2）租入一处底商作为营业部，租金总额为 105 万元，取得增值税专用发票注明的金额为 100 万元，增值税为 5 万元。

（3）办理公司业务，收取结算手续费（含税）31.8 万元；收取账户管理费（含税）26.5 万元。

（4）办理贷款业务，取得利息收入（含税）1.06 亿元。

（5）吸收存款 8 亿元。

已知：该银行取得增值税专用发票均符合抵扣规定；提供金融服务适用的增值税税率为 6%。计算该银行第 3 季度应纳增值税税额。

【解析】根据《营业税改征增值税试点实施办法》及相关规定：（1）购进自助存取款机的进项税额允许抵扣；（2）租入办公用房的进项税额允许抵扣；（3）办理公司业务，收取的手续费和账户管理费属于直接收费金融服务，应缴纳增值税；（4）办理贷款业务收取利息收入，属于贷款服务，应缴纳增值税；（5）吸收存款不属于增值税征税范围。

计算过程：

（1）进项税额 =5.2+5=10.2（万元）

（2）销项税额 =31.8÷（1+6%）×6%+26.5÷（1+6%）×6%+1.06÷（1+6%）×6%×10 000=1.8+1.5+600=603.3（万元）

（3）应纳增值税税额 =603.3-10.2=593.1（万元）

五、增值税税收优惠

（一）《增值税暂行条例》及其实施细则规定的免税项目

（1）农业生产者销售的自产农产品。

（2）避孕药品和用具。

（3）古旧图书。古旧图书，是指向社会收购的古书和旧书。

（4）直接用于科学研究、科学试验和教学的进口仪器、设备。

（5）外国政府、国际组织无偿援助的进口物资和设备。

（6）由残疾人的组织直接进口供残疾人专用的物品。

（7）销售自己使用过的物品。自己使用过的物品，是指其他个人自己使用过的物品。

（二）营改增试点过渡政策的规定

1. 下列项目免征增值税

（1）托儿所、幼儿园提供的保育和教育服务。

托儿所、幼儿园，是指经县级以上教育部门审批成立、取得办园许可证的实施 0～6 岁学前教育的机构，包括公办和民办的托儿所、幼儿园、学前班、幼儿班、保育院。

公办托儿所、幼儿园免征增值税的收入，是指在省级财政部门和价格主管部门审核报省级人民政府批准的收费标准以内收取的教育费、保育费。

民办托儿所、幼儿园免征增值税的收入，是指在报经当地有关部门备案并公示的收费标准范围内收取的教育费、保育费。

超过规定收费标准的收费，以开办实验班、特色班和兴趣班等为由另外收取的费用以及与幼儿入园挂钩的赞助费、支教费等超过规定范围的收入，不属于免征增值税的收入。

（2）养老机构提供的养老服务。

养老机构，是指依照民政部《养老机构设立许可办法》（民政部令第 48 号）设立并依法办理登记的为老年人提供集中居住和照料服务的各类养老机构；养老服务，是指上述养老机构按照民政部《养老机构管理办法》（民政部令第 49 号）的规定，为收住的老年人提供的生活照料、康复护理、精神慰藉、文化娱乐等服务。

（3）残疾人福利机构提供的育养服务。

（4）婚姻介绍服务。

（5）殡葬服务。

（6）残疾人员本人为社会提供的服务。

（7）医疗机构提供的医疗服务。

医疗机构，是指依据国务院《医疗机构管理条例》（国务院令第149号）及卫生部《医疗机构管理条例实施细则》（卫生部令第35号）的规定，经登记取得《医疗机构执业许可证》的机构，以及军队、武警部队各级各类医疗机构。具体包括：各级各类医院、门诊部（所）、社区卫生服务中心（站）、急救中心（站）、城乡卫生院、护理院（所）、疗养院、临床检验中心，各级政府及有关部门举办的卫生防疫站（疾病控制中心）、各种专科疾病防治站（所），各级政府举办的妇幼保健所（站）、母婴保健机构、儿童保健机构，各级政府举办的血站（血液中心）等医疗机构。

本项所称的医疗服务，是指医疗机构按照不高于地（市）级以上价格主管部门会同同级卫生主管部门及其他相关部门制定的医疗服务指导价格（包括政府指导价和按照规定由供需双方协商确定的价格等）为就医者提供《全国医疗服务价格项目规范》所列的各项服务，以及医疗机构向社会提供卫生防疫、卫生检疫的服务。

（8）从事学历教育的学校提供的教育服务。

①学历教育，是指受教育者经过国家教育考试或者国家规定的其他入学方式，进入国家有关部门批准的学校或者其他教育机构学习，获得国家承认的学历证书的教育形式，具体包括：

初等教育：普通小学、成人小学。

初级中等教育：普通初中、职业初中、成人初中。

高级中等教育：普通高中、成人高中和中等职业学校（包括普通中专、成人中专、职业高中、技工学校）。

高等教育：普通本专科、成人本专科、网络本专科、研究生（博士、硕士）、高等教育自学考试、高等教育学历文凭考试。

②从事学历教育的学校，是指：

普通学校。

经地（市）级以上人民政府或者同级政府的教育行政部门批准成立、国家承认其学员学历的各类学校。

经省级及以上人力资源社会保障行政部门批准成立的技工学校、高级技工学校。

经省级人民政府批准成立的技师学院。

上述学校均包括符合规定的从事学历教育的民办学校，但不包括职业培训机构等国家不承认学历的教育机构。

③提供教育服务免征增值税的收入，是指对列入规定招生计划的在籍学生提供学历教育服务取得的收入，具体包括：经有关部门审核批准并按规定标准收取的学费、住宿费、课本费、作业本费、考试报名费收入，以及学校食堂提供餐饮服务取得的伙食费收入。除此之外的收入，包括学校以各种名义收取的赞助费、择校费等，不属于免征增值税的范围。

学校食堂是指依照《学校食堂与学生集体用餐卫生管理规定》（教育部令第14号）管理的学校食堂。

（9）学生勤工俭学提供的服务。

（10）农业机耕、排灌、病虫害防治、植物保护、农牧保险以及相关技术培训业务，家禽、牲畜、水生动物的配种和疾病防治。

农业机耕，是指在农业、林业、牧业中使用农业机械进行耕作（包括耕耘、种植、收割、脱粒、植物保护等）的业务；排灌，是指对农田进行灌溉或者排涝的业务；病虫害防治，是指从事农业、林业、牧业、渔业的病虫害测报和防治的业务；农牧保险，是指为种植业、养殖业、牧业种植和饲养的动植物提供保险的业务；相关技术培训，是指与农业机耕、排灌、病虫害防治、植物保护业务相关以及为使农民获得农牧保险知识的技术培训业务；家禽、牲畜、水生动物的配种和疾病防治业务的免税范围，包括与该项服务有关的提供药品和医疗用具的业务。

（11）纪念馆、博物馆、文化馆、文物保护单位管理机构、美术馆、展览馆、书画院、图书馆在自己的场所提供文化体育服务取得的第一道门票收入。

（12）寺院、宫观、清真寺和教堂举办文化、宗教活动的门票收入。

（13）行政单位之外的其他单位收取的符合《营业税改征增值税试点实施办法》第十条规定条件的政府性基金和行政事业性收费。

（14）个人转让著作权。

（15）个人销售自建自用住房。

（16）2018年12月31日前，公共租赁住房经营管理单位出租公共租赁住房。

（17）台湾航运公司、航空公司从事海峡两岸海上直航、空中直航业务在大陆取得的运输收入。

（18）纳税人提供的直接或者间接国际货物运输代理服务。

（19）符合规定条件的贷款、债券利息收入。

（20）被撤销金融机构以货物、不动产、无形资产、有价证券、票据等财产清偿债务。

（21）保险公司开办的一年期以上人身保险产品取得的保费收入。

（22）符合规定条件的金融商品转让收入。

（23）金融同业往来利息收入。

（24）同时符合规定条件的担保机构从事中小企业信用担保或者再担保业务取得的收入（不含信用评级、咨询、培训等收入）3年内免征增值税。

（25）国家商品储备管理单位及其直属企业承担商品储备任务，从中央或者地方财政取得的利息补贴收入和价差补贴收入。

（26）纳税人提供技术转让、技术开发和与之相关的技术咨询、技术服务。

（27）同时符合规定条件的合同能源管理服务。

（28）2017年12月31日前，科普单位的门票收入，以及县级及以上党政部门和科协开展科普活动的门票收入。

（29）政府举办的从事学历教育的高等、中等和初等学校（不含下属单位），举办进修班、培训班取得的全部归该学校所有的收入。

（30）政府举办的职业学校设立的主要为在校学生提供实习场所并由学校出资自办、由学校负责经营管理、经营收入归学校所有的企业，从事《销售服务、无形资产或者不动产注释》中"现代服务"（不含融资租赁服务、广告服务和其他现代服务）、"生活服务"（不含文化体育服务、其他生活服务和桑拿、氧吧）业务活动取得的收入。

（31）家政服务企业由员工制家政服务员提供家政服务取得的收入。

（32）福利彩票、体育彩票的发行收入。

（33）军队空余房产租赁收入。

（34）为了配合国家住房制度改革，企业、行政事业单位按房改成本价、标准价出售住房取得的收入。

（35）将土地使用权转让给农业生产者用于农业生产。

（36）涉及家庭财产分割的个人无偿转让不动产、土地使用权。

（37）土地所有者出让土地使用权和土地使用者将土地使用权归还给土地所有者。

（38）县级以上地方人民政府或自然资源行政主管部门出让、转让或收回自然资源使用权（不含土地使用权）。

（39）随军家属就业。

（40）军队转业干部就业。

（41）提供社区养老、抚育、家政等服务取得的收入。

2. 增值税即征即退

（1）一般纳税人提供管道运输服务，对其增值税实际税负超过3%的部分实行增值税即征即退政策。

（2）经中国人民银行、银监会或者商务部批准从事融资租赁业务的试点纳税人中的一般纳税人，提供有形动产融资租赁服务和有形动产融资性售后回租服务，对其增值税实际税负超过3%的部分实行增值税即征即退政策。商务部授权的省级商务主管部门和国家经济技术开发区批准的从事融资租赁业务和融资性售后回租业务的试点纳税人中的一般纳税人，2016年5月1日后实收资本达到1.7亿元的，从达到标准的当月起按照上述规定执行；2016年5月1日后实收资本未达到1.7亿元但注册资本达到1.7亿元的，在2016年7月31日前仍可按照上述规定执行，2016年8月1日后开展的有形动产融资租赁业务和有形动产融资性售后回租业务不得按照上述规定执行。

（3）本规定所称增值税实际税负，是指纳税人当期提供应税服务实际缴纳的增值税额占纳税人当期提供应税服务取得的全部价款和价外费用的比例。

3. 扣减增值税规定

（1）退役士兵创业就业。

（2）重点群体创业就业。

4. 金融企业发放贷款后，自结息日90日内发生的应收未收利息按现行规定缴纳增值税，自结息日起 90 日后发生的应收未收利息暂不缴纳增值税，待实际收到利息时按规定缴纳增值税。

5. 个人将购买不足 2 年的住房对外销售的，按照 5% 的征收率全额缴纳增值税；个人将购买 2 年以上（含 2 年）的住房对外销售的，免征增值税。上述政策适用于北京市、上海市、广州市和深圳市之外的地区。

个人将购买不足 2 年的住房对外销售的，按照 5% 的征收率全额缴纳增值税；个人将购买 2 年以上（含 2 年）的非普通住房对外销售的，以销售收入减去购买住房价款后的差额按照 5% 的征收率缴纳增值税；个人将购买 2 年以上（含 2 年）的普通住房对外销售的，免征增值税。上述政策仅适用于北京市、上海市、广州市和深圳市。

上述增值税优惠政策除已规定期限的项目和第 5 项政策外，其他均在营改增试点期间执行。如果试点纳税人在纳入营改增试点之日前已经按照有关政策规定享受了营业税税收优惠，在剩余税收优惠政策期限内，按照规定享受有关增值税优惠。

（三）跨境行为免征增值税的政策规定

境内的单位和个人销售的下列服务和无形资产免征增值税，但财政部和国家税务总局规定适用增值税零税率的除外：

1. 下列服务。

（1）工程项目在境外的建筑服务。

（2）工程项目在境外的工程监理服务。

（3）工程、矿产资源在境外的工程勘察勘探服务。

（4）会议展览地点在境外的会议展览服务。

（5）存储地点在境外的仓储服务。

（6）标的物在境外使用的有形动产租赁服务。

（7）在境外提供的广播影视节目（作品）的播映服务。

（8）在境外提供的文化体育服务、教育医疗服务、旅游服务。

2. 为出口货物提供的邮政服务、收派服务、保险服务。

为出口货物提供的保险服务，包括出口货物保险和出口信用保险。

3. 向境外单位提供的完全在境外消费的下列服务和无形资产。

（1）电信服务。

（2）知识产权服务。

（3）物流辅助服务（仓储服务、收派服务除外）。

（4）鉴证咨询服务。

（5）专业技术服务。

（6）商务辅助服务。

（7）广告投放地在境外的广告服务。

（8）无形资产。

4. 以无运输工具承运方式提供的国际运输服务。

5. 为境外单位之间的货币资金融通及其他金融业务提供的直接收费金融服务，且该服务与境内的货物、无形资产和不动产无关。

6. 财政部和国家税务总局规定的其他服务。

（四）起征点

纳税人发生应税销售行为的销售额未达到增值税起征点的，免征增值税；达成起征点的，全额计算缴纳增值税。

增值税起征点的适用范围限于个人，且不适用于登记为一般纳税人的个体工商户。起征点的幅度规定如下。

（1）按期纳税的，为月销额 5 000 ～ 20 000 元（含本数）。

（2）按次纳税的，为每次（日）销售额 300 ～ 500 元（含本数）。

起征点的调整由财政部和国家税务总局规定。省、自治区、直辖市财政厅（局）和税务局应当在规定的幅度内，根据实际情况确定本地区适用的起征点，并报财政部和国家税务总局备案。

（五）小微企业免税规定

1. 自 2019 年 1 月 1 日始，增值税小规模纳税人发生增值税应税销售行为，合计月销售额未超过 10 万元的，免征增值税。其中，以 1 个季度为纳税期限的增值税小规模纳税人，季度销售额未超过 30 万元的，免征增值税。

小规模纳税人发生增值税应税销售行为，合计月销售额超过 10 万元，但扣除本期发生的销售不动产的销售额后未超过 10 万元的，其销售货物、劳务、服务、无形资产取得的销售额免征增值税。

2. 增值税小规模纳税人月销售额未超过 10 万元的，当期因开具增值税专用发票已经缴纳的税款，在专用发票全部联次追回或者按规定开具红字专用发票后，可以向税务机关申请退还。

3. 其他个人采取一次性收取租金形式出租不动产，取得的租金收入，可在租金对应的租赁期内平均分摊，分摊后的月租金收入不超过 3 万元的，可享受小微企业免征增值税的优惠政策。

（六）其他减免税规定

1. 纳税人兼营免税、减税项目的，应当分别核算免税、减税项目的销售额；未分别核算销售额的，不得免税、减税。

2. 纳税人发生应税销售行为适用免税规定的，可以放弃免税，依照《增值税暂行条例》或者《营业税改征增值税试点实施办法》的规定缴纳增值税。放弃免税后，36 个月内不得再申请免税。

3. 纳税人发生应税销售行为同时适用免税和零税率规定的，纳税人可以选择适用免税或者零税率。

六、增值税征收管理

（一）纳税义务发生时间

1. 纳税人发生应税销售行为，为收讫销售款项或者取得索取销售款项凭据的当天；先开具发票的，为开具发票的当天。具体为：

（1）采取直接收款方式销售货物，不论货物是否发出，均为收到销售款或者取得索取销售款项凭据的当天。

纳税人生产经营活动中采取直接收款方式销售货物，已将货物移送对方并按暂估销售收入入账，但既未取得销售款或取得索取销售款凭据也未开具销售发票的，其纳税义务发生时间为取得销售款或取得销售款凭据的当天；先开具发票的，为开具发票的当天。

（2）采取托收承付和委托银行收款方式销售货物，为发出货物并办妥托收手续的当天。

（3）采取赊销和分期收款方式销售货物，为书面合同约定收款日期的当天，无书面合同的或者书面合同没有约定收款日期的，为货物发出的当天。

（4）采取预收货款方式销售货物，为货物发出的当天，但生产销售生产工期超过 12 个月的大型机械设备、船舶、飞机等货物，为收到预收款或者书面合同约定收款日期的当天。

（5）委托其他纳税人代销货物，为收到代销单位的代销清单或者收到全部或部分货款的当天。未收到代销清单及货款的，为发出代销货物满 180 天的当天。

（6）纳税人提供租赁服务采取预收款方式的，其纳税义务发生时间为收到预收款的当天。

（7）纳税人从事金融商品转让的，为金融商品所有权转移的当天。

（8）纳税人发生相关视同销售货物行为，为货物移送的当天。

（9）纳税人发生视同销售劳务、服务、无形资产、不动产情形的，其纳税义务发生时间为劳务、服务、无形资产转让完成的当天或者不动产权属变更的当天。

2. 纳税人进口货物，其纳税义务发生时间为报关进口的当天。

3. 增值税扣缴义务发生时间为纳税人增值税纳税义务发生的当天。

（二）纳税地点

1. 固定业户应当向其机构所在地的税务机关申报纳税。总机构和分支机构不在同一县（市）的，应当分别向各自所在地的税务机关申报纳税；经国务院财政、国家税务总局或者其授权的财政、税务机关批准，可以由总机构汇总向总机构所在地的税务机关申报纳税。

2. 固定业户到外县（市）销售货物或者劳务，应当向其机构所在地的主管税务机关报告外出经营事项，并向其机构所在地的主管税务机关申报纳税；未报告的，应当向销售地或者劳务发生地的主管税务机关申报纳税；未向销售地或者劳务发生地的主管税务机关申报纳税的，由其机构所在地的税务机关补征税款。

3. 非固定业户销售货物或者劳务，应当向销售地或者劳务发生地的主管税务机关申报纳税；未向销售地或者劳务发生地的主管税务机关申报纳税的，由其机构所在地或者居住地的主管税务机关补征税款。

4. 进口货物，应当向报关地海关申报纳税。

5. 其他个人提供建筑服务，销售或者租赁不动产，转让自然资源使用权，应向建筑服务发生地、不动产所在地、自然资源所在地税务机关申报纳税。

6. 扣缴义务人应当向其机构所在地或者居住地的主管税务机关申报缴纳扣缴的税款。

（三）纳税期限

根据《增值税暂行条例》及其实施细则和《营业税改征增值税试点实施办法》的规定，增值税的纳税期限分别为 1 日、3 日、5 日、10 日、15 日、1 个月或者1 个季度。

纳税人的具体纳税期限，由主管税务机关根据纳税人应纳税额的大小分别核定；不能按照固定期限纳税的，可以按次纳税。以 1 个季度为纳税期限的规定适用于小规模纳税人、银行、财务公司、信托投资公司、信用社，以及财政部和国家税务总局规定的其他纳税人。

纳税人以 1 个月或者 1 个季度为 1 个纳税期的，自期满之日起 15 日内申报纳税；以 1 日、3 日、5 日、10 日或者 15 日为 1 个纳税期的，自期满之日起 5 日内预缴税款，于次月 1 日起 15 日内申报纳税并结清上月应纳税款。

扣缴义务人解缴税款的期限，依照上述规定执行。

纳税人进口货物，应当自海关填发进口增值税专用缴款书之日起 15 日内缴纳税款。

七、增值税专用发票使用规定

增值税专用发票，是增值税一般纳税人发生应税销售行为开具的发票，是购买方支付增值税额并可按照增值税有关规定据以抵扣增值税进项税额的凭证。

一般纳税人应通过增值税防伪税控系统使用专用发票，包括领购、开具、缴销、认证、稽核比对专用发票及其相应的数据电文。

（一）专用发票的联次及用途

专用发票由基本联次或者基本联次附加其他联次构成，基本联次为 3 联，分别为：

1. 发票联，作为购买方核算采购成本和增值税进项税额的记账凭证。

2. 抵扣联，作为购买方报送主管税务机关认证和留存备查的扣税凭证。

3. 记账联，作为销售方核算销售收入和增值税销项税额的记账凭证。

其他联次用途，由一般纳税人自行确定。自 2014 年 8 月 1 日起启用新版增值税专用发票。

（二）专用发票的领购

一般纳税人领购专用设备后，凭最高开票限额申请表、发票领购簿到税务机关办理初始发行。初始发行，是指税务机关将一般纳税人的企业名称、纳税人识别号、开票限额、购票限量、购票人员姓名、密码、开票机数量、国家税务总局规定的其他信息等载入空白金税盘和 IC 卡的行为。一般纳税人凭发票领购簿、金税盘（或 IC 卡）和经办人身份证明领购增值税专用发票。

一般纳税人有下列情形之一的，不得领购开具增值税专用发票：

1. 会计核算不健全，不能向税务机关准确提供增值税销项税额、进项税额、应纳税额数据及其他有关增值税税务资料的。

2. 有《税收征管法》规定的税收违法行为，拒不接受税务机关处理的。

3. 有下列行为之一，经税务机关责令限期改正而仍未改正的。

（1）虚开增值税专用发票。

（2）私自印制增值税专用发票。

（3）向税务机关以外的单位和个人买取增值税专用发票。

（4）借用他人专用发票。

（5）未按规定开具发票。

（6）未按规定保管专用发票和设备。

（7）未按规定申请办理防伪税控系统变更发行。

（8）未按规定接受税务机关检查。

有上述情形的，如已领购增值税专用发票，主管税务机关应暂扣其结存的增值税专用发票和 IC 卡。

（三）专用发票的使用管理

1. 专用发票开票限额

专用发票实行最高开票限额管理。最高开票限额，是指单份专用发票开具的销售额合计数不得达到的上限额度。

最高开票限额由一般纳税人申请，区县税务机关依法审批。一般纳税人申请最高开票限额时，需填报增值税专用发票最高开票限额申请单。主管税务机关受理纳税人申请以后，根据需要进行实地查验，实地查验的范围和方法由各省税务机关确定。自 2014 年 5 月 1 日起，一般纳税人申请增值税专用发票最高开票限额不超过 10 万元的，主管税务机关不需要事前进行实地查验。

2. 专用发票开具范围

一般纳税人发生应税销售行为，应当向索取增值税专用发票的购买方开具专用发票。属于下列情形之一的，不得开具增值税专用发票：

（1）应税销售行为的购买方为消费者个人的。

（2）发生应税销售行为适用免税规定的。

3. 专用发票开具要求

专用发票应按下列要求开具：

（1）项目齐全，与实际交易相符。

（2）字迹清楚，不得压线、错格。

（3）发票联和抵扣联加盖财务专用章或者发票专用章。

（4）按照增值税纳税义务的发生时间开具。

第二节 增值税筹划思路与案例

案例一 选对纳税人身份是重要前提

【咨询案例】

A 企业是一家商贸企业，预计年不含税销售额为 70 万元，不含税购进额为 60 万元（都可以抵扣）。未超过国家规定的小规模纳税人标准，属于小规模纳税人，适用 3% 的征收率。但 A 企业会计核算比较健全，可以申请成为增值税一般纳税人，适用 13% 的增值税税率。A 企业应该如何选择自己的纳税人身份呢？

【方案展示】

方案一：

方案二：

【方案分析】

方案一：继续以小规模纳税人的身份缴纳增值税

本年应纳增值税额 =70×3%=2.1（万元）

方案二：申请以一般纳税人的身份缴纳增值税

本年应纳增值税额 =（70-60）×13%=1.3（万元）

方案二比方案一少纳增值税：2.1-1.3=0.8（万元）

【专家点评】

增值税是对在我国境内销售货物或者提供加工、修理修配劳务，以及进口货物的单位和个人，就其取得的货物或应税劳务销售额、进口货物金额计算税款，并实行税款抵扣制度的一种流转税。由于增值税实行凭增值税专用发票抵扣税款的制度，对于增值税纳税人会计核算是否健全，是否能够准确核算销项税额、进项税额和应纳税额有较高的要求；另外，对某些经营规模小的纳税人而言，其销售货物或提供应税劳务的对象多是最终消费者，也无须开具增值税专用发票，因此，为了严格增值税的征收管理和对某些经营规模小的纳税人简化计算办法，我国《增值税暂行条例》参照国际惯例，将纳税人按其经营规模及会计核算健全与否分为一般纳税人和小规模纳税人。

根据《增值税暂行条例》、《增值税暂行条例实施细则》和《营业税改增值税试点实施办法》（财税〔2016〕36 号）等相关文件的规定，小规模纳税人认定标准如下：

（1）根据《财政部 税务总局关于统一增值税小规模纳税人标准的通知》

（2018 年 4 月 4 日，财税〔2018〕33 号）第一条规定，自 2018 年 5 月 1 日，增值税小规模纳税人标准为年应征增值税销售额 500 万元及以下。

（2）根据《财政部 税务总局关于统一增值税小规模纳税人标准的通知》（2018 年 4 月 4 日，财税〔2018〕33 号）第二条规定，自 2018 年 5 月 1 日起，按照《中华人民共和国增值税暂行条例实施细则》第二十八条规定已登记为增值税一般纳税人的单位和个人，在 2018 年 12 月 31 日前，可转登记为小规模纳税人，其未抵扣的进项税额作转出处理。

（3）年应税销售额超过小规模纳税人标准的其他个人按小规模纳税人纳税。

（4）非企业性单位、不经常发生应税行为的企业可选择按小规模纳税人纳税。

根据《增值税一般纳税人资格认定管理办法》的规定，应税额未超过财政部、国家税务总局规定的小规模纳税人标准的，可以申请增值税一般纳税人认定，但须符合有固定经营场所、会计核算健全等条件。对增值税一般纳税人而言，由于增值税一般纳税人能够领用增值税专用发票，准确核算进项税额和销项税额，实行凭增值税专用发票抵扣税款的制度，其应纳税额 ＝ 当期销项税额 － 当期进项税额；对增值税小规模纳税人而言，其应纳税额 ＝ 当期应税销售额 × 征收率。增值税计算方法的不同为小规模纳税人与一般纳税人进行纳税筹划提供了可能性。

那么，未达到标准的纳税人究竟要在什么条件下认定为一般纳税人或小规模纳税人才能降低该纳税人的现金流出量呢？下面将介绍几种测算方法。

（一）无差别平衡点增值率判别法

从两类纳税人的计税原理看，在销售价格相同的情况下，应纳税额的大小取决于增值率的大小。设当期不含税销售额为 S，可抵扣购进项目不含税购进额（适用增值税税率均为 A）为 P，小规模纳税人的征收率为 B，设 X 为增值率，则 $X=(S-P)/S$。

一般纳税人应纳增值税额 $=S \times A-P \times A$，小规模纳税人应纳增值税额 $=S \times B$，当两类纳税人应纳税额相等时，即 $S \times A-P \times A=S \times B$，增值率为无差别平衡点增值率，即 X_0（平衡点）$=(S-P)/S=B/A$。

1. 如果 $X>X_0$（平衡点），即 $X>B/A$，小规模纳税人应纳税额小于一般纳税人，适宜选择作为小规模纳税人。

2. 如果 $X<X_0$（平衡点），即 $X<B/A$，一般纳税人应纳税额小于小规模纳税人，适宜选择作为一般纳税人。

根据本章案例：

X_0（平衡点）$=B/A×100\%=3\%/13\%×100\%=23.08\%$；

$X=（S-P）/S×100\%=（70-60）/70×100\%=14.29\%$；

$X<X_0$（平衡点），适宜选择作为一般纳税人。

（二）含税购货金额占含税销售额比重判别法

当纳税人数据是含税销售额和含税购进金额时，可根据含税购货金额占含税销售额比重大小来进行纳税人身份的选择测算。假设当期含税销售额为 S，含税购货金额为 P；假定一般纳税人销售和购进适用的增值税税率均为 A，小规模纳税人征收率为 B。

一般纳税人应纳增值税额 $=S/（1+A）×A-P/（1+A）×A$，小规模纳税人应纳增值税额 $=S/（1+B）×B$，当两类纳税人应纳税额相等时，即 $S/（1+A）×A-P/（1+A）×A=S/（1+B）×B$ 为平衡点，解得平衡点含税购进额和含税销售额的关系为：$P=S×（A-B）/[A×（1+B）]$。

1. 如果 $P>S×（A-B）/[A×（1+B）]$，一般纳税人应纳税额小于小规模纳税人，适宜选择作为一般纳税人。

2. 如果 $P<S×（A-B）/[A×（1+B）]$，小规模纳税人应纳税额小于一般纳税人，适宜选择作为小规模纳税人。

将本题改为，预计年含税销售额为 60 万元，含税购进额为 40 万元，又将如何进行纳税人身份的选择？

含税购进额 $P=40$ 万元；

$S×（A-B）/[A×（1+B）]=60×（13\%-3\%）/[13\%×（1+3\%）]=60×0.746\,8=44.81$（万元）；

$P<S×（A-B）/[A×（1+B）]$，适宜选择作为小规模纳税人。

案例二 巧用起征点，销售额并不总是越高越好

【咨询案例】

某个体工商户销售水果、杂货，每月含税销售额为 20 600 元左右，当地财政厅和国家税务总局规定的增值税起征点为 20 000 元。该个体商户如何进行税务筹划能使收益最大？

【方案展示】

方案一：

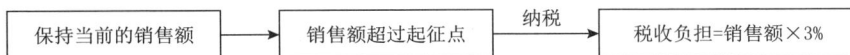

方案二：

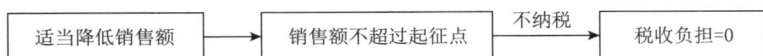

【方案分析】

方案一：保持当前每月 20 600 元的含税销售额

每月不含税销售额 =20 600÷（1+3%）=20 000（元）

达到增值税起征点，全年应纳增值税额 =20 600÷（1+3%）×3%×12=7 200（元）

如不考虑其他税费，该个体户每年收入 =20 600×12-7 200=240 000（元）

方案二：将每月含税销售额降低为 20 500 元

每月不含税销售额 =20 500÷（1+3%）=19 902.91（元）

没有达到增值税起征点，不需缴纳增值税。

如不考虑其他税费，该个体户每年收入 =20 500×12=246 000（元）

方案二的销售额降低，但收入反而增加了：246 000-240 000=6 000（元）

【专家点评】

根据《营业税改征增值税试点实施办法》，个人发生应税行为的销售额未达到增值税起征点的，免征增值税；达到起征点的，全额计算缴纳增值税。增值税起征点不适用于登记为一般纳税人的个体工商户。关于起征点，具体从以下几个方面解读。

一、适用范围

增值税起征点仅适用于财税〔2016〕36 号文的附件 1《营业税改征增值税试点实施办法》第一条规定的个人，包括：个体工商户和其他个人，但不适用登记为一般纳税人的个体工商户。即增值税起征点仅适用于个体工商户小规模纳税人和其他个人。

二、销售额的确定

销售额不包括其应纳增值税税额。采用销售额和应纳税额合并定价方法的，按照下列公式计算销售额：

$$销售额 = 含税销售额 \div （1 + 征收率）$$

三、达到增值税起征点的征税规定

纳税人达到增值税起征点的，应全额计算缴纳增值税，不应仅就超过增值税起征点的部分计算缴纳增值税。

增值税起征点幅度如下：

（1）按期纳税的，为月销售额 5 000 ~ 20 000 元（含本数）。

（2）按次纳税的，为每次（日）销售额 300 ~ 500 元（含本数）。

起征点的调整由财政部和国家税务总局规定。省、自治区、直辖市财政厅（局）和国家税务局应当在规定的幅度内，根据实际情况确定本地区适用的起征点，并报财政部和国家税务总局备案。

对增值税小规模纳税人中月销售额未达到 2 万元的企业或非企业性单位，免征增值税。2017 年 12 月 31 日前，对月销售额 2 万元（含本数）至 3 万元的增值税小规模纳税人，免征增值税。

不同类型小规模纳税人的增值税起征点

序号	项目	增值税起征点
1	销售货物	月销售额 20 000 元
2	销售应税劳务	月销售额 20 000 元
3	提供应税服务	月销售额 20 000 元
4	按次纳税	每次（日）销售额 500 元

综上，其他个人和个体户如果不含税销售额在当地规定的增值税起征点附近，

应当尽量使自己不含税销售额低于税法规定的起征点，从而享受免税的优惠待遇。

临界点 A= 销售额 − 起征点 − 销售额 ×3%，若 A>0，则需要适当降低销售额使收益达到最大值。

案例三 巧选供货商，从哪里进货可以降低税负

【咨询案例】

A 企业是一家位于县城的生产型企业，属于增值税一般纳税人。其所使用的原材料有两种进货渠道：一是从一般纳税人那里进货，含税价格为 12 元 / 件，可以开具 13% 的增值税专用发票；另一种是从小规模纳税人那里进货，含税价格为 10 元 / 件，不能开具增值税专用发票。A 企业预计年进货量为 10 万件，它该选择哪种进货渠道？

【方案展示】

方案一：

方案二：

【方案分析】

方案一：从小规模纳税人处进货

进货成本 =10×10=100（万元）

方案二：从一般纳税人处进货

进货成本 =[12-12÷(1+13%)×13%]×10=106.19（万元）

从一般纳税人处进货比从小规模纳税人处进货成本多：106.19-100=6.19（万元）

专家点评：

假定取得普通发票的购货单价为 X，取得 13% 增值税专用发票的购货单价为 Y，因为专用发票可以抵扣增值税进项税，则得到下列等式：

$$Y-Y÷(1+13\%)×13\%=X$$

$$Y=1.13X$$

处于平衡点时，二者的比为1.13。即取得13%增值税专用发票的购货单价为Y，则从小规模纳税人处购货进价大于$Y \div 1.13$时，从小规模纳税人处采购货物所承担的增值税负担较轻。

案例四　租金和押金也需慎重选择

【咨询案例】

E供热设备生产企业，其为增值税一般纳税人，2019年10月销售热泵设备1 000台，不含税单价为5 000元，需向经销商收取的热泵设备包装物租金113元/台。该企业当年可以抵扣进项税额为340 000元。假定不考虑其他因素，仅考虑增值税，E供热设备生产企业纳税筹划方案。

【方案展示】

方案一：

方案二：

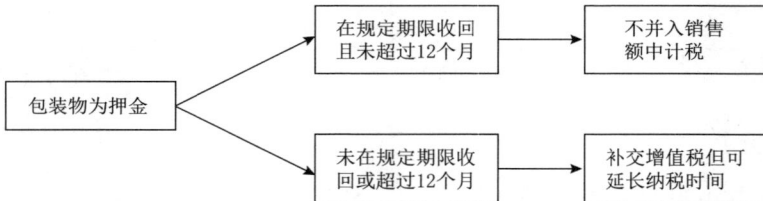

【方案分析】

方案一：包装物为租金

热泵设备包装物租金属于价外费用，应并入销售额计税。

2019年10月应纳增值税 =1 000×[5 000+113÷（1+13%）]×13%-340 000=323 000（元）

方案二：包装物为押金

如果热泵设备租金变为热泵设备押金：

（1）假定包装物在规定期限内收回，且不超过12个月，则押金不并入销售额中计税。

2019 年 10 月应纳增值税 =1 000×5 000×13%-340 000=310 000（元）

在此情况下，可少缴纳增值税 13 000 元。

（2）假定包装物未在规定期限内收回，已经超过 12 个月，是在 2020 年 11 月收回，则押金需要补交增值税。

2019 年 10 月应纳增值税 =1 000×5 000×13%-340 000=310 000（元）

2020 年 11 月包装物应补交增值税 =1 000×113÷（1+13%）×13%=13 000（元）

上述情况虽然跟未筹划前的应纳税额一样，但是推迟了包装物的纳税时间，充分利用了资金的时间价值。

【专家点评】

增值税包装物租金和押金的税法规定

对象	性质	税务处理
包装物租金	价外费用	计入销售额
包装物押金	价外费用（如果逾期或未逾期但收取时间超过 1 年）	计入销售额
	不作为价外费用（未逾期且收取时间未超过 1 年）	不计入销售额
	价外费用（除啤酒、黄酒以外的酒类产品）	计入销售额

根据以上分析，一般产品的包装物，选择押金的形式，比租金形式可少缴纳增值税，或者推迟（延迟）纳税时间，达到纳税筹划的目的。

案例五　延迟纳税时间也是个好办法

【咨询案例】

A 公司 8 月发生的销售业务有 3 类，货款共计 3 000 万元，其中，第一笔 500 万元，现金结算；第二笔 800 万元，验收后收款；第三笔 1 700 万元，1 年后收款。该公司有两个选择：一是全部采用直接收款的合同，二是在合同中约定收款时间。该公司应如何选择？

【方案展示】

方案一：

方案二：

【方案分析】

方案一：全部采取直接收款方式的合同

企业若全部采取直接收款方式的合同，则应当在当月全部计算销售额。

计提销项税额 =3 000×13%=390（万元）

方案二：在合同中约定收款时间

对未收到的 800 万元和 1 700 万元，通过与购买方签订的合同，约定收款日期。

则当月计提销项税额 =500×13%=65（万元）

那么，390-65=325（万元）就可以推迟纳税时间。

【专家点评】

税法上规定的纳税义务发生时间如下：

1. 采取直接收款方式销售货物，不论货物是否发出，均为收到销售款或者取得索取销售款凭据的当天。

纳税人生产经营活动中采取直接收款方式销售货物，已将货物移送对方并暂估销售收入入账，但既未取得销售款或取得索取销售款凭据也未开具销售发票的，其增值税纳税义务发生时间为取得销售款或取得索取销售款凭据的当天；但先开具发票的，为开具发票的当天。

2. 采取托收承付和委托银行收款方式销售货物，为发出货物并办妥托收手续的当天。

3. 采取赊销和分期收款方式销售货物，为书面合同约定的收款日期的当天，无书面合同的或者书面合同没有约定收款日期的，为货物发出的当天。

4. 采取预收货款方式销售货物，为货物发出的当天，但生产销售生产工期超过 12 个月的大型机械设备、船舶、飞机等货物，为收到预收款或者书面合同约定的收款日期的当天。

5. 委托其他纳税人代销货物，为收到代销单位的代销清单或者收到全部或者部分货款的当天；未收到代销清单及货款的，为发出代销货物满 180 天的当天。

6. 销售应税劳务，为提供劳务同时收讫销售款或者取得索取销售款凭据的当天。

7.纳税人发生除将货物交付其他单位或者个人代销和销售代销货物以外的视同销售货物行为，为货物移送的当天。

综上，采用赊销和分期收款方式，即可以为企业节约大量的流动资金。企业可以运用上述方案推迟纳税义务时间，延迟缴纳税额，充分利用资金的时间价值，提高资金使用效率。

案例六　兼营销售怎么核算增值税

【咨询案例】

某钢材厂属于增值税一般纳税人。某月销售钢材，取得含税销售额1 800万元，同时又经营农机，取得含税销售额200万元。前项经营的增值税税率为13%，后项经营的增值税税率为9%。该厂对两种经营统一核算缴纳增值税税款，还是分开核算？

【方案展示】

方案一：

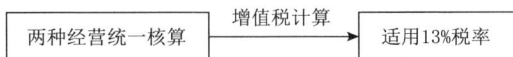

方案二：

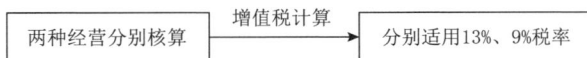

【方案分析】

方案一：未分别核算经营活动，适用单一税率

该厂应缴纳增值税=（1 800+200）÷（1+13%）×13%=230.09（万元）。

方案二：分别核算经营活动，适用不同税率

该厂应缴纳增值税=1 800÷（1+13%）×13%+200÷（1+9%）×9%=223.59（万元）。

【专家点评】

根据《中华人民共和国增值税暂行条例》第3条的规定，纳税人兼营不同税率的项目，应当分别核算不同税率项目的销售额；未分别核算销售额的，从高适用税率。所谓兼营不同税率的项目，是指纳税人生产或销售不同税率的货物，或者既销售货物又提供应税劳务、应税服务。因此，纳税人兼营不同税率的项目时，一定要分别核算，否则，会增加纳税人的税收负担。

《财政部 税务总局 海关总署关于深化增值税改革有关政策的公告》（财政部 税务总局 海关总署公告 2019 年第 39 号）自 2019 年 4 月 1 日起，增值税一般纳税人（以下称纳税人）发生增值税应税销售行为或者进口货物，原适用 16% 税率的，税率调整为 13%；原适用 10% 税率的，税率调整为 9%。

案例七　利用办事处的不同身份进行纳税筹划

【咨询案例】

某经营原油及油品的销售公司，是增值税一般纳税人，2020 年 1 ~ 6 月该公司在某省 A 市设置了临时性办事处。该办事处在 2020 年 1 ~ 6 月接到总公司拨来货物 5 000 吨，取得销售收入 2 000 万元，拨入价为 1 600 万元，在经营地就地采购原油 10 万吨，购进价为 9 000 万元，取得销售收入为 10 000 万元，1 ~ 6 月盈利 1 000 万元（注：总公司 2019 年度会计核算亏损 2 000 万元；上述进价及销售收入均为不含税价格）。假设 1 年贷款利率为 7.47%，该办事处可以选择三种方案来进行涉税处理。

方案 1：按照办事机构进行涉税处理。

方案 2：按照分支机构进行涉税处理。

方案 3：按照独立核算的单位进行涉税处理。

从节税的角度出发，该办事处应当选择哪套方案？

【方案展示】

方案一：

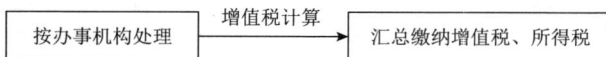

方案二：

方案三：

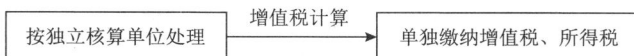

【方案分析】

方案 1：按照办事机构进行涉税处理

首先，公司拨来货物有合法经营手续，应回总机构所在地纳税；其次，办事处在经营地所采购的货物超出《外出经营活动管理证明》的范围，应在经营地纳税。在该方案下，该办事处的纳税情况如下：

应纳增值税额分别计算如下：

（1）回机构所在地缴纳增值税 =（2 000-1 600）×13%=52（万元）

（2）在经营地缴纳增值税 =10 000×3%=300（万元）

（3）累计缴纳增值税 =52+300=352（万元）

（4）盈利抵扣总机构企业所得税 =1 000×25%=250（万元）

方案 2：按照分支机构进行涉税处理

在该方案下，该办事处的纳税情况如下：

（1）增值额 =10 000-9 000+2 000-1 600=1 400（万元）

（2）应纳增值税 =1 400×13%=182（万元）

（3）盈利抵扣总机构企业所得税 =1 000×25%=250（万元）

（4）比方案 1 节省税额 =352-182=170（万元）

方案 3：按照独立核算的单位进行涉税处理

在该方案下，该办事处的纳税情况如下：

（1）增值额 =10 000-9 000+2 000-1 600=1 400（万元）

（2）应纳增值税 =1 400×13%=182（万元）

（3）应纳企业所得税 =1 000×25%=250（万元）

（4）比方案 1 少纳税 =352-182-250×7.47%=151.325（万元）

（5）比方案 2 多纳税 =250×7.47%=18.675（万元）

由此可以看出，上述三种处理方法应纳税额完全不同，方案 2 是最好的。如果总机构不存在上年度亏损，方案 2 和方案 3 所缴纳的税款是相同的。

【专家点评】

根据我国相关法律法规的规定，企业所设立的办事处有三种类型：

①办事处作为固定业户外出经营活动的办事机构，向其机构所在地主管税务机关申请开具《外出经营活动税收管理证明》，持税务登记证副本、《外出经营活动税收管理证明》第二、三、四联，连同运抵货物或经营项目，一并向销售地税务机关申请报验。销售地税务机关对其运抵的货物应对照《外出经营活动税收管理证明》载明的起运货进行查验、核对。纳税人在批准有效期结束后，应向销售地税务机关进行报告。销售地税务机关查明销售情况后，填明销售经营情况的有关栏次，并将报验联留存。办事处向销售地税务机关申请领购发票，并按月向销售地税务机关办理申报手续，最后由办事处凭《外出经营活动税收管理证明》向机构所在地主管税务机关申报纳税。

②办事处作为常设分支机构向经营地工商管理部门办理营业执照，向经营地税务机关办理税务登记（被认定为增值税一般纳税人），按规定在经营地申请领购发票，在经营地申报纳税，销售收入全额计缴总机构。

③办事处作为独立核算机构，在经营地工商管理部门办理营业执照，向经营地主管税务机关申请办理税务登记（被认定为增值税一般纳税人），自主经营，实行独立核算，独立处理全部涉税及有关经济事宜。不同身份的办事处所承担的纳税义务是不同的，纳税人可以充分利用这种不同进行纳税筹划，减轻税收负担。

案例八　销售折扣还是折扣销售

【咨询案例】

企业与客户签订的合同约定不含税销售额为 100 000 元，合同中约定的付款期为 40 天。如果对方可以在 20 天内付款，将给予对方 3% 的现金折扣，即 3 000 元。指出该企业可以通过什么方式进行纳税筹划。

【方案展示】

方案一：

方案二：

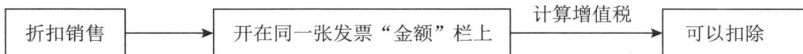

【方案分析】

方案 1：销售折扣

企业采取销售折扣的方式，折扣额不能从销售额中扣除，企业应按照 100 000 元的销售额计算增值税销项税额。这样，增值税销项税额 =100 000×13%= 13 000（元）。

方案 2：折扣销售

企业在承诺给对方 3% 折扣的同时，将合同中约定的付款期缩短为 20 天，这样就可以在给对方开具增值税专用发票时，将以上折扣额与销售额开在同一张发票全额栏上，使企业按照折扣后的销售额计算销项税额，增值税销项税额 =100 000×（1-3%）×13%=12 610（元）。这样，企业的收入没有降低，但节省了 390 元的增值税。当然，这种方法也有缺点，因为如果对方企业没有在 20 天内付款，企业会遭受损失。

【专家点评】

销售折扣，是指企业在销售货物或提供应税劳务的行为发生后，为了尽快收回资金而给予债务方一定价格上的优惠的形式。销售折扣通常采用 3/10、1/20、N/30 等符号。这三种符号的含义是：如果债务方在 10 天内付清款项，则折扣额为 3%；如果在 20 天内付清款项，则折扣额为 1%；如果在 30 天内付清款项，则应全额支付。由于销售折扣发生在销售货物之后，本身并不属于销售行为，而为一种融资性的理财行为，因此销售折扣不得从销售额中减除，企业应当按照全部销售额计算缴纳增值税。销售折扣在实际发生时计入财务费用。

从企业税负角度考虑，折扣销售方式优于销售折扣方式。如果企业面对的是一个信誉良好的客户，销售货款回收的风险较小，那么企业可以考虑通过修改合同，将销售折扣方式改为折扣销售方式。

案例九　利用不同的促销方式进行纳税筹划

【咨询案例】

甲公司计划在年底开展一次"买一赠一"的促销活动。原计划提供促销商品正常销售额2 000万元，实际收取销售额1 000万元。已知甲公司销售该商品适用增值税税率为13%。请为甲公司设计合理减轻增值税负担的筹划方案。

【方案展示】

方案一、方案二：

方案三：

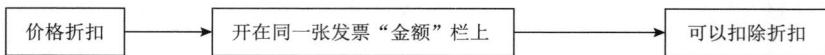

【方案分析】

方案1：甲公司无偿赠送价值1 000元的商品

视同销售，为此增加增值税销项税额$=1\,000 \times 13\%=130$（万元）。

方案2：甲公司采取"加量不加价"的方式组合销售

花一样的钱买两件商品，就可以少负担增值税130万元。

方案3：甲公司将此次促销活动改为五折促销

实质上同方案2，花一样的钱买两件商品，也可以少负担增值税130万元。

【专家点评】

不同的促销方式在增值税上所受的待遇是不同的，利用这些不同待遇就可以进行纳税筹划。在增值税法上，赠送行为视同销售行为征收增值税，因此，当企业计划采用赠送这种促销方式时，应当考虑将赠送的商品放入销售的商品中，与销售的商品一起进行销售，这样就把赠送行为隐藏在销售行为之中，避免了赠送商品所承担的税收。例如，市场上经常看到的"加量不加价"的促销方式就是运用这种纳税筹划方法的典型例子，如果采用在原数量和价格的基础上赠送若干数量商品的方法进行促销，则该赠送的商品就需要缴纳增值税，则加重了企业的税收负担。

案例十 分立公司、抵扣进项税额

【咨询案例】

某市牛奶公司主要生产流程如下：饲养奶牛生产牛奶，将产出的新鲜牛奶进行加工制成奶制品，再将奶制品销售给各大商业公司，或直接通过销售网络转销给该市及其他地区的居民。奶制品适用 13% 的增值税税率，进项税额主要由两部分组成：一是向农民个人收购的草料部分可以抵扣 9% 的进项税额；二是公司水费、电费和修理用配件等按规定可以抵扣进项税额。与销项税额相比，这两部分进项税额数额较小，致使公司的增值税税负较高。已知 2020 年度从农民生产者手中购入的草料金额为 1 000 万元，允许抵扣的进项税额为 100 万元，其他水电费、修理用配件等进项税额为 80 万元，全年奶制品不含税销售收入为 5 000 万元。根据这种情况，请提出纳税筹划方案。

【方案展示】

方案一：

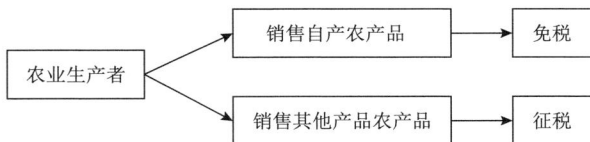

方案二：

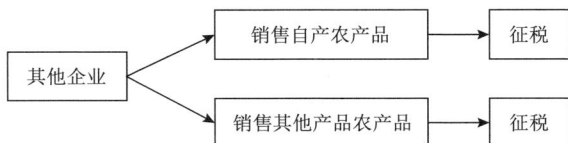

【方案分析】

方案 1：分立公司

该公司可以将整个生产流程分成饲养和牛奶制品加工两部分，饲养场由独立的子公司来经营，该公司仅负责奶制品加工厂。纳税筹划之后，假定饲养场销售给奶制品厂的鲜奶售价为 4 000 万元，其他条件不变。由于农业生产者销售的自产农产品免征增值税，饲养场销售鲜奶并不需要缴纳增值税。该公司应纳增值税 =5 000×13%-4 000×9%-80=210（万元）。

方案 2：仍采取牛奶制品加工公司的形式

应纳增值税 =5 000×13%-（100+80）=470（万元）。

所以，采取分立公司的形式，可以少交增值税 =470-210=260（万元）。

【专家点评】

我国增值税的计算和征收方式是税额抵扣法，即用纳税人的销项税额减去进项税额，而确定销项税额和进项税额的依据都是增值税专用发票，因此，如果纳税人不能合法取得增值税专用发票，纳税人的进项税额就不能抵扣。这就会增加纳税人的税收负担，使其在与同行业的竞争中处于不利地位。但是，根据税法的规定，在某些情况下，虽然纳税人无法取得增值税专用发票，但是也可以抵扣进项税额。根据《中华人民共和国增值税暂行条例》第 8 条规定，购进农产品，除取得增值税专用发票或者海关进口增值税专用缴款书外，按照农产品收购发票或者销售发票上注明的农产品买价和 9% 的扣除率计算进项税额。进项税额计算公式为：进项税额 = 买价 × 扣除率。企业应当充分利用上述政策，尽量多地取得可以抵扣进项税额的发票。

根据《中华人民共和国增值税暂行条例》第 15 条的规定，农业生产者销售的自产农产品免征增值税。农业生产结构可划分为种植业、林业、畜牧业、水产业、副业。农业生产者，包括从事农业生产的单位和个人。农产品，是指初级农产品，具体范围由财政部、国家税务总局确定。因此，企业如果有自产农产品，可以考虑单独设立相关的子公司负责生产销售自产农产品，从而享受免税待遇。

案例十一　充分利用农产品免税政策进行纳税筹划

【咨询案例】

在某乡镇农村，一些农户在田间地角栽种了大量速生材，目前，已进入砍伐期。一些农户直接出售原木，每立方米价格为 200 元。另一些农户则不满足廉价出售原木，自己对原木进行深加工，如将原木加工成薄板、包装箱等再出售。假设加工每立方米原木需要耗用电力 6 元、人工费 4 元，那么，其出售价最低为 210 元。但是这个价格没有人愿意收购，深加工以后的原木反而要以比没有加工的原木更低的价格出售。请分析其中的原因并提出纳税筹划方案。

【方案展示】

方案一：

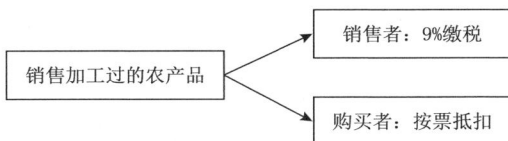

方案二：

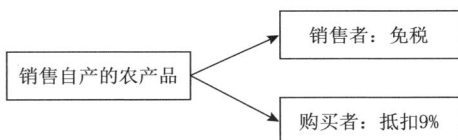

【方案分析】

方案 1：农户进行深加工

农户出售原木属免税农业产品，增值税一般纳税人收购后，可以抵扣 9% 的税款。因此，增值税一般纳税人收购 200 元的原木可抵扣 18 元税金，原材料成本只有 182 元。而农户深加工的产品出售给工厂，工厂不能计提进项税。增值税一般纳税人根据这种情况，只愿意以 192 元的价格收购深加工的产品（182 元的原木成本加上加工所耗用的电力和人工费 10 元）。另外，深加工后的农产品已不属免税产品，农户还要纳增值税和所得税（如果达不到增值税起征点，可以免征增值税）。这样，深加工的农户最后收入反而达不到 200 元，仅为 192 元。在这种情况下，农户深加工农业产品是失败的，这既有不能享受税收优惠的原因，也有增值率太低的因素。

方案 2：直接出售原木和劳务

经过纳税筹划，可以采取另一种方式来避免出现以上情况，即农户将原木直接出售给工厂，工厂收购原木后雇用农户加工。通过改变加工方式，农户出售 200 元的原木可得收入 200 元，工厂雇用农户加工，6 元的电费由工厂支付，还可以抵扣进项税额，工厂另外向农户支付人工费 4 元。这样，农户可得收入 204 元，比农户自行深加工增收了 12 元（204-192），企业也可抵扣农产品的 18 元税款以及电费所含进项税额，使成本得以降低。

【专家点评】

根据《中华人民共和国增值税暂行条例》第 15 条的规定，农业生产者销售的自产农产品免征增值税，但其他生产者销售的农产品不能享受免税待遇。农业，是指种植业、养殖业、林业、牧业、水产业。农业生产者，包括从事农业生产的单位和个人。农产品，是指初级农产品，具体范围由财政部、国家税务总局确定。销售农产品免税必须符合上述条件，否则，就无法享受免税的待遇。同时，根据《中华人民共和国增值税暂行条例》第 8 条的规定，购进农产品，除取得增值税专用发票或者海关进口增值税专用缴款书外，按照农产品收购发票或者销售发票上注明的农产品买价和 9%（2019 年 4 月 1 日以后降为 9%）的扣除率计算进项税额。进项税额计算公式为：

进项税额=买价×扣除率

如果农业生产者希望自己对产品进行深加工使其增值以后再出售，就无法享受免税待遇，往往获得比深加工之前更差的效果，摆脱这种状况就需要通过适当的安排使得自己既能够享受免税待遇，同时还可以有机会得以对初级农产品进行加工增值。

案例十二　增值税结算方式的纳税筹划

【咨询案例】

甲公司委托乙公司代销一批货物。甲公司于 2020 年 1 月 1 日发出货物，2020 年 12 月 1 日收到乙公司的代销清单和全部货款 113 万元。甲公司是按月缴纳增值税的企业。甲公司应当在何时缴纳增值税，并提出纳税筹划方案。

【方案展示】

方案一：

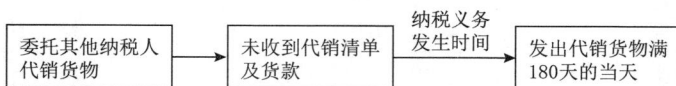

方案二：

【方案分析】

方案 1：发出代销货物满 180 天的当天计算增值税

发出代销货物满 180 天，即 2020 年 6 月 29 日计算增值税，应纳增值税＝113÷（1+13%）×13%=13（万元）。甲公司应当在 7 月 15 日之前缴纳 13 万元的增值税（如有进项税额，可以抵扣进项税额后再缴纳）。

方案 2：在收到代销清单及货款时计算增值税

经过纳税筹划，甲公司为了避免在发出货物满 180 天时产生增值税的纳税义务，可以在发出货物 179 天之时，即 2020 年 6 月 28 日，要求乙公司退还代销的货物，然后在 2020 年 6 月 29 日与乙公司重新办理代销货物手续。这样，甲公司就可以在实际收到代销清单及 113 万元的货款时计算 13 万元的增值税销项税额，并于 2021 年 1 月 15 日之前缴纳增值税（未考虑印花税）。

【专家点评】

根据《中华人民共和国增值税暂行条例》第 19 条的规定，增值税纳税义务发生时间：

（1）发生应税销售行为，为收讫销售款项或者取得索取销售款项凭据的当天；先开具发票的，为开具发票的当天。

（2）进口货物，为报关进口的当天。

根据《中华人民共和国增值税暂行条例实施细则》第 38 条的规定，收讫销售款项或者取得索取销售款项凭据的当天，按销售结算方式的不同，具体如下：

（1）采取直接收款方式销售货物，不论货物是否发出，均为收到销售款或者取得索取销售款凭据的当天。

（2）采取托收承付和委托银行收款方式销售货物，为发出货物并办妥托收手续的当天。

（3）采取赊销和分期收款方式销售货物，为书面合同约定的收款日期的当天，无书面合同的或者书面合同没有约定收款日期的，为货物发出的当天。

（4）采取预收货款方式销售货物，为货物发出的当天，但生产销售生产工期超过 12 个月的大型机械设备、船舶、飞机等货物，为收到预收款或者书面合同约定的收款日期的当天。

（5）委托其他纳税人代销货物，为收到代销单位的代销清单或者收到全部或部分货款的当天。未收到代销清单及货款的，为发出代销货物满 180 天的当天。

（6）销售应税劳务，为提供劳务同时收讫销售款或者取得索取销售款的凭证的当天。

（7）纳税人发生视同销售货物行为，为货物移送的当天。

纳税人可以充分利用上述增值税纳税义务发生时间的规定，通过适当调整结算方式进行纳税筹划。例如，采取赊销和分期收款方式销售货物时，购买方在合同约定时间无法支付货款，则应当及时修改合同，以确保销售方在收到货款后再缴纳增值税，否则，销售方需要在合同约定的付款日期（在该日期实际上并未收到货款）产生增值税的纳税义务并应当在纳税期限到来后缴纳增值税。对于委托销售的，如果发出代销货物即将满 180 天仍然未收到代销清单及货款，则应当及时办理退货手续，否则就产生了增值税的纳税义务。

案例十三　利用资产重组不征税增值税政策

【咨询案例】

甲上市公司准备与乙公司进行资产置换，甲公司名下的所有资产和负债均转移给乙公司，乙公司名下的全部资产和负债转移给甲公司，双方互不支付差价。已知，甲公司名下的货物正常销售额为 5 000 万元，乙公司名下的货物正常销售额为 4 000 万元。甲公司与乙公司原计划各自按照资产销售的方式来进行税务处理，请对甲公司与乙公司的交易提出纳税筹划方案。

【方案展示】

方案一：

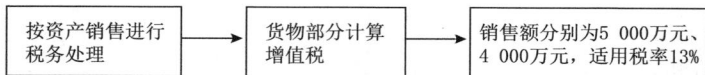

方案二：

【方案分析】

方案 1：按资产销售进行税务处理

按普通的资产销售进行税务处理，不考虑其他税费，仅销售货物部分就需要计算增值税销项税额＝（5 000+4 000）×13%=1 170（万元）。

方案 2：按资产重组享受税收优惠政策

如果甲公司和乙公司在资产重组的框架下开展资产置换并按照相关规定将资产重组方案等文件资料报送其主管税务机关，则可以享受货物转让不征收增值税的优惠政策，免于计算增值税销项税额 1 170 万元。

【专家点评】

《国家税务总局关于转让企业全部产权不征收增值税问题的批复》（国税函〔2002〕420 号）规定，根据《中华人民共和国增值税暂行条例》及其实施细则的规定，增值税的征收范围为销售货物或者提供加工、修理修配劳务及进口货物。转让企业全部产权是整体转让企业资产、债权、债务及劳动力的行为，因此，转让企业全部产权涉及的应税货物的转让，不属于增值税的征税范围，不征收增值税。

《国家税务总局关于纳税人资产重组有关增值税政策问题的批复》（国税函〔2009〕585 号）规定，纳税人在资产重组过程中将所属资产、负债及相关权利和义务转让给控股公司，但保留上市公司资格的行为，不属于《国家税务总局关于转让企业全部产权不征收增值税问题的批复》（国税函〔2002〕420 号）规定的整体转让企业产权行为。对其资产重组过程中涉及的应税货物转让等行为，应照章征收增值税。上述控股公司将受让获得的实物资产再投资给其他公司的行为，应照章征收增值税。

根据《国家税务总局关于纳税人资产重组有关增值税问题的公告》（国家税务总局公告 2011 年第 13 号）规定，自 2011 年 3 月 1 日起，纳税人在资产重组过程中，通过合并、分业、出售、置换等方式，将全部或部分实物资产以及与其相关联的债权、负债和劳动力一并转让给其他单位和个人，不属于增值税的征税范围，其中涉及的货物转让，不征收增值税。《国家税务总局关于转让企业全部产权不征收增值税问题的批复》（国税函〔2002〕420号）、《国家税务总局关于纳税人资产重组有关增值税政策问题的批复》（国税函〔2009〕585号）、《国家税务总局关于中国直播卫星有限公司转让全部产权有关增值税问题的通知》（国税函〔2010〕350号）同时废止。

根据《国家税务总局关于纳税人资产重组增值税留抵税额处理有关问题的公告》（国家税务总局公告2012年第55号）的规定，增值税一般纳税人（以下简称"原纳税人"）在资产重组过程中，将全部资产、负债和劳动力一并转让给其他增值税一般纳税人（以下简称"新纳税人"），并按程序办理注销税务登记的，其在办理注销登记前尚未抵扣的进项税额可结转至新纳税人处继续抵扣。原纳税人主管税务机关应认真核查纳税人资产重组相关资料，核实原纳税人在办理注销税务登记前尚未抵扣的进项税额，填写增值税一般纳税人资产重组进项留抵税额转移单（增值税一般纳税人资产重组进项留抵税额转移单一式三份，原纳税人主管税务机关留存一份，交纳税人一份，传递新纳税人主管税务机关一份）。新纳税人主管税务机关应将原纳税人主管税务机关传递来的增值税一般纳税人资产重组进项留抵税额转移单与纳税人报送资料进行认真核对。对原纳税人尚未抵扣的进项税额，在确认无误后，允许新纳税人继续申报抵扣。

根据《国家税务总局关于纳税人资产重组有关增值税问题的公告》（国家税务总局公告2013年第66号）的规定，纳税人在资产重组过程中，通过合并、分立、出售、置换等方式，将全部或部分实物资产及与其相关联的债权、负债经多次转让后，最终的受让方与劳动力接收方为同一单位和个人的，仍适用《国家税务总局关于纳税人资产重组有关增值税问题的公告》（国家税务总局公告2011年第13号）的相关规定，其中货物的多次转让行为均不征收增值税。资产的出让方需将资产重组方案等文件资料报其主管税务机关。本公告自2013年12月1日起施行。纳税人此前已发生并处理的事项，不再做调整；未处理的，按本公告规定执行。

纳税人可以利用上述优惠政策进行资产重组。

第二章

消费税筹划

第一节　消费税简介

一、消费税的概念

消费税是指对消费品和特定的消费行为按流转额征收的一种商品税。广义上，消费税应对所有消费品包括生活必需品和日用品普遍课税；但从征收实践上看，消费税主要对特定消费品或特定消费行为等课税。消费税主要以消费品为课税对象，属于间接税，税收随价格转嫁给消费者负担，消费者是税款的实际负担者。消费税的征收具有较强的选择性，是国家贯彻消费政策、引导消费结构，从而引导产业结构的重要手段，因而在保证国家财政收入，体现国家经济政策等方面具有十分重要的意义。

二、消费税的特点

（1）征收范围具有选择性。我国消费税在征收范围上根据产业政策与消费政策仅选择部分消费品征税，而不是对所有消费品都征收消费税。

（2）一般情况下，征税环节具有单一性，主要在生产销售和进口环节上征收。

（3）平均税率水平比较高且税负差异大。消费税的平均税率水平比较高，并且不同征税项目的税负差异较大；对诸如香烟等需要限制或控制消费的消费品，通常税负较重。

（4）计税方法具有灵活性。既有对消费品采用单位税额，以消费品的数量实行从量定额的计税方法，也有对消费品制定比例税率，以消费品的价格实行从价定率的计税方法。

还有从量与从价相结合的复合计税方式。

三、消费税法

消费税法是指国家制定的用以调整消费税征收与缴纳相关权利及义务关系的法律规范。现行消费税法的基本规范，是 2008 年 11 月 5 日经国务院第 34 次常务会议修订通过并颁布，自 2009 年 1 月 1 日起施行的《中华人民共和国消费税暂行条例》（以下简称《消费税暂行条例》），以及 2008 年 12 月 15 日财政部、国家税务总局第 51 号令颁布的《中华人民共和国消费税暂行条例实施细则》（以下简称《消费税暂行条例实施细则》）。

四、消费税纳税义务人

在中华人民共和国境内生产、委托加工和进口《消费税暂行条例》规定的消费品的单位和个人，以及国务院确定的销售《消费税暂行条例》规定的消费品的其他单位和个人，为消费税的纳税人。

在中华人民共和国境内，是指生产、委托加工和进口属于应当缴纳消费税的消费品的起运地或者所在地在境内。单位，是指企业、行政单位、事业单位、军事单位、社会团体及其他单位。个人，是指个体工商户及其他个人。

由于消费税是在对所有货物普遍征收增值税的基础上选择少量消费品征收的，因此，消费税纳税人同时也是增值税纳税人。

五、消费税征税范围

根据《消费税暂行条例》及其实施细则的规定，消费税的征收范围包括下列内容。

（一）生产应税消费品

纳税人生产的应税消费品，于纳税人销售时纳税。

纳税人自产自用的应税消费品，用于连续生产应税消费品的，不纳税；用于其他方面的，于移送使用时纳税。

用于连续生产应税消费品，是指纳税人将自产自用应税消费品作为直接材料生产最终应税消费品，自产自用应税消费品构成最终应税消费品的实体。

用于其他方面，是指纳税人将自产自用的应税消费品用于生产非应税消费品、在建工程、管理部门、非生产机构、提供劳务、馈赠、赞助、集资、广告、样品、职工福利、奖励等方面。

工业企业以外的单位和个人的下列行为视为应税消费品的生产行为，按规定征收消费税：①将外购的消费税非应税产品以消费税应税产品对外销售的；②将外购的消费税低税率应税产品以高税率应税产品对外销售的。

（二）委托加工应税消费品

委托加工的应税消费品，是指由委托方提供原料和主要材料，受托方只收取加工费和代垫部分辅助材料加工的应税消费品。对于由受托方提供原材料生产的应税消费品，或者受托方先将原材料卖给委托方，然后再接受加工的应税消费品，以及由受托方以委托方名义购进原材料生产的应税消费品，不论在财务上是否作为销售处理，都不得作为委托加工应税消费品，而应当按照销售自制应税消费品缴纳消费税。

委托加工的应税消费品，除受托方为个人外，由受托方在向委托方交货时代收代缴消费税。委托个人加工的应税消费品，由委托方收回后缴纳消费税。

委托加工的应税消费品，委托方用于连续生产应税消费品的，所纳税款准予按规定抵扣。

委托方将收回的应税消费品，以不高于受托方的计税价格出售的，为直接出售，不再缴纳消费税；委托方以高于受托方的计税价格出售的，不属于直接出售，需按照规定申报缴纳消费税，在计税时准予扣除受托方已代收代缴的消费税。

（三）进口应税消费品

单位和个人进口应税消费品，于报关进口时缴纳消费税。为了减少征税成本，进口环节缴纳的消费税由海关代征。

（四）零售应税消费品

（1）商业零售金银首饰。自1995年1月1日起，金银首饰消费税由生产销售环节征收改为零售环节征收。改在零售环节征收消费税的金银首饰仅限于金基、银基合金首饰以及金、银和金基、银基合金的镶嵌首饰。自 2002 年 1 月 1 日起，对钻石及钻石饰品消费税的纳税环节由生产环节、进口环节后移至零售环节。自 2003 年 5 月 1 日起，铂金首饰消费税改为零售环节征税。

下列业务视同零售业，在零售环节缴纳消费税：

①为经营单位以外的单位和个人加工金银首饰。加工包括带料加工、翻新改制、以旧换新等业务，不包括修理和清洗。

②经营单位将金银首饰用于馈赠、赞助、集资、广告样品、职工福利、奖励等方面。

③未经中国人民银行总行批准，经营金银首饰批发业务的单位将金银首饰销售给经营单位。

（2）零售超豪华小汽车。自 2016 年 12 月 1 日起，对超豪华小汽车，在生产（进口）环节按现行税率征收消费税的基础上，在零售环节加征消费税，将超豪华小汽车销售给消费者的单位和个人为超豪华小汽车零售环节纳税人。

（五）批发销售卷烟

自 2015 年 5 月 10 日起，将卷烟批发环节从价税税率由 5% 提高至 11%，并按 0.005 元 / 支加征从量税。

烟草批发企业将卷烟销售给其他烟草批发企业的，不缴纳消费税。

卷烟消费税改为在生产和批发两个环节征收后，批发企业在计算应纳税额时不得扣除已含的生产环节的消费税税款。

纳税人兼营卷烟批发和零售业务的，应当分别核算批发和零售环节的销售额、销售数量；未分别核算批发和零售环节销售额、销售数量的，按照全部销售额、销售数量计征批发环节消费税。

六、消费税税目

消费税的征收范围比较狭窄，同时也会根据经济发展、环境保护等国家大政方针进行修订，依据《消费税暂行条例》及相关法规规定，目前消费税税目包括烟、酒、化妆品等 15 种商品，部分税目还进一步划分了若干子目。

（一）烟

凡是以烟叶为原料加工生产的产品，不论使用何种辅料，均属于本税目的征收范围。包括卷烟（进口卷烟、白包卷烟、手工卷烟和未经国务院批准纳入计划的企业及个人生产的卷烟）、雪茄烟和烟丝。

在"烟"税目下分"卷烟"等子目，"卷烟"又分"甲类卷烟"和"乙类卷烟"。其中，甲类卷烟是指每标准条（200 支，下同）调拨价格在 70 元（不含增值税）以上（含 70 元）的卷烟；乙类卷烟是指每标准条调拨价格在 70 元（不含增值税）以下的卷烟。

（二）酒

酒是酒精度在 1 度以上的各种酒类饮料，包括白酒、黄酒、啤酒和其他酒。

啤酒每吨出厂价（含包装物及包装物押金）在 3 000 元（含 3 000 元，不含增值税）以上的是甲类啤酒，每吨出厂价（含包装物及包装物押金）在 3 000 元（不含增值税）以下的是乙类啤酒。包装物押金不包括重复使用的塑料周转箱的押金。对饮食业、商业、娱乐业举办的啤酒屋（啤酒坊）利用啤酒生产设备生产的啤酒，应当征收消费税。果啤属于啤酒，按啤酒征收消费税。

配制酒（露酒）是指以发酵酒、蒸馏酒或食用酒精为酒基，加入可食用或药食两用的辅料或食品添加剂，进行调配、混合或再加工制成的并改变了其原酒基风格的饮料酒。具体规定如下。

1. 以蒸馏酒或食用酒精为酒基，具有国家相关部门批准的国食健字或卫食健字文号并且酒精度低于 38 度（含）的配制酒，按消费税税目税率表"其他酒"10% 适用税率征收消费税。

2. 以发酵酒为酒基，酒精度低于 20 度（含）的配制酒，按消费税税目、税率（额）表"其他酒"10% 的适用税率征收消费税。

3. 其他配制酒，按消费税税目、税率（额）表中"白酒"的适用税率征收消费税。

葡萄酒消费税适用"酒"税目下设的"其他酒"子目。葡萄酒是指以葡萄为原料，经破碎（压榨）、发酵而成的酒精度在 1 度（含）以上的葡萄原酒和成品酒（不含以葡萄为原料的蒸馏酒）。

（三）高档化妆品

自 2016 年 10 月 1 日起，本税目调整为包括高档美容、修饰类化妆品、高档护肤类化妆品和成套化妆品。

高档美容、修饰类化妆品和高档护肤类化妆品是指生产（进口）环节销售（完税）价格（不含增值税）在 10 元 / 毫升（克）或 15 元 / 片（张）及以上的美容、修饰类化妆品和护肤类化妆品。

美容、修饰类化妆品是指香水、香水精、香粉、口红、指甲油、胭脂、眉笔、唇笔、蓝眼油、眼睫毛以及成套化妆品。

舞台、戏剧、影视演员化妆用的上妆油、卸妆油、油彩，不属于本税目的征收范围。高档护肤类化妆品征收范围另行制定。

（四）贵重首饰及珠宝玉石

包括以金、银、白金、宝石、珍珠、钻石、翡翠、珊瑚、玛瑙等高贵稀有物质以及其他金属、人造宝石等制作的各种纯金银首饰及镶嵌首饰和经采掘、打磨、加工的各种珠宝玉石。对出国人员免税商店销售的金银首饰征收消费税。

（五）鞭炮、焰火

本税目征收范围包括各种鞭炮、焰火。

体育上用的发令纸、鞭炮药引线，不按本税目征收。

（六）成品油

本税目包括汽油、柴油、石脑油、溶剂油、航空煤油、润滑油、燃料油 7 个子目；航空煤油暂缓征收。

1. 汽油

汽油是指用原油或其他原料加工生产的辛烷值不小于 66 的可用作汽油发动机燃料的各种轻质油。取消车用含铅汽油消费税，汽油税目不再划分二级子目，统一按照无铅汽油税率征收消费税。

以汽油、汽油组分调和生产的甲醇汽油、乙醇汽油也属于本税目征收范围。

2. 柴油

柴油是指用原油或其他原料加工生产的倾点或凝点在 -50℃ ~ 30℃ 的可用作柴油发动机燃料的各种轻质油和以柴油组分为主、经调和精制可用作柴油发动机燃料的非标油。

以柴油、柴油组分调和生产的生物柴油也属于本税目征收范围。

经国务院批准，从 2009 年 1 月 1 日起，对同时符合下列条件的纯生物柴油免征消费税：

（1）生产原料中废弃的动物油和植物油用量所占比重不低于 70%。

（2）生产的纯生物柴油符合国家《柴油机燃料调合生物柴油（BD100）》标准。

3. 石脑油

石脑油又叫化工轻油，是以原油或其他原料加工生产的用于化工原料的轻质油。

石脑油的征收范围包括除汽油、柴油、航空煤油、溶剂油以外的各种轻质油。非标汽油、重整生成油、拔头油、戊烷原料油、轻裂解料（减压柴油 VGO和常压柴油 AGO）、重裂解料、加氢裂化尾油、芳烃抽余油均属轻质油，属于石脑油征收范围。

4. 溶剂油

溶剂油是用原油或其他原料加工生产的用于涂料、油漆、食用油、印刷油墨、皮革、农药、橡胶、化妆品生产和机械清洗、胶粘行业的轻质油。

橡胶填充油、溶剂油原料，属于溶剂油征收范围。

5. 航空煤油

航空煤油也叫喷气燃料，是用原油或其他原料加工生产的用作喷气发动机和喷气推进系统燃料的各种轻质油。航空煤油的消费税暂缓征收。

6. 润滑油

润滑油是用原油或其他原料加工生产的用于内燃机、机械加工过程的润滑产品。润滑油分为矿物性润滑油、植物性润滑油、动物性润滑油和化工原料合成润滑油。

润滑油的征收范围包括矿物性润滑油、矿物性润滑油基础油、植物性润滑油、动物性润滑油和化工原料合成润滑油。以植物性、动物性和矿物性基础油（或矿物性润滑油）混合掺配而成的"混合性"润滑油，不论矿物性基础油（或矿物性润滑油）所占比例高低，均属润滑油征收范围。

另外，用原油或其他原料加工生产的用于内燃机、机械加工过程的润滑产品均属于润滑油征收范围。润滑脂是润滑产品，生产、加工润滑脂应当征收消费税。变压器油、导热类油等绝缘油类产品不属于润滑油，不征收消费税。

7. 燃料油

燃料油也称重油、渣油，是用原油或其他原料加工生产，主要用作电厂发电、锅炉用燃料、加热炉燃料、冶金和其他工业炉燃料。船用重油、常压重油、减压重油、180CTS 燃料油、7 号燃料油、糠醛油、工业燃料、4 ~ 6 号燃料油等油品的主要用途是作为燃料燃烧，属于燃料油征收范围。

（七）小汽车

小汽车是指由动力驱动，具有 4 个或 4 个以上车轮的非轨道承载的车辆。

本税目征收范围包括：（1）乘用车：含驾驶员座位在内最多不超过 9 个座位（含）的，在设计和技术特性上用于载运乘客和货物的各类乘用车。（2）中轻型商用客车：含驾驶员座位在内的座位数在 10 ~ 23 座（含 23 座）的在设计和技术特性上用于载运乘客和货物的各类中轻型商用客车。（3）超豪华小汽车：每辆零售价格 130 万元（不含增值税）及以上的乘用车和中轻型商用客车。

用排气量小于 1.5 升（含）的乘用车底盘（车架）改装、改制的车辆属于乘用车征收范围；用排气量大于 1.5 升的乘用车底盘（车架）或用中轻型商用客车底盘（车架）改装、改制的车辆属于中轻型商用客车征收范围。

含驾驶员人数（额定载客）为区间值的（如 8 ~ 10 人、17 ~ 26 人）小汽车，按其区间值下限人数确定征收范围。

电动汽车不属于本税目征收范围。车身长度大于 7 米（含），并且座位在 10 ~ 23 座（含）以下的商用客车，不属于中轻型商用客车征税范围，不征收消费税。沙滩车、雪地车、卡丁车、高尔夫车不属于消费税征收范围，不征收消费税。

（八）摩托车

包括轻便摩托车和摩托车两种。气缸容量 250 毫升（不含）以下的小排量摩托车不征收消费税。

（九）高尔夫球及球具

高尔夫球及球具是指从事高尔夫球运动所需的各种专用装备，包括高尔夫球、高尔夫球杆及高尔夫球包（袋）等。

高尔夫球是指重量不超过 45.93 克、直径不超过 42.67 毫米的高尔夫球运动比赛、练习用球；高尔夫球杆是指被设计用来打高尔夫球的工具，由杆头、杆身和握把三部分组成；高尔夫球包（袋）是指专用于盛装高尔夫球及球杆的包（袋）。

本税目征收范围包括高尔夫球、高尔夫球杆、高尔夫球包（袋）。高尔夫球杆的杆头、杆身和握把属于本税目的征收范围。

（十）高档手表

高档手表是指销售价格（不含增值税）每只在 10 000 元（含）以上的各类手表。

本税目征收范围包括符合以上标准的各类手表。

（十一）游艇

游艇是指长度大于 8 米、小于 90 米，船体由玻璃钢、钢、铝合金、塑料等多种材料制作，可以在水上移动的水上浮载体。按照动力划分，游艇分为无动力艇、帆艇和机动艇。

本税目征收范围包括艇身长度大于 8 米（含）、小于 90 米（含），内置发动机，可以在水上移动，一般为私人或团体购置，主要用于水上运动和休闲娱乐等非营利活动的各类机动艇。

（十二）木制一次性筷子

木制一次性筷子，又称卫生筷子，是指以木材为原料经过锯段、浸泡、旋切、刨切、烘干、筛选、打磨、倒角、包装等环节加工而成的各类供一次性使用的筷子。

本税目征收范围包括各种规格的木制一次性筷子。未经打磨、倒角的木制一次性筷子属于本税目征税范围。

（十三）实木地板

实木地板是指以木材为原料，经锯割、干燥、刨光、截断、开榫、涂漆等工序加工而成的块状或条状的地面装饰材料。实木地板按生产工艺不同，可分为独板（块）实木地板、实木指接地板、实木复合地板三类；按表面处理状态不同，可分为未涂饰地板（白坯板、素板）和漆饰地板两类。

本税目征收范围包括各类规格的实木地板、实木指接地板、实木复合地板及用于装饰墙壁、天棚的侧端面为榫、槽的实木装饰板。未经涂饰的素板也属于本税目征税范围。

（十四）电池

电池，是一种将化学能、光能等直接转换为电能的装置，一般由电极、电解质、容器、极端，通常还有隔离层组成的基本功能单元，以及用一个或多个基本功能单元装配成的电池组。范围包括：原电池、蓄电池、燃料电池、太阳能电池和其他电池。

自 2015 年 2 月 1 日起对电池（铅蓄电池除外）征收消费税；对无汞原电池、金属氢化物镍蓄电池（又称"氢镍蓄电池"或"镍氢蓄电池"）、锂原电池、锂离子蓄电池、太阳能电池、燃料电池、全钒液流电池免征消费税。2015 年 12 月 31 日前对铅蓄电池缓征消费税；自 2016 年 1 月 1 日起，对铅蓄电池按 4% 税率征收消费税。

（十五）涂料

涂料是指涂于物体表面能形成具有保护、装饰或特殊性能的固态涂膜的一类液体或固体材料的总称。自 2015 年 2 月 1 日起对涂料征收消费税，施工状态下挥发性有机物（Volatile Organic Compouds，VOC）含量低于 420 克 / 升（含）的涂料免征消费税。

七、消费税税率及计税依据

（一）消费税税率

消费税采用比例税率和定额税率两种形式，以适应不同应税消费品的实际情况。

消费税根据不同的税目或子目确定相应的税率或单位税额，大部分应税消费品适用比例税率。例如，烟丝税率为 30%，摩托车税率为 3% 等；黄酒、啤酒、成品油按单位重量或单位体积确定单位税额；卷烟、白酒采用比例税率和定额税率双重征收形式。

消费税税目、税率（额）见下表。

消费税税目、税率（额）

税目	税率（额）
一、烟 卷烟 甲类卷烟 乙类卷烟 批发环节 雪茄烟 烟丝	 56% 加 0.003 元 / 支（生产环节） 36% 加 0.003 元 / 支（生产环节） 11% 加 0.005 元 / 支 36% 30%
二、酒 白酒 黄酒 啤酒 甲类啤酒 乙类啤酒 其他酒	 20% 加 0.5 元 /500 克（或者 500 毫升） 240 元 / 吨 250 元 / 吨 220 元 / 吨 10%
三、高档化妆品	15%
四、贵重首饰及珠宝玉石 金银首饰、铂金首饰和钻石及钻石饰品 其他贵重首饰和珠宝玉石	 5% 10%
五、鞭炮、焰火	15%
六、成品油 汽油 柴油 航空煤油 石脑油 溶剂油 润滑油 燃料油	 1.52 元 / 升 1.20 元 / 升 1.20 元 / 升 1.52 元 / 升 1.52 元 / 升 1.52 元 / 升 1.20 元 / 升
七、摩托车 气缸容量（排气量，下同）为 250 毫升的 气缸容量在 250 毫升（不含）以上的	 3% 10%
八、小汽车 乘用车 气缸容量（排气量，下同）在 1.0 升（含 1.0 升）以下的 气缸容量在 1.0 升至 1.5 升（含 1.5 升）的 气缸容量在 1.5 升至 2.0 升（含 2.0 升）的 气缸容量在 2.0 升至 2.5 升（含 2.5 升）的 气缸容量在 2.5 升至 3.0 升（含 3.0 升）的 气缸容量在 3.0 升至 4.0 升（含 4.0 升）的 气缸容量在 4.0 升以上的 中轻型商用客车 超豪华小汽车	 1% 3% 5% 9% 12% 25% 40% 5% 10%（零售环节）

税目	税率（额）
九、高尔夫球及球具	10%
十、高档手表	20%
十一、游艇	10%
十二、木制一次性筷子	5%
十三、实木地板	5%
十四、电池	4%
十五、涂料	4%

消费税采取列举法对具体应税消费品设置税目税率，征税界限清楚，一般不易发生错用税率的情况。但是，存在下列情况时，纳税人应按照相关规定确定适用税率。

1.纳税人兼营不同税率的应税消费品，应当分别核算不同税率应税消费品的销售额、销售数量。未分别核算销售额、销售数量，或者将不同税率的应税消费品组成成套消费品销售的，从高适用税率。

2.配制酒适用税率的确定。配制酒（露酒）是指以发酵酒、蒸馏酒或食用酒精为酒基，加入可食用或药食两用的辅料或食品添加剂，进行调配、混合或再加工制成的并改变了其原酒基风格的饮料酒。

（1）以蒸馏酒或食用酒精为酒基，同时，符合以下条件的配制酒，按其他酒税率征收消费税。①具有国家相关部门批准的国食健字或卫食健字文号；②酒精度低于38度（含）。

（2）以发酵酒为酒基，酒精度低于20度（含）的配制酒，按其他酒税率征收消费税。

（3）其他配制酒，按白酒税率征收消费税。

上述蒸馏酒或食用酒精为酒基是指酒基中蒸馏酒或食用酒精的比重超过80%（含）；发酵酒为酒基是指酒基中发酵酒的比重超过80%（含）。

3.纳税人自产自用的卷烟应当按照纳税人生产的同牌号规格的卷烟销售价格确定征税类别和适用税率。

4.卷烟由于接装过滤嘴、改变包装或其他原因提高销售价格后，应按照新的销售价格确定征税类别和适用税率。

5. 委托加工的卷烟按照受托方同牌号规格卷烟的征税类别和适用税率征税。没有同牌号规格卷烟的，一律按卷烟最高税率征税。

6. 残次品卷烟应当按照同牌号规格正品卷烟的征税类别确定适用税率。

7. 下列卷烟不分征税类别一律按照 56% 卷烟税率征税，并按照定额每标准箱 150 元计算征税：①白包卷烟；②手工卷烟；③未经国务院批准纳入计划的企业和个人生产的卷烟。

（二）消费税计税依据

按照现行《消费税暂行条例》（已发立法征求意见稿但还未立法）规定，消费税应纳税额的计算分为从价计征、从量计征和从价从量复合计征三种方法。

消费税应纳税额的三种计算方法

应税项目	税率形式
啤酒、黄酒、成品油	定额税率
白酒、卷烟	比例税率和定额税率复合计税
除啤酒、黄酒、成品油、卷烟、白酒以外的其他各项应税消费品	比例税率

1. 从价计征

在从价定率计算方法下，应纳税额等于应税消费品的销售额乘以适用税率，应纳税额的多少取决于应税消费品的销售额和适用税率两个因素。

（1）销售额的确定。

销售额为纳税人销售应税消费品向购买方收取的全部价款和价外费用。销售，是指有偿转让应税消费品的所有权；有偿，是指从购买方取得货币、货物或者其他经济利益；价外费用，是指价外向购买方收取的手续费、补贴、基金、集资费、返还利润、奖励费、违约金、滞纳金、延期付款利息、赔偿金、代收款项、代垫款项、包装费、包装物租金、储备费、优质费、运输装卸费以及其他各种性质的价外收费。但下列项目不包括在内。

1）同时符合以下条件的代垫运输费用。

①承运部门的运输费用发票开具给购买方的。

②纳税人将该项发票转交给购买方的。

2）同时符合以下条件代为收取的政府性基金或者行政事业性收费。

①由国务院或者财政部批准设立的政府性基金，由国务院或者省级人民政府

及其财政、价格主管部门批准设立的行政事业性收费。

②收取时开具省级以上财政部门印制的财政票据。

3）所收款项全额上缴财政。

其他价外费用，无论是否属于纳税人的收入，均应并入销售额计算征税。

实行从价定率办法计算应纳税额的应税消费品连同包装销售的，无论包装是否单独计价，也不论在会计上如何核算，均应并入应税消费品的销售额中征收消费税。如果包装物不作价随同产品销售，而是收取押金，此项押金则不应并入应税消费品的销售额中征税。但对因逾期未收回的包装物不再退还的或者已收取的时间超过12个月的押金，应并入应税消费品的销售额，按照应税消费品的适用税率缴纳消费税。

对既作价随同应税消费品销售，又另外收取的包装物押金，凡纳税人在规定的期限内没有退还的，均应并入应税消费品的销售额，按照应税消费品的适用税率缴纳消费税。

从1995年6月1日起，对销售啤酒、黄酒外的其他酒类产品而收取的包装物押金，无论是否返还以及会计上如何核算，均应并入当期销售额征税。

白酒生产企业向商业销售单位收取的"品牌使用费"是随着应税白酒的销售而向购货方收取的，属于应税白酒销售价款的组成部分，因此，不论企业采取何种方式或以何种名义收取价款，均应并入白酒的销售额中缴纳消费税。

纳税人销售的应税消费品，以外汇结算销售额的，其销售额的人民币折合率可以选择结算的当天或者当月1日的国家外汇牌价（原则上为中间价）。纳税人应在事先确定采取何种折合率，确定后1年内不得变更。

（2）含增值税销售额的换算。

应税消费品在缴纳消费税的同时，与一般货物一样，还应缴纳增值税。按照《消费税暂行条例实施细则》的规定，应税消费品的销售额，不包括应向购货方收取的增值税税款。如果纳税人应税消费品的销售额中未扣除增值税税款或者因不得开具增值税专用发票而发生价款和增值税税款合并收取的，在计算消费税时，应将含增值税的销售额换算为不含增值税税款的销售额。其换算公式为：

应税消费品的销售额=含增值税的销售额÷（1+增值税税率或征收率）

在使用换算公式时，应根据纳税人的具体情况分别使用增值税税率或征收率。如果消费税的纳税人同时又是增值税一般纳税人的，应适用 13% 的增值税税率；如果消费税的纳税人是增值税小规模纳税人的，应适用 3% 的征收率。

2. 从量计征

在从量定额计算方法下，应纳税额等于应税消费品的销售数量乘以单位税额，应纳税额的多少取决于应税消费品的销售数量和单位税额两个因素。

（1）销售数量的确定。

销售数量是指纳税人生产、加工和进口应税消费品的数量。具体规定为：

①销售应税消费品的，为应税消费品的销售数量。

②自产自用应税消费品的，为应税消费品的移送使用数量。

③委托加工应税消费品的，为纳税人收回的应税消费品数量。

④进口的应税消费品，为海关核定的应税消费品进口征税数量。

（2）计量单位的换算标准。

《消费税暂行条例》规定，黄酒、啤酒是以吨为税额单位；汽油、柴油是以升为税额单位的。但是，考虑到在实际销售过程中，一些纳税人会把吨或升这两个计量单位混用，故规范了不同产品的计量单位，以准确计算应纳税额，吨与升两个计量单位的换算标准见下表。

不同产品的计量单位换算标准

序号	名称	计量单位的换算标准
1	黄酒	1 吨 =962 升
2	啤酒	1 吨 =988 升
3	汽油	1 吨 =1 388 升
4	柴油	1 吨 =1 176 升
5	航空煤油	1 吨 =1 246 升
6	石脑油	1 吨 =1 385 升
7	溶剂油	1 吨 =1 282 升
8	润滑油	1 吨 =1 126 升
9	燃料油	1 吨 =1 015 升

3. 从价从量复合计征

现行消费税的征税范围中，只有卷烟、白酒采用复合计征方法。应纳税额等于应税销售数量乘以定额税率再加上应税销售额乘以比例税率。

生产销售卷烟、白酒从量定额计税依据为实际销售数量。进口、委托加工、自产自用卷烟、白酒从量定额计税依据分别为海关核定的进口征税数量、委托方收回数量、移送使用数量。

4.计税依据的特殊规定

（1）自设非独立核算门市部销售应税消费品的计税规定。

纳税人通过自设非独立核算门市部销售的自产应税消费品，应当按照门市部对外销售额或者销售数量征收消费税。

（2）应税消费品用于换取生产资料和消费资料，投资入股和抵偿债务的计税规定。

纳税人用于换取生产资料和消费资料、投资入股和抵偿债务等方面的应税消费品，应当以纳税人同类应税消费品的最高销售价格作为计税依据计算消费税。

（3）卷烟计税价格的核定。

自2012年1月1日起，卷烟消费税最低计税价格（以下简称计税价格）核定范围为卷烟生产企业在生产环节销售的所有牌号、规格的卷烟。

计税价格由国家税务总局按照卷烟批发环节销售价格扣除卷烟批发环节批发毛利核定并发布。计税价格的核定公式为：

某牌号、规格卷烟计税价格=批发环节销售价格×（1-适用批发毛利率）

卷烟批发环节销售价格，按照税务机关采集的所有卷烟批发企业在价格采集期内销售的该牌号、规格卷烟的数量、销售额进行加权平均计算。计算公式为：

$$批发环节销售价格=\frac{\sum 该牌号、规格卷烟各采集点的销售额}{\sum 该牌号、规格卷烟各采集点的销售数量}$$

未经国家税务总局核定计税价格的新牌号、新规格卷烟，生产企业应按卷烟调拨价格申报纳税。

已经国家税务总局核定计税价格的卷烟，生产企业实际销售价格高于计税价格的，按实际销售价格确定适用税率，计算应纳税款并申报纳税；实际销售价格低于计税价格的，按计税价格确定适用税率，计算应纳税款并申报纳税。

【例2-1】某木地板厂为增值税一般纳税人。2020年9月15日向某建材商场销售实木地板一批，取得含增值税销售额113万元。已知实木地板适用的增值税税率为13%，消费税税率为5%。计算该厂当月应纳消费税税额。

【解析】根据消费税法律制度的规定，从价计征消费税的销售额中不包括向购货方收取的增值税款。所以，在计算消费税时，应将增值税款从计税依据中剔除。

计算过程如下：

①不含增值税销售额 =113÷（1+13%）=100（万元）

②应纳消费税税额 =100×5%=5（万元）

（4）白酒最低计税价格的核定。

①核定范围。

白酒生产企业销售给销售单位的白酒，生产企业消费税计税价格低于销售单位对外销售价格（不含增值税，下同）70% 以下的，税务机关应核定消费税最低计税价格。自 2015 年 6 月 1 日起，纳税人将委托加工收回的白酒销售给销售单位，消费税计税价格低于销售单位对外销售价格（不含增值税）70% 以下的，也应核定消费税最低计税价格。

销售单位，是指销售公司、购销公司以及委托境内其他单位或个人包销本企业生产白酒的商业机构。销售公司、购销公司，是指专门购进并销售白酒生产企业生产的白酒，并与该白酒生产企业存在关联性质。包销，是指销售单位依据协定价格从白酒生产企业购进白酒，同时承担大部分包装材料等成本费用，并负责销售白酒。

白酒生产企业应将各种白酒的消费税计税价格和销售单位销售价格，按照规定的式样及要求，在主管税务机关规定的时限内填报。白酒消费税最低计税价格由白酒生产企业自行申报，税务机关核定。

主管税务机关应将白酒生产企业申报的销售给销售单位的消费税计税价格低于销售单位对外销售价格 70% 以下、年销售额 1 000 万元以上的各种白酒，按照规定的式样及要求，在规定的时限内逐级上报至国家税务总局。国家税务总局选择其中部分白酒核定消费税最低计税价格。

除国家税务总局已核定消费税最低计税价格的白酒外，其他按规定需要核定消费税最低计税价格的白酒，消费税最低计税价格由各省、自治区、直辖市和计划单列市税务局核定。

②核定标准。

白酒生产企业销售给销售单位的白酒，生产企业消费税计税价格高于销售单位对外销售价格 70%（含 70%）以上的，税务机关暂不核定消费税最低计税价格。

白酒生产企业销售给销售单位的白酒，生产企业消费税计税价格低于销售单位对外销售价格 70% 以下的，消费税最低计税价格由税务机关根据生产规模、白酒品牌、利润水平等情况在销售单位对外销售价格 50% ～ 70% 范围内自行核定。其中生产规模较大、利润水平较高的企业生产的需要核定消费税最低计税价格的白酒，税务机关核价幅度原则上应选择在销售单位对外销售价格 60% ～ 70% 范围内。

③重新核定。

已核定最低计税价格的白酒，销售单位对外销售价格持续上涨或下降时间达到 3 个月以上、累计上涨或下降幅度在 20%（含）以上的，税务机关重新核定最低计税价格。

④计税价格的适用。

已核定最低计税价格的白酒，生产企业实际销售价格高于消费税最低计税价格的，按实际销售价格申报纳税；实际销售价格低于消费税最低计税价格的，按最低计税价格申报纳税。

【例 2-2】某卷烟生产企业为增值税一般纳税人，2020 年 10 月销售乙类卷烟 1 500 标准条，取得含增值税销售额 84 750 元。已知乙类卷烟消费税比例税率为 36%，定额税率为 0.003 元 / 支，每标准条有 200 支；增值税税率为 13%。计算该企业当月应纳消费税税额。

【解析】根据消费税法律制度的规定，卷烟实行从价定率和从量定额复合方法计征消费税。计算过程：

①不含增值税销售额 =84 750 ÷（1+13%）=75 000（元）

②从价定率应纳税额 =75 000 × 36%=27 000（元）

③从量定额应纳税额 =1 500 × 200 × 0.003=900（元）

④应纳消费税税额合计 =27 000+900=27 900（元）

（5）金银首饰销售额的确定。

对既销售金银首饰，又销售非金银首饰的生产、经营单位，应将两类商品划分清楚，分别核算销售额。凡划分不清楚或不能分别核算的，在生产环节销售的，一律从高适用税率征收消费税；在零售环节销售的，一律按金银首饰征收消费税。金银首饰与其他产品组成成套消费品销售的，应按销售额全额征收消费税。

金银首饰连同包装物销售的，无论包装物是否单独计价，也无论会计上如何核算，均应并入金银首饰的销售额，计征消费税。

带料加工的金银首饰，应按受托方销售同类金银首饰的销售价格确定计税依据征收消费税。没有同类金银首饰销售价格的，按照组成计税价格计算纳税。

纳税人采用以旧换新（含翻新改制）方式销售的金银首饰，应按实际收取的不含增值税的全部价款确定计税依据征收消费税。

八、消费税应纳税额的计算

（一）生产销售环节应纳消费税的计算

纳税人在生产销售环节应缴纳的消费税，包括直接对外销售应税消费品应缴纳的消费税和自产自用应税消费品应缴纳的消费税。

1. 直接对外销售应纳消费税的计算

直接对外销售应税消费品涉及三种计算方法：

（1）从价定率计算。

在从价定率计算方法下，应纳消费税额等于销售额乘以适用税率。基本计算公式为：

$$应纳税额＝应税消费品的销售额×比例税率$$

（2）从量定额计算。

在从量定额计算方法下，应纳税额等于应税消费品的销售数量乘以单位税额。基本计算公式为：

$$应纳税额＝应税消费品的销售数量×定额税率$$

（3）从价定率和从量定额复合计算。

现行消费税的征税范围中，只有卷烟、白酒采用复合计算方法。基本计算公式为：

$$应纳税额＝应税消费品的销售数量×定额税率＋应税销售额×比例税率$$

2. 自产自用应纳消费税的计算

所谓自产自用，就是纳税人生产应税消费品后，不是用于直接对外销售，而是用于自己连续生产应税消费品或用于其他方面。这种自产自用应税消费品形式，在实际经济活动中是很常见的，但是在是否纳税或如何纳税上最容易出现问题。例如，有的企业把自己生产的应税消费品，以福利或奖励等形式发给本厂职工，以为不是对外销售，不必计入销售额，无须纳税，这样就出现了漏缴税款的现象。因此，很有必要认真理解税法对自产自用应税消费品的有关规定。

（1）用于连续生产应税消费品。

纳税人自产自用的应税消费品，用于连续生产应税消费品的，不纳税。所谓"纳税人自产自用的应税消费品，用于连续生产应税消费品的"，是指作为生产最终应税消费品的直接材料并构成最终产品实体的应税消费品。例如，卷烟厂生产出烟丝，再用生产出的烟丝连续生产卷烟，虽然烟丝是应税消费品，但用于连续生产卷烟的烟丝就不用缴纳消费税，只对生产销售的卷烟征收消费税。如果生产的烟丝直接用于销售，则烟丝需要缴纳消费税。税法规定对自产自用的应税消费品，用于连续生产应税消费品的不征税，体现了不重复课税的原则。

（2）用于其他方面的应税消费品。

纳税人自产自用的应税消费品，除用于连续生产应税消费品外，凡用于其他方面的，均于移送使用时纳税。用于其他方面是指纳税人用于生产非应税消费品、在建工程、管理部门、非生产机构、提供劳务，以及用于馈赠、赞助、集资、广告、样品、职工福利、奖励等方面。所谓"用于生产非应税消费品"，是指把自产的应税消费品用于生产《消费税暂行条例》税目、税率（额）表所列15类产品以外的产品。如原油加工厂用生产出的应税消费品汽油调和制成溶剂汽油，该溶剂汽油就属于非应税消费品，加工厂应就该自产自用行为缴纳消费税，但是不用缴纳增值税。所谓"用于在建工程"，是指把自产的应税消费品用于本单位的各项建设工程。例如，石化工厂把自己生产的柴油用于本厂基建工程的车辆、设备。所谓"用于管理部门、非生产机构"，是指把自己生产的应税消费品用于与本单位有隶属关系的管理部门或非生产机构。例如，汽车制造厂把生产出的小汽车提供给上级主管部门使用。所谓"用于馈赠、赞助、集资、广告、样品、职工福利、奖励"，是指把自己生产的应税消费品无偿赠送给他人，或以资金的形式投资于外单位，或作为商品广告、经销样品，或以福利、奖励的形式发给职工。例如，小汽车生产企业把自己生产的小汽车赠送或赞助给小汽车拉力赛选手使用，兼作商品广告；酒厂把生产的滋补药酒以福利的形式发给职工等。总之，企业自产的应税消费品虽然没有用于销售或连续生产应税消费品，但只要是用于税法所规定的范围的都要视同销售，依法缴纳消费税。

（3）组成计税价格及税额的计算。

纳税人自产自用的应税消费品，凡用于其他方面，应当纳税的，按照纳税人生产的同类消费品的销售价格计算纳税。同类消费品的销售价格是指纳税人当月销售的同类消费品的销售价格，如果当月同类消费品各期销售价格高低不同，应按销售数量加权平均计算。但销售的应税消费品有下列情况之一的，不得列入加权平均计算：

①销售价格明显偏低又无正当理由的。

②无销售价格的。

如果当月无销售或者当月未完结，应按照同类消费品上月或者最近月份的销售价格计算纳税。

没有同类消费品销售价格的，按照组成计税价格计算纳税。实行从价定率办法计算纳税的组成计税价格计算公式：

$$组成计税价格=（成本+利润）÷（1-比例税率）$$

$$应纳税额=组成计税价格×比例税率$$

实行复合计税办法计算纳税的组成计税价格计算公式：

$$组成计税价格=（成本+利润+自产自用数量×定额税率）÷（1-比例税率）$$

$$应纳税额=组成计税价格×比例税率+自产自用数量×定额税率$$

上述公式中所说的"成本"，是指应税消费品的产品生产成本。

上述公式中所说的"利润"，是指根据应税消费品的全国平均成本利润率计算的利润。应税消费品全国平均成本利润率由国家税务总局确定。

不同消费品的平均成本利润

货物名称	利润率	货物名称	利润率
1. 甲类卷烟	10%	10. 贵重首饰及珠宝玉石	6%
2. 乙类卷烟	5%	11. 摩托车	6%
3. 雪茄烟	5%	12. 高尔夫球及球具	10%
4. 烟丝	5%	13. 高档手表	20%
5. 粮食白酒	10%	14. 游艇	10%
6. 薯类白酒	5%	15. 木制一次性筷子	5%
7. 其他酒	5%	16. 实木地板	5%
8. 高档化妆品	5%	17. 乘用车	8%
9. 鞭炮、焰火	5%	18. 中轻型商用客车	5%

（二）委托加工环节应税消费品应纳税额的计算

企业、单位或个人由于设备、技术、人力等方面的局限或其他方面的原因，常常要委托其他单位代为加工应税消费品，然后，将加工好的应税消费品收回，直接销售或自己使用。这是生产应税消费品的另一种形式，也需要纳入征收消费税的范围。例如，某企业将购来的小客车底盘和零部件提供给某汽车改装厂，加工组装成小客车供自己使用，则加工、组装成的小客车就需要缴纳消费税。按照规定，委托加工的应税消费品，由受托方（受托是个人的除外）在向委托方交货时代收代缴税款。

1. 委托加工应税消费品的确定

委托加工的应税消费品是指由委托方提供原料和主要材料，受托方只收取加工费和代垫部分辅助材料加工的应税消费品。对于由受托方提供原材料生产的应税消费品，或者受托方先将原材料卖给委托方，然后再接受加工的应税消费品，以及由受托方以委托方名义购进原材料生产的应税消费品，不论纳税人在财务上是否作销售处理，都不得作为委托加工应税消费品，而应当按照销售自制应税消费品缴纳消费税。

2. 代收代缴税款的规定

对于确实属于委托方提供原料和主要材料，受托方只收取加工费和代垫部分辅助材料加工的应税消费品，税法规定，由受托方在向委托方交货时代收代缴消费税。这样，受托方就是法定的代收代缴义务人。如果受托方对委托加工的应税消费品没有代收代缴或少代收代缴消费税，应按照《税收征收管理法》的规定，承担代收代缴的法律责任。因此，受托方必须严格履行代收代缴义务，正确计算和按时代缴税款。为了加强对受托方代收代缴税款的管理，委托个人（含个体工商户）加工的应税消费品，由委托方收回后缴纳消费税。

委托加工的应税消费品，受托方在交货时已代收代缴消费税，委托方将收回的应税消费品，以不高于受托方的计税价格出售的，为直接出售，不再缴纳消费税；委托方以高于受托方的计税价格出售的，不属于直接出售，需按照规定申报缴纳消费税，在计税时准予扣除受托方已代收代缴的消费税。

对于受托方没有按规定代收代缴税款的，不能因此免除委托方补缴税款的责任。在对委托方进行税务检查中，如果发现受其委托加工应税消费品的受托方没有代收代缴税款，则应按照《税收征收管理法》规定，对受托方处以应代收代缴税款50%以上3倍以下的罚款；委托方要补缴税款，对委托方补征税款的计税依据是：如果在检查时，收回的应税消费品已经直接销售的，按销售额计税；收回的应税消费品尚未销售或不能直接销售的（如收回后用于连续生产等），按组成计税价格计税。组成计税价格的计算公式与下列"3"中组成计税价格公式相同。

3.组成计税价格及应纳税额的计算

委托加工的应税消费品，按照受托方的同类消费品的销售价格计算纳税，同类消费品的销售价格是指受托方（代收代缴义务人）当月销售的同类消费品的销售价格，如果当月同类消费品各期销售价格高低不同，应按销售数量加权平均计算。但销售的应税消费品有下列情况之一的，不得列入加权平均计算：

（1）销售价格明显偏低又无正当理由的。

（2）无销售价格的。

如果当月无销售或者当月未完结，应按照同类消费品上月或最近月份的销售价格计算纳税。没有同类消费品销售价格的，按照组成计税价格计算纳税。组成计税价格的计算公式为：

实行从价定率办法计算纳税的组成计税价格计算公式：

$$组成计税价格=（材料成本+加工费）÷（1-比例税率）$$

实行复合计税办法计算纳税的组成计税价格计算公式：

$$组成计税价格=（材料成本+加工费+委托加工数量×定额税率）÷$$
$$（1-比例税率）$$

上述组成计税价格公式中有两个重要的专用名词解释如下：

①材料成本。

按照《消费税暂行条例实施细则》的解释，"材料成本"是指委托方所提供加工材料的实际成本。

委托加工应税消费品的纳税人，必须在委托加工合同上如实注明（或以其他方式提供）材料成本，凡未提供材料成本的，受托方所在地主管税务机关有权核定其材料成本。从这一条规定可以看出，税法对委托方提供原料和主要材料，并要以明确的方式如实提供材料成本，要求是很严格的，其目的就是防止假冒委托加工应税消费品或少报材料成本，出现逃避纳税的现象。

②加工费。

《消费税暂行条例实施细则》规定，"加工费"是指受托方加工应税消费品向委托方所收取的全部费用（包括代垫辅助材料的实际成本，不包括增值税税金），这是税法对受托方的要求。受托方必须如实提供向委托方收取的全部费用，这样才能既保证组成计税价格及代收代缴消费税准确地计算出来，也使受托方按加工费的应纳增值税得以正确计算。

（三）进口环节应纳消费税的计算

进口的应税消费品，于报关进口时缴纳消费税；进口的应税消费品的消费税由海关代征；进口的应税消费品，由进口人或者其代理人向报关地海关申报纳税；纳税人进口应税消费品，按照关税征收管理的相关规定，应当自海关填发海关进口消费税专用缴款书之日起15日内缴纳税款。

1993年12月，国家税务总局、海关总署联合颁发的《关于对进口货物征收增值税、消费税有关问题的通知》规定，进口应税消费品的收货人或办理报关手续的单位和个人，为进口应税消费品消费税的纳税义务人。进口应税消费品消费税的税目、税率（税额），依照《消费税暂行条例》所附的消费税税目、税率（税额）表执行。

纳税人进口应税消费品，按照组成计税价格和规定的税率计算应纳税额。计算方法如下：

1. 从价定率计征应纳税额的计算

实行从价定率办法计算纳税的组成计税价格计算公式：

组成计税价格=（关税完税价格+关税）÷（1-消费税比例税率）

应纳税额=组成计税价格×消费税比例税率

2. 实行从量定额计征应纳税额的计算

应纳税额的计算公式：

应纳税额=应税消费品数量×消费税定额税率

3. 实行从价定率和从量定额复合计税办法应纳税额的计算

应纳税额的计算公式：

组成计税价格=（关税完税价格+关税+进口数量×消费税定额税率）÷

（1-消费税比例税率）

应纳税额=组成计税价格×消费税税率+应税消费品进口数量×消费税定额税率

进口环节消费税除国务院另有规定者外，一律不得给予减税、免税。

【例2-3】某白酒生产企业为增值税一般纳税人，2020年10月销售粮食白酒30吨，取得不含增值税销售额180万元；薯类白酒50吨，取得不含增值税销售额150万元。已知白酒消费税比例税率为20%；定额税率为0.5元/500克。计算该企业当月应纳消费税税额。

【解析】根据消费税法律制度的规定，白酒实行从价定率和从量定额复合方法计征消费税。计算过程：

（1）从价定率应纳税额=（180+150）×20%=66（万元）

（2）从量定额应纳税额=（30+50）×2 000×0.5÷10 000=8（万元）

（3）应纳消费税税额合计=66+8=74（万元）

【例2-4】某石化公司2020年6月销售汽油1 000吨，柴油500吨，另向本公司在建工程车辆提供汽油5吨。已知汽油1吨=1 388升，柴油1吨=1 176升；汽油的定额税率为1.52元/升，柴油的定额税率为1.2元/升。计算该公司当月应纳消费税税额。

【解析】根据消费税法律制度的规定，应税消费品用于在建工程应当征收消费税。所以，该公司将汽油用于在建工程车辆使用也应计算缴纳消费税。

（1）销售汽油应纳税额=1 000×1 388×1.52÷10 000=210.976（万元）

（2）销售柴油应纳税额=500×1 176×1.2÷10 000=70.56（万元）

（3）在建工程车辆使用汽油应纳税额=5×1 388×1.52÷10 000=1.054 88（万元）

（4）应纳消费税税额合计：=210.976+70.56+1.054 88=282.590 88（万元）

【例2-5】某烟花厂受托加工一批烟花，委托方提供原材料成本30 000元，该厂收取加工费10 000元、代垫辅助材料款5 000元，没有同类烟花销售价格。计算该厂应代收代缴消费税（以上款项均不含增值税，焰火消费税税率为15%）。

【解析】该厂应代收代缴消费税=（30 000+10 000+5 000）÷（1-15%）×15%=52 941.18×15%=7 941.18（元）。

（四）已纳消费税扣除的计算

为了避免重复征税，现行消费税规定，将外购应税消费品和委托加工收回的应税消费品继续生产应税消费品销售的，可以将外购应税消费品和委托加工收回应税消费品已缴纳的消费税给予扣除。

1. 外购应税消费品已纳税款的扣除

（1）外购应税消费品连续生产应税消费品。

由于某些应税消费品是用外购已缴纳消费税的应税消费品连续生产出来的，在对这些连续生产出来的应税消费品计算征税时，税法规定应按当期生产领用数量计算准予扣除外购的应税消费品已纳的消费税税款。扣除范围如下：

①外购已税烟丝生产的卷烟。

②外购已税高档化妆品为原料生产的高档化妆品。

③外购已税珠宝玉石生产的贵重首饰及珠宝、玉石。

④外购已税鞭炮、焰火生产的鞭炮、焰火。

⑤外购已税杆头、杆身和握把为原料生产的高尔夫球杆。

⑥外购已税木制一次性筷子为原料生产的木制一次性筷子。

⑦外购已税实木地板为原料生产的实木地板。

⑧对外购已税汽油、柴油、石脑油、燃料油、润滑油用于连续生产应税成品油。

上述当期准予扣除外购应税消费品已纳消费税税款的计算公式为：

当期准予扣除的外购应税消费品已纳税款=当期准予扣除的外购应税消费品买价×外购应税消费品适用税率

当期准予扣除的外购应税消费品买价=期初库存的外购应税消费品的买价+当期购进的应税消费品的买价-期末库存的外购应税消费品的买价

外购已税消费品的买价是指购货发票上注明的销售额（不包括增值税税款）。由于我国近期多次调整成品油消费税税率，纳税人外购应税油品连续生产应税成品油，应根据其取得的外购应税油品增值税专用发票开具时间来确定具体扣除金额，如果增值税专用发票开具时间为调整前，则按照调整前的成品油消费税税率计算扣除消费税；如果增值税专用发票开具时间为调整后，则按照调整后的成品油消费税税率计算扣除消费税。

另外根据《葡萄酒消费税管理办法（试行）》的规定，自 2015 年 5 月 1 日起，从葡萄酒生产企业购进、进口葡萄酒连续生产应税葡萄酒的，准予从葡萄酒消费税应纳税额中扣除所耗用应税葡萄酒已纳消费税税款。如本期消费税应纳税额不足抵扣的，余额留待下期抵扣。

（2）外购应税消费品后销售。

对自己不生产应税消费品，而只是购进后再销售应税消费品的工业企业，其销售的化妆品、护肤护发品、鞭炮焰火和珠宝玉石，凡不能构成最终消费品直接进入消费品市场，而需进一步生产加工、包装、贴标的或者组合的珠宝玉石、化妆品、酒、鞭炮焰火等，应当征收消费税，同时允许扣除上述外购应税消费品的已纳税款。

2. 委托加工收回的应税消费品已纳税款的扣除

委托加工的应税消费品因为已由受托方代收代缴消费税，因此，委托方收回货物后用于连续生产应税消费品的，其已纳税款准予按照规定从连续生产的应税消费品应纳消费税税额中抵扣。按照国家税务总局的规定，下列连续生产的应税消费品准予从应纳消费税税额中按当期生产领用数量计算扣除委托加工收回的应税消费品已纳消费税税款：

①以委托加工收回的已税烟丝为原料生产的卷烟。

②以委托加工收回的已税高档化妆品为原料生产的高档化妆品。

③以委托加工收回的已税珠宝玉石为原料生产的贵重首饰及珠宝玉石。

④以委托加工收回的已税鞭炮、焰火为原料生产的鞭炮、焰火。

⑤以委托加工收回的已税杆头、杆身和握把为原料生产的高尔夫球杆。

⑥以委托加工收回的已税木制一次性筷子为原料生产的木制一次性筷子。

⑦以委托加工收回的已税实木地板为原料生产的实木地板。

⑧以委托加工收回的已税汽油、柴油、石脑油、燃料油、润滑油为原料用于连续生产应税成品油。

上述当期准予扣除委托加工收回的应税消费品已纳消费税税款的计算公式为：

当期准予扣除的委托加工应税消费品已纳税款=期初库存的委托加工应税消费品已纳税款+当期收回的委托加工应税消费品已纳税款-期末库存的委托加工应税消费品已纳税款

纳税人以进口、委托加工收回应税油品连续生产应税成品油，分别依据海关进口消费税专用缴款书、税收缴款书（代扣代收专用），按照现行政策规定计算扣除应税油品已纳消费税税款。

纳税人以外购、进口、委托加工收回的应税消费品（以下简称外购应税消费品）为原料连续生产应税消费品，准予按现行政策规定抵扣外购应税消费品已纳消费税税款。经主管税务机关核实上述外购应税消费品未缴纳消费税的，纳税人应将已抵扣的消费税税款，从核实当月允许抵扣的消费税中冲减。

需要说明的是，纳税人用委托加工收回的已税珠宝玉石生产的改在零售环节征收消费税的金银首饰，在计税时一律不得扣除委托加工收回的珠宝玉石的已纳消费税税款。

（五）特殊环节应纳消费税的计算

1. 卷烟批发环节应纳消费税的计算

为了适当增加财政收入，完善烟产品消费税制度，自 2009 年 5 月 1 日起，在卷烟批发环节加征一道从价税。自 2015 年 5 月 10 日起，卷烟批发环节税率又有调整。

（1）纳税义务人：在中华人民共和国境内从事卷烟批发业务的单位和个人。

纳税人销售给纳税人以外的单位和个人的卷烟于销售时纳税，纳税人之间销售的卷烟不缴纳消费税。

（2）征收范围：纳税人批发销售的所有牌号、规格的卷烟。

（3）适用税率：从价税税率 11%，从量税税率 0.005 元 / 支。

（4）计税依据：纳税人批发卷烟的销售额（不含增值税）、销售数量。

纳税人应将卷烟销售额与其他商品销售额分开核算，未分开核算的，一并征收消费税。纳税人兼营卷烟批发和零售业务的，应当分别核算批发和零售环节的销售额、销售数量；未分别核算批发和零售环节销售额、销售数量的，按照全部销售额、销售数量计征批发环节消费税。

（5）纳税义务发生时间：纳税人收讫销售款或者取得索取销售款凭据的当天。

（6）纳税地点：卷烟批发企业的机构所在地，总机构与分支机构不在同一地区的，由总机构申报纳税。

（7）卷烟消费税在生产和批发两个环节征收后，批发企业在计算纳税时不得扣除已含的生产环节的消费税税款。

2. 超豪华小汽车零售环节应纳消费税的计算

为了引导合理消费，促进节能减排，自 2016 年 12 月 1 日起，在生产（进口）环节按现行税率征收消费税的基础上，超豪华小汽车在零售环节加征一道消费税。

（1）征税范围：每辆零售价格 130 万元（不含增值税）及以上的乘用车和中轻型商用客车，即乘用车和中轻型商用客车子税目中的超豪华小汽车。

（2）纳税人：将超豪华小汽车销售给消费者的单位和个人为超豪华小汽车零售环节纳税人。

（3）税率：税率为 10%。

（4）应纳税额的计算：

应纳税额=零售环节销售额（不含增值税）×零售环节税率

国内汽车生产企业直接销售给消费者的超豪华小汽车，消费税税率按照生产环节税率和零售环节税率加总计算。其消费税应纳税额计算公式为：

应纳税额=销售额（不含增值税）×（生产环节税率+零售环节税率）

（六）消费税出口退税的计算

对纳税人出口应税消费品，免征消费税；国务院另有规定的除外。

1. 出口免税并退税

有出口经营权的外贸企业购进应税消费品直接出口，以及外贸企业受其他外贸企业委托代理出口应税消费品。外贸企业只有受其他外贸企业委托，代理出口应税消费品才可办理退税，外贸企业受其他企业（主要是非生产性的商贸企业）委托，代理出口应税消费品是不予退（免）税的。

属于从价定率计征消费税的，为已征且未在内销应税消费品应纳税额中抵扣的购进出口货物金额；属于从量定额计征消费税的，为已征且未在内销应税消费品应纳税额中抵扣的购进出口货物数量；属于复合计征消费税的，按从价定率和从量定额的计税依据分别确定。

消费税应退税额=从价定率计征消费税的退税计税依据×比例税率+

从量定额计征消费税的退税计税依据×定额税率

出口货物的消费税应退税额的计税依据，按购进出口货物的消费税专用缴款书和海关进口消费税专用缴款书确定。

2. 出口免税但不退税

有出口经营权的生产性企业自营出口或生产企业委托外贸企业代理出口自产的应税消费品，依据其实际出口数量免征消费税，不予办理退还消费税。免征消费税是指对生产性企业按其实际出口数量免征生产环节的消费税，不予办理退还消费税，因已免征生产环节的消费税，该应税消费品出口时，已不含有消费税，所以无须再办理退还消费税。

3. 出口不免税也不退税

除生产企业、外贸企业外的其他企业，具体是指一般商贸企业，这类企业委托外贸企业代理出口应税消费品一律不予退（免）税。

九、消费税征收管理

（一）征税环节

目前，对消费税的征税分布于以下环节。

1. 对生产应税消费品在生产销售环节征税

生产应税消费品销售是消费税征收的主要环节，因为在一般情况下，消费税具有单一环节征税的特点，对于大多数消费税应税商品而言，在生产销售环节征税以后，流通环节不用再缴纳消费税。纳税人生产应税消费品，除了直接对外销售应征收消费税外，如将生产的应税消费品换取生产资料、消费资料、投资入股、偿还债务，以及用于继续生产应税消费品以外的其他方面都应缴纳消费税。

另外，工业企业以外的单位和个人的下列行为视为应税消费品的生产行为，按规定征收消费税。

①将外购的消费税非应税产品以消费税应税产品对外销售的。

②将外购的消费税低税率应税产品以高税率应税产品对外销售的。

2. 对委托加工应税消费品在委托加工环节征税

委托加工应税消费品是指委托方提供原料和主要材料，受托方只收取加工费和代垫部分辅助材料加工的应税消费品。由受托方提供原材料或其他情形的一律不能视同加工应税消费品。委托加工的应税消费品收回后，再继续用于生产应税消费品销售且符合现行政策规定的，其加工环节缴纳的消费税款可以扣除。

3. 对进口应税消费品在进口环节征税

单位和个人进口属于消费税征税范围的货物，在进口环节要缴纳消费税。为了减少征税成本，进口环节缴纳的消费税由海关代征。

4. 对零售特定应税消费品在零售环节征税

经国务院批准，自 1995 年 1 月 1 日起，金银首饰消费税由生产销售环节征收改为零售环节征收。改在零售环节征收消费税的金银首饰仅限于金基、银基合金首饰以及金、银和金基、银基合金的镶嵌首饰，进口环节暂不征收，零售环节适用税率为 5%，在纳税人销售金银首饰、钻石及钻石饰品时征收，其计税依据是不含增值税的销售额。

5. 对移送使用应税消费品在移送使用环节征税

如果企业在生产经营的过程中，将应税消费品移送用于加工非应税消费品，则应对移送部分征收消费税。

6. 对批发卷烟在卷烟的批发环节征税

与其他消费税应税商品不同的是，卷烟除了在生产销售环节征收消费税外，还在批发环节征收一次。纳税人兼营卷烟批发和零售业务的，应当分别核算批发和零售环节的销售额、销售数量；未分别核算批发和零售环节销售额、销售数量的，按照全部销售额、销售数量计征批发环节消费税。纳税人销售给纳税人以外的单位和个人的卷烟于销售时纳税。纳税人之间销售的卷烟不缴纳消费税。卷烟批发企业的机构所在地，总机构与分支机构不在同一地区的，由总机构申报纳税。卷烟消费税在生产和批发两个环节征收后，批发企业在计算纳税时不得扣除已含的生产环节的消费税税款。

（二）纳税义务发生时间

消费税纳税义务发生的时间，以货款结算方式或行为发生时间分别确定。

1. 纳税人销售的应税消费品，其纳税义务的发生时间如下。

（1）纳税人采取赊销和分期收款结算方式的，为书面合同约定的收款日期的当天，书面合同没有约定收款日期或者无书面合同的，为发出应税消费品的当天。

（2）纳税人采取预收货款结算方式的，其纳税义务的发生时间为发出应税消费品的当天。

（3）纳税人采取托收承付和委托银行收款方式销售的应税消费品，其纳税义务的发生时间为发出应税消费品并办妥托收手续的当天。

（4）纳税人采取其他结算方式的，其纳税义务的发生时间为收讫销售款或者取得索取销售款凭据的当天。

2.纳税人自产自用的应税消费品，其纳税义务的发生时间为移送使用的当天。

3.纳税人委托加工的应税消费品，其纳税义务的发生时间为纳税人提货的当天。

4.纳税人进口的应税消费品，其纳税义务的发生时间为报关进口的当天。

（三）纳税期限

按照《消费税暂行条例》规定，消费税的纳税期限分别为1日、3日、5日、10日、15日、1个月或者1个季度。纳税人的具体纳税期限，由主管税务机关根据纳税人应纳税额的大小分别核定；不能按照固定期限纳税的，可以按次纳税。

纳税人以1个月或以1个季度为一期纳税的，自期满之日起15日内申报纳税；以1日、3日、5日、10日或者15日为一期纳税的，自期满之日起5日内预缴税款，于次月1日起至15日内申报纳税并结清上月应纳税款。

纳税人进口应税消费品，应当自海关填发海关进口消费税专用缴款书之日起15日内缴纳税款。

如果纳税人不能按照规定的纳税期限依法纳税，将按《税收征收管理法》的有关规定处理。

（四）纳税地点

消费税具体纳税地点有：

1.纳税人销售的应税消费品，以及自产自用的应税消费品，除国务院财政、税务主管部门另有规定外，应当向纳税人机构所在地或者居住地的主管税务机关申报纳税。

2. 委托加工的应税消费品,除受托方为个人外,由受托方向机构所在地或者居住地的主管税务机关解缴消费税税款。

3. 进口的应税消费品,由进口人或者其代理人向报关地海关申报纳税。

4. 纳税人到外县(市)销售或者委托外县(市)代销自产应税消费品的,于应税消费品销售后,向机构所在地或者居住地主管税务机关申报纳税。

纳税人的总机构与分支机构不在同一县(市),但在同一省(自治区、直辖市)范围内,经省(自治区、直辖市)财政厅(局)、税务局审批同意,可以由总机构汇总向总机构所在地的主管税务机关申报缴纳消费税。

省(自治区、直辖市)财政厅(局)、税务局应将审批同意的结果,上报财政部、国家税务总局备案。

5. 纳税人销售的应税消费品,因质量等原因发生退货的,其已缴纳的消费税税款可予以退还。

纳税人办理退税手续时,应将开具的红字增值税发票、退税证明等资料报主管税务机关备案。主管税务机关核对无误后办理退税。

6. 纳税人直接出口的应税消费品办理免税后,发生退关或者国外退货,复进口时已予以免税的,可暂不办理补税,待其转为国内销售的当月申报缴纳消费税。

第二节 消费税筹划思路与案例

案例一 充分利用汇率变动趋势,降低销售额

蓝天股份有限公司 2020 年 4 月 15 日取得 100 万美元销售额,4 月 1 日的国家外汇牌价为 1 美元 =7.3 元人民币。

方案展示

企业有两种方案可供选择:

方案一,按照每月第一日的外汇牌价来计算销售额。

方案二，按照结算当时的外汇牌价来计算销售额。

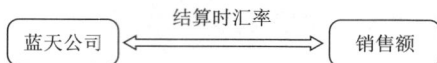

方案对比

方案一，该企业的纳税情况如下：①美元销售额为 100 万元，②外汇牌价 = 1∶7.3，③人民币销售额 =100×7.3=730（万元）；

方案二，该企业的纳税情况如下：①美元销售额为 100 万元，②外汇牌价 = 1∶7.1，③人民币销售额 =100×7.1=710（万元）。

经计算比较，方案二比方案一少计销售额 =730-710=20（万元）。因此，该企业应当选择方案二。方案二由于充分利用了汇率变动的趋势以及税法允许的换算方法，从而达到了纳税筹划的效果。

专家点评

根据《消费税暂行条例》第五条的有关规定，纳税人销售的应税消费品，以人民币计算销售额。纳税人以人民币以外的货币结算销售额的应当折合人民币计算。根据《消费税暂行条例实施细则》第十一条的规定，纳税人销售的应税消费品，以人民币以外的货币结算销售额的，其销售额的人民币折合率可以选择销售额发生的当天或者当月 1 日的人民币汇率中间价。纳税人应在事先确定采用何种折合率，确定后 1 年内不得变更。从纳税筹划的角度来看，人民币汇率折合率既可以采用销售额发生当天的国家外汇牌价，也可以用当月初的外汇牌价。一般来说，当整个外汇市场波动越大，通过选择折合率进行纳税筹划的必要性越大，以较低的人民币汇率计算应纳税额，越有利于企业开展消费税的纳税筹划。

但是需要指出的是，由于企业的人民币的汇率折算方法一经确定，1 年内不得随意变动。因此，在选择汇率折算方法的时候，需要纳税人对未来的经济形势及汇率走势作出恰当的判断。同时，这一限制也对这一纳税筹划方法的效果产生很大影响。当然，纳税筹划应当体现在点点滴滴的税负减轻之中，纳税筹划更体现为一种意识，在某一方面节税效果不是很明显，但是对于一个涉及众多税种的大型企业来讲，纳税筹划的效果不能小视。

案例二 选择最佳的应税消费品加工方式，降低消费税负

美云实业股份有限公司进行生产应税消费品筹划时，按照应税消费品加工方式进行测算，选择消费税负最低的方案，现有以下几种方案可供选择。

方案一：选择自行购进原材料，自行生产应税消费品对外销售方案

美云实业股份有限公司购进一批烟叶价值200万元，准备由一车间加工成烟丝，预计加工费为220万元，然后由二车间加工成甲类卷烟，预计加工费为80万元，生产完成后出售甲类卷烟，预计不含税销售收入为1 500万元，销售数量为20万条（4 000万支），甲类卷烟消费税生产环节税率按56%和0.003元/支计算，批发环节税率为11%和0.005元/支。假定，美云实业股份有限公司销售卷烟给批发企业，即无需缴纳批发环节消费税，烟丝消费税税率为30%，企业所得税税率为25%。

美云实业股份有限公司自行加工生产甲类卷烟应纳消费税税额 =1 500×56%+4 000×0.003=852（万元）

美云实业股份有限公司自行加工生产甲类卷烟税后利润 =（1 500-200-220-80-852）×（1-25%）=111（万元）

方案二：选择用外购已纳消费税的原材料继续生产应税消费品对外销售方案

美云实业股份有限公司购进已经缴纳消费税烟丝价值495万元，准备投入加工费80万元继续加工成甲类卷烟对外出售，预计不含税销售收入为1 500万元，甲类卷烟消费税税率暂按56%计算，销售数量为20万条（4 000万支），甲类卷烟消费税生产环节税率按56%和0.003元/支计算，批发环节税率为11%和0.005元/支，假定，美云实业股份有限公司销售卷烟给批发企业，即无需缴纳批发环节消费税，烟丝消费税税率为30%。企业所得税税率为25%。

美云实业股份有限公司用外购已纳消费税的原材料继续生产应税消费品应纳消费税税额 =1 500×56%+4 000×0.003-495×30%=703.5（万元）

美云实业股份有限公司税后利润 =（1 500-495-80-703.5）×（1-25%）=166.125（万元）

方案三：选择委托其他企业加工应税半成品收回后，再生产为产成品对外销售方案

美云实业股份有限公司购进一批烟叶价值200万元，准备委托新华实业股份有

限公司加工成烟丝，预计加工费为 220 万元，加工后烟丝由美云实业股份有限公司收回继续加工成甲类卷烟，预计加工费为 80 万元，生产完成后出售甲类卷烟，预计不含税销售收入为 1 500 万元，甲类卷烟消费税税率暂按 56% 计算，销售数量为 20 万条（4 000 万支），甲类卷烟消费税生产环节税率按 56% 和 0.003 元 / 支计算，批发环节税率为 11% 和 0.005 元 / 支。假定美云实业股份有限公司销售卷烟给批发企业，即无需缴纳批发环节消费税，烟丝消费税税率为 30%，企业所得税税率为 25%。

委托新华实业股份有限公司加工成烟丝代收代缴消费税税额 =（200+220）÷（1-30%）×30%=180（万元）

美云实业股份有限公司应纳消费税税额 =1 500×56%+4 000×0.003-180=672（万元）

美云实业股份有限公司税后利润 =（1 500-200-220-80-672）×（1-25%）=246（万元）

方案四：选择委托其他企业加工产成品收回后直接对外销售方案

美云实业股份有限公司购进一批烟叶价值 200 万元，准备委托新华实业股份有限公司直接加工成甲类卷烟，预计加工费为 300 万元，甲类卷烟生产完成后金陵卷烟厂全部收回对外出售，预计不含税销售收入为 1 500 万元，甲类卷烟消费税税率暂按 56% 计算，销售数量为 20 万条（4 000 万支），甲类卷烟消费税生产环节税率按 56% 和 0.003 元 / 支计算，批发环节税率为 11% 和 0.005 元 / 支。假定新华实业股份有限公司无同类卷烟销售价格，暂按组成计税价计算消费税，美云实业股份有限公司销售卷烟给批发企业，即无需缴纳批发环节消费税，烟丝消费税税率为 30%，企业所得税税率为 25%。

新华实业股份有限公司加工甲类卷烟代收代缴消费税税额 =（200+300+4 000×0.003）÷（1-56%）×56%+4 000×0.003=663.64（万元）

美云实业股份有限公司收回甲类卷烟对外出售时以 1 500 万元的销售价格销售，高于委托方计税价，应当重新计算卷烟销售时应缴纳的消费税再扣除掉之前环节已经缴纳过的消费税进行消费税补缴。

美云实业股份有限公司应补缴消费税税额 =1 500×56%+4 000×0.003-663.64=188.36（万元）

美云实业股份有限公司税后利润＝（1 500-200-300-852）×（1-25%）=111（万元）

专家点评

从以上四个案例美云实业股份有限公司税后利润的计算结果进行选择，第一应选择委托其他企业加工应税半成品收回后，再生产为产成品对外销售方案；第二应选择用外购已纳消费税的原材料继续生产应税消费品对外销售方案；第三应选择自行购进原材料，自行生产应税消费品对外销售方案或者选择委托其他企业加工产成品收回后直接对外销售方案。

以上不同加工方式产生税后利润差异的主要原因，是因为不同加工方式应税消费品的税基不同，自行加工的应税消费品，计税的税基为产品销售价格，税负最重，购买应税消费品继续加工方式，虽然以产品销售价格为税基，但允许扣除购入原材料的已经缴纳消费税税额，税负相对较轻。企业生产应税消费品，可以选择自行加工，也可以选择委托加工。自行加工应税消费品由生产企业按照销售收入和规定的税率计算缴纳消费税。纳税人连续生产自产自用的应税消费品的，不用缴纳消费税。

用外购的已纳消费税的产品连续生产应税消费品时，可以扣除外购的应税消费品已纳的消费税税款。委托加工的应税消费品应由受托方代收代缴消费税；委托加工的应税消费品收回后，可以在本企业继续加工成应税产成品，也可以直接对外销售。继续加工再对外销售的，原支付给受托方的消费税可以抵扣；直接对外销售的，销售价格不超过原纳税基数的不再缴纳消费税。

案例三　改变换取生产资料方式，降低消费税负

华光公司准备以自产的150辆摩托车向前进橡胶厂换取其生产的橡胶材料，华光公司当月销售同种型号摩托车有二种价格，分别为以4 500元的单价销售了200辆，以6 000元的单价销售了300辆，摩托车消费税税率为10%。

方案展示

方案一：华光公司直接将自家生产的摩托车向前进橡胶厂换取其生产的橡胶材料

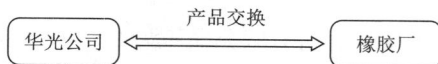

方案二：华光公司将摩托车先销售，再用销售款购买橡胶材料

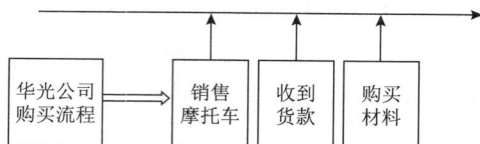

方案对比

方案一：按消费税法规定：纳税人用于换取生产资料和消费资料，投资入股和抵偿债务等方面的应税消费品，应当以纳税人同类应税消费品的最高销售价格作为计税依据计算消费税，故华光公司换取橡胶材料，应按摩托车当月最高销售价格 6 000 元/辆计算应纳消费税税额 =150×6 000×10%=90 000（元）。

方案二：将摩托车先销售，再用销售款购买橡胶材料，华光公司销售 150 辆摩托车可按摩托车的月加权平均单价计算应纳消费税，摩托车的月加权平均单价 =（4 500×200+6 000×300）÷（200+300）=5 400（元/辆），销售摩托车应纳消费税税额 =150×5 400×10%=81 000（元），比筹划前节约消费税 =90 000-81 000=9 000（元）。

专家点评

消费税的纳税人在生产销售环节应缴纳的消费税，包括直接对外销售应税消费品应缴纳的消费税和自产自用应税消费品应缴纳的消费税。所谓自产自用，就是纳税人生产应税消费品后，不是用于直接对外销售，而是用于自己连续生产应税消费品或用于其他方面。这种自产自用应税消费品形式，在实际经济活动中是很常见的，但也是在是否纳税或如何纳税上最容易出现问题的。例如，有的企业把自己生产的应税消费品，以福利或奖励等形式发给本厂职工，以为不是对外销售，不必计入销售额，无须纳税，这样就出现了漏缴税款的现象。纳税人自产自用的应税消费品，除用于连续生产应税消费品外，凡用于其他方面的，于移送使用时纳税。用于其他方面的是指纳税人用于生产非应税消费品、在建工程、管理部门、非生产机构，提供劳务，以及用于馈赠、赞助、集资、广告、样品、职工福利、奖励等方面。纳税人用于换取生产资料和消费资料，投资入股和抵偿债务等方面的应税消费品，应当以纳税人同类应税消费品的最高销售价格作为计税依据计算消费税。

案例四 改变成套消费品的销售包装方式，降低消费税负

马兰酒业有限公司生产各类粮食白酒和果酒，白酒每瓶40元，果酒每瓶20元，两种酒都是1斤/瓶，这两种酒的消费税税率分别为：粮食白酒；每斤0.5元＋销售额×20%；果酒，按销售额×10%。该月计划销售5万套礼品酒。现在有以下两种销售方案可供选择：

方案展示

方案一：将粮食白酒和果酒各1瓶组成价值60元的成套礼品酒进行销售

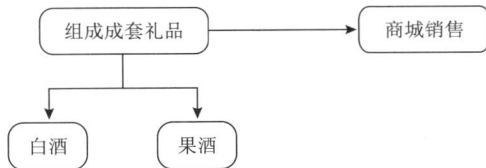

方案二：采用"先销售后包装"的方式将两种酒分别核算销售额，同时在销售柜台设置礼品盒，在消费者购买两种酒后再用礼品盒进行组合包装

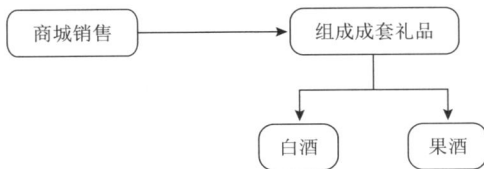

方案对比

方案一：企业适用不同税率的应税消费品组成成套消费品销售，不能分别核算销售额，应按从高原则，即适用粮食白酒的消费税计算方法计税。其应纳消费税税额为 $=50\ 000\times(0.5\times2+60\times20\%)=650\ 000$（元）。

方案二：采用"先销售后包装"的方式将两种酒分别核算销售额，同时在销售柜台设置礼品盒，在消费者购买两种酒后再用礼品盒进行组合包装，该

公司可按两种酒销售额分别计算应纳消费税税额 =50 000×（0.5+40×20%）+ 20×50 000×10%=525 000（元）。由此可见，对应税消费品的包装方式由"先包装后销售"改为"先销售后包装"节约消费税税款 =650 000-525 000=125 000（元）。

专家点评

按《消费税暂行条例》第三条规定：纳税人兼营不同税率的应当缴纳消费税的消费品（以下简称应税消费品），应当分别核算不同税率应税消费品的销售额、销售数量；未分别核算销售额、销售数量，或者将不同税率的应税消费品组成成套消费品销售的，从高适用税率。马兰公司采用"先包装后销售"方式销售 5 万套礼品酒属于"兼营"行为。同时，该公司将这些适用不同税率的应税消费品组成成套消费品销售，不能分别核算销售额。

案例五　改变包装物的作价方式，降低消费税负

光明轮胎公司本月销售 100 000 个汽车用轮胎，每只 2 000 元，其中含包装物价值每只 300 元。轮胎消费税税率为 3%。

方案展示

方案一：光明轮胎公司采取轮胎连同包装物合并销售，每只 2 000 元。

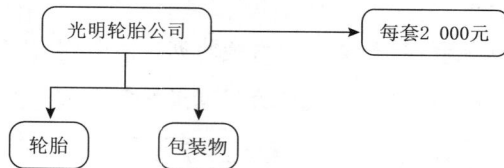

方案二：企业在销售轮胎签订合同时，改变包装物的作价方式，将轮胎每只定价为 1 700 元，对包装物不作价，改为每只收取 300 元押金。

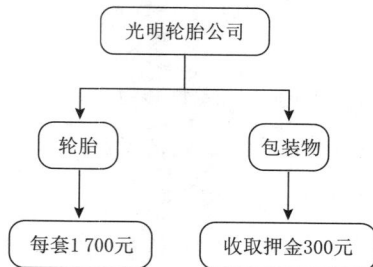

方案对比

方案一：销售额 =100 000×2 000=200 000 000（元）。 光明轮胎公司轮胎连同包装物合并销售应纳消费税额 =200 000 000×3%=6 000 000（元）。

方案二：公司应纳消费税额 =100 000×1 700×3%=5 100 000（元）。节约消费税税款 =6 000 000-5 100 000=900 000（元）。

专家点评

按照《消费税暂行条例实施细则》第十三条规定：应税消费品连同包装物销售的，无论包装物销售是否单独计价以及在会计上如何核算，均应并入应税消费品的销售额中缴纳消费税。如果包装物不作价随同产品销售，而是收取押金，此项押金则不应并入应税消费品的销售额中征税。但对因逾期未收回的包装物不再退还的或者已收取的时间超过 12 个月的押金，应并入应税消费品的销售额，按照应税消费品的适用税率缴纳消费税。

对于企业的包装物，企业可以采取三种处理方法。第一种是连同应税消费品出售，税法规定：应税消费品连同包装物出售的，无论是否单独作价，均应并入销售额中计算消费税。第二种是直接收取租金，包装物租金属于价外费用。价外费用包含在销售额里，要计消费税。第三种是直接收取押金，包装物押金不并入销售额计税。根据税法规定，纳税人为销售货物而出租、出借收取的押金，单独计账核算的，不并入销售额征税。但对因逾期未收回包装物不再退还的押金，应按所包装货物的适用税率计算应纳税额，"逾期"一般以 1 年为限。在将包装物押金并入销售额征税时，需先将该押金换算为不含增值税的价格，再并入销售额征税。

根据上述规定可以看出，由于押金不并入销售额计算消费税额，因此采用收取押金的方式有利于节税。

实行从价税率办法计算应纳税额的应税消费品连同包装销售的，无论包装是否单独计价，也不论会计如何处理，均应并入销售额中计算消费税额。

企业可以不将包装物作价随同产品销售，而采取收取"包装物押金"的形式，此"押金"不并入销售额计算消费税额。

利用包装物节税始终是税收筹划的一个重要策略，其核心就在于包装物不能作价随同产品出售，而是采用收取"押金"的方式，该方法不仅适用于消费税，也适用于增值税。

第三章

企业所得税筹划

第一节　企业所得税简介

企业所得税法是指国家制定的用以调整企业所得税征收与缴纳之间权利及义务关系的法律规范。现行企业所得税法是 2007 年 3 月 16 日第十届全国人民代表大会第五次全体会议通过的《中华人民共和国企业所得税法》（以下简称《企业所得税法》）和 2007 年 11 月 28 日国务院第 197 次常务会议通过的《中华人民共和国企业所得税法实施条例》（以下简称《实施条例》）。

企业所得税是对我国境内的企业和其他取得收入的组织的生产经营所得和其他所得征收的一种税。企业所得税的作用：①促进企业改善经营管理活动，提升企业的盈利能力。②调节产业结构，促进经济发展。③为国家建设筹集财政资金。

一、企业所得税纳税义务人

企业所得税的纳税义务人，是指在中华人民共和国境内的企业和其他取得收入的组织。《企业所得税法》第一条规定，除个人独资企业、合伙企业不适用企业所得税法外，凡在我国境内，企业和其他取得收入的组织（以下统称企业）为企业所得税的纳税人，依照本法规定缴纳企业所得税。

企业所得税的纳税人分为居民企业和非居民企业，这是根据企业纳税义务范围的宽窄进行分类的方法，不同的企业在向中国政府缴纳所得税时，纳税义务不同。把企业分为居民企业和非居民企业，是为了更好地保障我国税收管辖权的有效行使。税收管辖权是一国政府在征税方面的主权，是国家主权的重要组成部分。根据国际上的通行做法，我国选择了地域管辖权和居民管辖权的双重管辖权标准，最大限度地维护我国的税收利益。

（一）居民企业

居民企业，是指依法在中国境内成立，或者依照外国（地区）法律成立但实际管理机构在中国境内的企业。这里的企业包括国有企业、集体企业、私营企业、联营企业、股份制企业、外商投资企业、外国企业以及有生产、经营所得和其他所得的其他组织。其中，有生产、经营所得和其他所得的其他组织，是指经国家有关部门批准，依法注册、登记的事业单位、社会团体等组织。由于我国的一些社会团体组织、事业单位在完成国家事业计划的过程中，开展多种经营和有偿服务活动，取得除财政部门各项拨款、财政部和国家物价部门批准的各项规费收入以外的经营收入，具有了经营的特点，应当视同企业纳入征税范围。其中，实际管理机构，是指对企业的生产经营、人员、账务、财产等实施实质性全面管理和控制的机构。

（二）非居民企业

非居民企业，是指依照外国（地区）法律成立且实际管理机构不在中国境内，但在中国境内设立机构、场所的，或者在中国境内未设立机构、场所，但有来源于中国境内所得的企业。

上述所称机构、场所，是指在中国境内从事生产经营活动的机构、场所，具体包括：

管理机构、营业机构、办事机构。

工厂、农场、开采自然资源的场所。

提供劳务的场所。

从事建筑、安装、装配、修理、勘探等工程作业的场所。

其他从事生产经营活动的机构、场所。

非居民企业委托营业代理人在中国境内从事生产经营活动的，包括委托单位或者个人经常代其签订合同，或者储存、交付货物等，该营业代理人视为非居民企业在中国境内设立的机构、场所。

二、企业所得税征税对象

企业所得税的征税对象，是指企业的生产经营所得、其他所得和清算所得。

（一）居民企业的征税对象

居民企业应就来源于中国境内、境外的所得作为征税对象。所得包括销售货物所得、提供劳务所得、转让财产所得、股息红利等权益性投资所得、利息所得、租金所得、特许权使用费所得、接受捐赠所得和其他所得。

（二）非居民企业的征税对象

非居民企业在中国境内设立机构、场所的，应当就其所设机构、场所取得的来源于中国境内的所得，以及发生在中国境外但与其所设机构、场所有实际联系的所得，缴纳企业所得税。非居民企业在中国境内未设立机构、场所的，或者虽设立机构、场所但取得的所得与其所设机构、场所没有实际联系的，应当就其来源于中国境内的所得缴纳企业所得税。

上述所称实际联系是指非居民企业在中国境内设立的机构、场所拥有的据以取得所得的股权、债权，以及拥有、管理、控制据以取得所得的财产。

（三）所得来源的确定

1.销售货物所得，按照交易活动发生地确定。

2.提供劳务所得，按照劳务发生地确定。

3.转让财产所得。（1）不动产转让所得按照不动产所在地确定。（2）动产转让所得按照转让动产的企业或者机构、场所所在地确定。（3）权益性投资资产转让所得按照被投资企业所在地确定。

4.股息、红利等权益性投资所得，按照分配所得的企业所在地确定。

5.利息所得、租金所得、特许权使用费所得，按照负担、支付所得的企业或者机构、场所所在地确定，或者按照负担、支付所得的个人的住所地确定。

6.其他所得，由国务院财政、税务主管部门确定。

三、企业所得税税率

企业所得税税率是体现国家与企业分配关系的核心要素。税率设计的原则是兼顾国家、企业、职工个人三者利益，既要保证财政收入的稳定增长，又要使企业在发展生产、经营方面有一定的财力保证；既要考虑到企业的实际情况和负担能力，又要维护税率的统一性。

企业所得税实行比例税率。比例税率简便易行，透明度高，不会因征税而改变企业间收入分配比例，有利于促进效率的提高。现行规定如下。

1. 基本税率为 25%。适用于居民企业和在中国境内设有机构、场所且所得与机构、场所有关联的非居民企业。现行企业所得税基本税率设定为 25%，既考虑了我国财政承受能力，又考虑了企业负担水平。

2. 低税率为 20%。适用于在中国境内未设立机构、场所的，或者虽设立机构、场所但取得的所得与其所设机构、场所没有实际联系的非居民企业，但实际征税时适用 10% 的税率。

四、企业所得税应纳税所得额

应纳税所得额是企业所得税的计税依据，按照企业所得税法的规定，应纳税所得额为企业每一个纳税年度的收入总额，减除不征税收入、免税收入、各项扣除以及允许弥补的以前年度亏损后的余额。基本公式为：

$$应纳税所得额=收入总额-不征税收入-免税收入-各项扣除-允许弥补的$$
$$以前年度亏损$$

企业应纳税所得额的计算以权责发生制为原则，属于当期的收入和费用，不论款项是否收付，均作为当期的收入和费用；不属于当期的收入和费用，即使款项已经在当期收付，均不作为当期的收入和费用。应纳税所得额的正确计算直接关系到国家财政收入和企业的税收负担，并且同成本、费用核算关系密切。因此，企业所得税法对应纳税所得额的计算作了明确规定，主要内容包括收入总额、扣除范围和标准、资产的税务处理、亏损弥补等。

（一）收入总额

企业的收入总额包括以货币形式和非货币形式从各种来源取得的收入，具体有销售货物收入，提供劳务收入，转让财产收入，股息、红利等权益性投资收益，利息收入，租金收入，特许权使用费收入，接受捐赠收入，其他收入。

企业取得收入的货币形式，包括现金、存款、应收账款、应收票据、准备持有至到期的债券投资以及债务的豁免等；纳税人以非货币形式取得的收入，包括固定资产、生物资产、无形资产、股权投资、存货、不准备持有至到期的债券投资、劳务以及有关权益等，这些非货币资产应当按照公允价值确定收入额，公允价值是指按照市场价格确定的价值。收入的具体构成如下。

1. 销售货物收入，是指企业销售商品、产品、原材料、包装物、低值易耗品以及其他存货取得的收入。

除法律法规另有规定外，企业销售货物收入的确认，必须遵循权责发生制原则和实质重于形式原则。

（1）符合收入确认条件，采取下列商品销售方式的，应按以下规定确认收入实现时间：

①销售商品采用托收承付方式的，在办妥托收手续时确认收入。

②销售商品采用预收款方式的，在发出商品时确认收入。

③销售商品需要安装和检验的，在购买方接受商品以及安装和检验完毕时确认收入。如果安装程序比较简单，可在发出商品时确认收入。

④销售商品采用支付手续费方式委托代销的，在收到代销清单时确认收入。

（2）采用售后回购方式销售商品的，销售的商品按售价确认收入，回购的商品作为购进商品处理。有证据表明不符合销售收入确认条件的，如以销售商品方式进行融资，收到的款项应确认为负债，回购价格大于原售价的，差额应在回购期间确认为利息费用。

（3）销售商品以旧换新的，销售商品应当按照销售商品收入确认条件确认收入，回收的商品作为购进商品处理。

（4）企业为促进商品销售而在商品价格上给予的价格扣除属于商业折扣，商品销售涉及商业折扣的，应当按照扣除商业折扣后的金额确定销售商品收入金额。

债权人为鼓励债务人在规定的期限内付款而向债务人提供的债务扣除属于现金折扣，销售商品涉及现金折扣的，应当按扣除现金折扣前的金额确定销售商品收入金额，现金折扣在实际发生时作为财务费用扣除。

企业因售出商品的质量不合格等原因而在售价上给予的减让属于销售折让；企业因售出商品质量、品种不符合要求等原因而发生的退货属于销售退回。企业已经确认销售收入的售出商品发生销售折让和销售退回，应当在发生当期冲减当期销售商品收入。

2. 提供劳务收入，是指企业从事建筑安装、修理修配、交通运输、仓储租赁、金融保险、邮电通信、咨询经纪、文化体育、科学研究、技术服务、教育培训、餐饮住宿、中介代理、卫生保健、社区服务、旅游、娱乐、加工以及其他劳务服务活动取得的收入。

3. 转让财产收入，是指企业转让固定资产、生物资产、无形资产、股权、债权等财产取得的收入。

企业转让股权收入，应于转让协议生效且完成股权变更手续时，确认收入的实现。转让股权收入扣除为取得该股权所发生的成本后，为股权转让所得。企业在计算股权转让所得时，不得扣除被投资企业未分配利润等股东留存收益中按该项股权所可能分配的金额。

被清算企业的股东分得的剩余资产的金额，其中相当于被清算企业累计未分配利润和累计盈余公积中按该股东所占股份比例计算的部分，应确认为股息所得，剩余资产减除股息所得后的余额，超过或低于股东投资成本的部分，应确认为股东的投资转让所得或损失。

投资企业从被投资企业撤回或减少投资，其取得的资产中，相当于初始出资的部分，应确认为投资收回；相当于被投资企业累计未分配利润和累计盈余公积按减少实收资本比例计算的部分，应确认为股息所得；其余部分确认为投资资产转让所得。

4. 股息、红利等权益性投资收益，是指企业因权益性投资从被投资方取得的收入。股息、红利等权益性投资收益，除国务院财政、税务主管部门另有规定外，按照被投资方作出利润分配决定的日期确认收入。

被投资企业将股权（票）溢价所形成的资本公积转为股本的，不作为投资方企业的股息、红利收入，投资方企业也不得增加该项长期投资的计税基础。

依据《财政部 国家税务总局 证监会关于沪港股票市场交易互联互通机制试点有关税收政策的通知》（财税〔2014〕81号）的规定，自2014年11月17日起，对内地企业投资者通过沪港通投资香港联交所上市股票取得的股息红利所得，计入其收入总额，依法计征企业所得税。其中，内地居民企业连续持有H股满12

个月取得的股息红利所得，依法免征企业所得税。

香港联交所上市 H 股公司应向中国结算提出申请，由中国结算向 H 股公司提供内地企业投资者名册，H 股公司对内地企业投资者不代扣股息红利所得税款，应纳税款由企业自行申报缴纳。

内地企业投资者自行申报缴纳企业所得税时，对香港联交所非 H 股上市公司已代扣代缴的股息红利所得税，可依法申请税收抵免。

5. 利息收入，是指企业将资金提供他人使用但不构成权益性投资，或者因他人占用本企业资金取得的收入，包括存款利息、贷款利息、债券利息、欠款利息等收入。利息收入，按照合同约定的债务人应付利息的日期确认收入。

6. 租金收入，是指企业提供固定资产、包装物或者其他有形资产的使用权取得的收入。租金收入，按照合同约定的承租人应付租金的日期确认收入。其中，如果交易合同或协议中规定租赁期限跨年度，且租金提前一次性支付的，根据《实施条例》第九条规定的收入与费用配比原则，出租人可对上述已确认的收入，在租赁期内，分期均匀计入相关年度收入。

7. 特许权使用费收入，是指企业提供专利权、非专利技术、商标权、著作权以及其他特许权的使用权取得的收入。特许权使用费收入，按照合同约定的特许权使用人应付特许权使用费的日期确认收入。

8. 接受捐赠收入，是指企业接受的来自其他企业、组织或者个人无偿给予的货币性资产、非货币性资产。接受捐赠收入，按照实际收到捐赠资产的日期确认收入。

9. 其他收入，是指企业取得的除以上收入外的其他收入，包括企业资产溢余收入、逾期未退包装物押金收入、确实无法偿付的应付款项、已作坏账损失处理后又收回的应收款项、债务重组收入、补贴收入、违约金收入、汇兑收益等。

10. 特殊收入的确认。

（1）以分期收款方式销售货物的，按照合同约定的收款日期确认收入的实现。

（2）企业受托加工制造大型机械设备、船舶、飞机，以及从事建筑、安装、装配工程业务或者提供其他劳务等，持续时间超过 12 个月的，按照纳税年度内完工进度或者完成的工作量确认收入的实现。

（3）采取产品分成方式取得收入的，按照企业分得产品的日期确认收入的实现，其收入额按照产品的公允价值确定。

（4）企业发生非货币性资产交换，以及将货物、财产、劳务用于捐赠、偿债、赞助、集资、广告、样品、职工福利或者利润分配等用途的，应当视同销售货物、转让财产或者提供劳务，但国务院财政、税务主管部门另有规定的除外。

（二）不征税收入

1.财政拨款，是指各级人民政府对纳入预算管理的事业单位、社会团体等组织拨付的财政资金，但国务院和国务院财政、税务主管部门另有规定的除外。

2.依法收取并纳入财政管理的行政事业性收费、政府性基金。行政事业性收费是指依照法律法规等有关规定，按照国务院规定程序批准，在实施社会公共管理，以及在向公民、法人或者其他组织提供特定公共服务过程中，向特定对象收取并纳入财政管理的费用。政府性基金，是指企业依照法律、行政法规等有关规定，代政府收取的具有专项用途的财政资金。具体规定如下。

（1）企业按照规定缴纳的由国务院或财政部批准设立的政府性基金以及由国务院和省、自治区、直辖市人民政府及其财政、价格主管部门批准设立的行政事业性收费，准予在计算应纳税所得额时扣除。

企业缴纳的不符合上述第（1）条审批管理权限设立的基金、收费，不得在计算应纳税所得额时扣除。

（2）企业收取的各种基金、收费，应计入企业当年收入总额。

（3）对企业依照法律、法规及国务院有关规定收取并上缴财政的政府性基金和行政事业性收费，准予作为不征税收入，于上缴财政的当年在计算应纳税所得额时从收入总额中减除；未上缴财政的部分，不得从收入总额中减除。

3.国务院规定的其他不征税收入，是指企业取得的，由国务院财政、税务主管部门规定专项用途并经国务院批准的财政性资金。

财政性资金，是指企业取得的来源于政府及其有关部门的财政补助、补贴、贷款贴息，以及其他各类财政专项资金，包括直接减免的增值税和即征即退、先征后退、先征后返的各种税收，但不包括企业按规定取得的出口退税款。

（1）企业取得的各类财政性资金，除属于国家投资和资金使用后要求归还本金的以外，均应计入企业当年收入总额。国家投资是指国家以投资者身份投入企业并按有关规定相应增加企业实收资本（股本）的直接投资。

（2）对企业取得的由国务院财政、税务主管部门规定专项用途并经国务院批准的财政性资金，准予作为不征税收入，在计算应纳税所得额时从收入总额中减除。

（3）纳入预算管理的事业单位、社会团体等组织按照核定的预算和经费报领关系收到的由财政部门或上级单位拨入的财政补助收入，准予作为不征税收入，在计算应纳税所得额时从收入总额中减除，但国务院和国务院财政、税务主管部门另有规定的除外。

（三）税前扣除项目及标准

企业实际发生的与取得收入有关的、合理的支出，包括成本、费用、税金、损失和其他支出，准予在计算应纳税所得额时扣除。在实际中，计算应纳税所得额时还应注意三方面的内容。第一，企业发生的支出应当区分收益性支出和资本性支出。收益性支出在发生当期直接扣除；资本性支出应当分期扣除或者计入有关资产成本，不得在发生当期直接扣除。第二，企业的不征税收入用于支出所形成的费用或者财产，不得扣除或者计算对应的折旧、摊销扣除。第三，除企业所得税法和本条例另有规定外，企业实际发生的成本、费用、税金、损失和其他支出，不得重复扣除。

1. 成本，是指企业在生产经营活动中发生的销售成本、销货成本、业务支出以及其他耗费，即企业销售商品（产品、材料、下脚料、废料、废旧物资等）、提供劳务、转让固定资产、无形资产（包括技术转让）的成本。

2. 费用，是指企业每一个纳税年度为生产、经营商品和提供劳务等所发生的销售费用、管理费用和财务费用。已经计入成本的有关费用除外。

销售费用，是指应由企业负担的为销售商品而发生的费用，包括广告费、运输费、装卸费、包装费、展览费、保险费、销售佣金（能直接认定的进口佣金调整商品进价成本）、代销手续费、经营性租赁费及销售部门发生的差旅费、工资、福利费等费用。

管理费用，是指企业的行政管理部门为管理组织经营活动提供各项支援性服务而发生的费用。

财务费用，是指企业筹集经营性资金而发生的费用，包括利息净支出、汇兑净损失、金融机构手续费以及其他非资本化支出。

3. 税金，是指企业发生的除企业所得税和允许抵扣的增值税以外的企业缴纳的各项税金及其附加。即企业按规定缴纳的消费税、城市维护建设税、关税、资源税、土地增值税、房产税、车船税、土地使用税、印花税、教育费附加等产品销售税金及附加。这些已纳税金准予税前扣除，准许扣除的税金有两种方式：一是在发生当期扣除；二是在发生当期计入相关资产的成本，在以后各期分摊扣除。

4. 损失，是指企业在生产经营活动中发生的固定资产和存货的盘亏、毁损、报废损失，转让财产损失，呆账损失，坏账损失，自然灾害等不可抗力因素造成的损失以及其他损失。

企业发生的损失，减除责任人赔偿和保险赔款后的余额，依照国务院财政、税务主管部门的规定扣除。企业已经作为损失处理的资产，在以后纳税年度又全部收回或者部分收回时，应当计入当期收入。

5. 扣除的其他支出，是指除成本、费用、税金、损失外，企业在生产经营活动中发生的与生产经营活动有关的、合理的支出。

在计算应纳税所得额时，下列项目可按照实际发生额或规定的标准扣除。

1. 工资、薪金支出

企业发生的合理的工资、薪金支出准予据实扣除。工资、薪金支出是企业每一纳税年度支付给本企业任职或与其有雇佣关系的员工的所有现金或非现金形式的劳动报酬，包括基本工资、奖金、津贴、补贴、年终加薪、加班工资，以及与任职或者受雇有关的其他支出。

2. 职工福利费、工会经费、职工教育经费

企业发生的职工福利费、工会经费、职工教育经费按标准扣除，未超过标准的按实际数扣除，超过标准的只能按标准扣除。

（1）企业发生的职工福利费支出，不超过工资、薪金总额14%的部分准予扣除。

企业职工福利费，包括以下内容：

①尚未实行分离办社会职能的企业，其内设福利部门所发生的设备、设施和人员费用，包括职工食堂、职工浴室、理发室、医务所、托儿所、疗养院等集体福利部门的设备、设施及维修保养费用和福利部门工作人员的工资薪金、社会保险费、住房公积金、劳务费等。

②为职工卫生保健、生活、住房、交通等所发放的各项补贴和非货币性福利，包括企业向职工发放的因公外地就医费用、未实行医疗统筹企业职工医疗费用、职工供养直系亲属医疗补贴、供暖费补贴、职工防暑降温费、职工困难补贴、救济费、职工食堂经费补贴、职工交通补贴等。

③按照其他规定发生的其他职工福利费，包括丧葬补助费、抚恤费、安家费、探亲假路费等。

值得注意的是：企业发生的职工福利费，应该单独设置账册，进行准确核算。没有单独设置账册准确核算的，税务机关应责令企业在规定的期限内进行改正。逾期仍未改正的，税务机关可对企业发生的职工福利费进行合理的核定。

（2）企业拨缴的工会经费，不超过工资薪金总额2%的部分准予扣除。

（3）除国务院财政、税务主管部门另有规定外，企业发生的职工教育经费支出，自2018年1月1日起不超过工资薪金总额8%的部分，准予在计算企业所得税应纳税所得额时扣除；超过部分，准予在以后纳税年度结转扣除。

3.社会保险费

（1）企业依照国务院有关主管部门或者省级人民政府规定的范围和标准为职工缴纳的五险一金，即基本养老保险费、基本医疗保险费、失业保险费、工伤保险费、生育保险费等基本社会保险费和住房公积金，准予扣除。

（2）企业为投资者或者职工支付的补充养老保险费、补充医疗保险费，在国务院财政、税务主管部门规定的范围和标准内，准予扣除。企业依照国家有关规定为特殊工种职工支付的人身安全保险费和符合国务院财政、税务主管部门规定可以扣除的商业保险费准予扣除。

（3）企业参加财产保险，按照规定缴纳的保险费，准予扣除。企业为投资者或者职工支付的商业保险费，不得扣除。

4.借款费用

（1）企业在生产经营活动中发生的合理的不需要资本化的借款费用，准予扣除。

（2）企业为购置、建造固定资产、无形资产和经过 12 个月以上的建造才能达到预定可销售状态的存货发生借款的，在有关资产购置、建造期间发生的合理的借款费用，应当作为资本性支出计入有关资产的成本，并依照《企业所得税法实施条例》的有关规定扣除。

5. 利息费用

企业在生产、经营活动中发生的利息费用，按下列规定扣除。

（1）非金融企业向金融企业借款的利息支出、金融企业的各项存款利息支出和同业拆借利息支出、企业经批准发行债券的利息支出可据实扣除。

（2）非金融企业向非金融企业借款的利息支出，不超过按照金融企业同期同类贷款利率计算的数额的部分可据实扣除，超过部分不许扣除。金融企业，是指各类银行、保险公司及经中国人民银行批准从事金融业务的非银行金融机构。

（3）凡企业投资者在规定期限内未缴足其应缴资本额的，该企业对外借款所发生的利息，相当于投资者实缴资本额与在规定期限内应缴资本额的差额应计付的利息，其不属于企业合理的支出，应由企业投资者负担，不得在计算企业应纳税所得额时扣除。

（4）企业向股东或其他与企业有关联关系的自然人借款的利息支出，应根据《企业所得税法》及《财政部 国家税务总局关于企业关联方利息支出税前扣除标准有关税收政策问题的通知》规定的条件，计算企业所得税扣除额。企业向除股东或其他与企业有关联关系的自然人以外的内部职工或其他人员借款的利息支出，其借款情况同时符合以下条件的，其利息支出在不超过按照金融企业同期同类贷款利率计算的数额的部分，准予扣除。

①企业与个人之间的借贷是真实、合法、有效的，并且不具有非法集资目的或其他违反法律、法规的行为。

②企业与个人之间签订了借款合同。

6. 汇兑损失

企业在货币交易中，以及纳税年度终了时将人民币以外的货币性资产、负债按照期末即期人民币汇率中间价折算为人民币时产生的汇兑损失，除已经计入有关资产成本以及与向所有者进行利润分配相关的部分外，准予扣除。

7. 公益性捐赠

企业通过公益性社会组织或者县级（含县级）以上人民政府及其组成部门和直属机构，用于慈善活动、公益事业的捐赠支出，在年度利润总额 12% 以内的部分，准予在计算应纳税所得额时扣除；超过年度利润总额 12% 的部分，准予结转以后 3 年内在计算应纳税所得额时扣除。

公益性社会组织，应当依法取得公益性捐赠税前扣除资格。

年度利润总额，是指企业依照国家统一会计制度的规定计算的年度会计利润。

公益性捐赠具体范围包括：

（1）救助灾害、救济贫困、扶助残疾人等困难的社会群体和个人的活动。

（2）教育、科学、文化、卫生、体育事业。

（3）环境保护、社会公共设施建设。

（4）促进社会发展和进步的其他社会公共和福利事业。

8. 业务招待费

企业发生的与生产经营活动有关的业务招待费支出，按照发生额的 60% 扣除，但最高不得超过当年销售（营业）收入的 5‰。

企业在筹建期间，发生的与筹办活动有关的业务招待费支出，可按实际发生额的 60% 计入企业筹办费，并按有关规定在税前扣除。

对从事股权投资业务的企业（包括集团公司总部、创业投资企业等），其从被投资企业所分配的股息、红利以及股权转让收入，可以按规定的比例计算业务招待费扣除限额。

9. 广告费和业务宣传费

企业发生的符合条件的广告费和业务宣传费支出，除国务院财政、税务主管部门另有规定外，不超过当年销售（营业）收入 15% 的部分，准予扣除；超过部分，准予在以后纳税年度结转扣除。企业在筹建期间，发生的广告费和业务宣传费，可按实际发生额计入企业筹办费，并按有关规定在税前扣除。

自 2021 年 1 月 1 日起至 2025 年 12 月 31 日止，对化妆品制造或销售、医药制造和饮料制造（不含酒类制造）企业发生的广告费和业务宣传费支出，不超过当年销售（营业）收入 30% 的部分，准予扣除；超过部分，准予在以后纳税年度结转扣除。

烟草企业的烟草广告费和业务宣传费支出，一律不得在计算应纳税所得额时扣除。

10. 环境保护专项资金

企业依照法律、行政法规有关规定提取的用于环境保护、生态恢复等方面的专项资金，准予扣除。上述专项资金提取后改变用途的，不得扣除。

11. 保险费

企业参加财产保险，按照规定缴纳的保险费，准予扣除。企业参加雇主责任险、公众责任险等责任保险，按照规定缴纳的保险费，准予在企业所得税税前扣除。该项规定适用于 2018 年度及以后年度企业所得税汇算清缴。

12. 租赁费

企业根据生产经营活动的需要租入固定资产支付的租赁费，按照以下方法扣除。

（1）以经营租赁方式租入固定资产发生的租赁费支出，按照租赁期限均匀扣除。经营性租赁是指所有权不转移的租赁。

（2）以融资租赁方式租入固定资产发生的租赁费支出，按照规定构成融资租入固定资产价值的部分应当提取折旧费用，分期扣除。融资租赁是指在实质上转移与一项资产所有权有关的全部风险和报酬的一种租赁。

13. 劳动保护费

企业发生的合理的劳动保护支出，准予扣除。

14. 有关资产的费用

企业转让各类固定资产发生的费用，允许扣除。企业按规定计算的固定资产折旧费、无形资产和递延资产的摊销费，准予扣除。

15. 总机构分摊的费用

非居民企业在中国境内设立的机构、场所，就其中国境外总机构发生的与该机构、场所生产经营有关的费用，能够提供总机构出具的费用汇集范围、定额、分配依据和方法等证明文件，并合理分摊的，准予扣除。

16. 手续费及佣金支出

（1）保险企业：财产保险企业按照全部保费收入扣除退保金等后余额的 15%

计算限额；人身保险企业按当年全部保费收入扣除退保金等后余额的 10% 计算限额。

（2）其他企业：按与具有合法经营资格的中介服务机构或个人（不含交易双方及其雇员、代理人和代表人等）所签订服务协议或合同确认的收入金额的 5% 计算限额。

（3）从事代理服务、主营业务收入为手续费、佣金的企业（如证券、期货、保险代理等企业），其为取得该类收入而实际发生的营业成本（包括手续费及佣金支出），准予在企业所得税前据实扣除。

企业应与具有合法经营资格的中介服务企业或个人签订代办协议或合同，并按规定支付手续费及佣金。除委托个人代理外，企业以现金等非转账方式支付的手续费及佣金不得在税前扣除。企业为发行权益性证券支付给有关证券承销机构的手续费及佣金不得在税前扣除。企业不得将手续费及佣金支出计入回扣、业务提成、返利、进场费等费用。企业已计入固定资产、无形资产等相关资产的手续费及佣金支出，应当通过折旧、摊销等方式分期扣除，不得在发生当期直接扣除。企业支付的手续费及佣金不得直接冲减服务协议或合同金额，并如实入账。企业应当如实向当地主管税务机关提供当年手续费及佣金计算分配表和其他相关资料，并依法取得合法真实凭证。

依照有关法律、行政法规和国家有关税法规定准予扣除的其他项目，如会员费、合理的会议费、差旅费、违约金、诉讼费用等。

（四）不得扣除项目

在计算应纳税所得额时，下列支出不得扣除：

1. 向投资者支付的股息、红利等权益性投资收益款项。

2. 企业所得税税款。

3. 税收滞纳金。具体是指纳税人违反税收法规，被税务机关处以的滞纳金。

4. 罚金、罚款和被没收财物的损失。是指纳税人违反国家有关法律、法规规定，被有关部门处以的罚款，以及被司法机关处以的罚金和被没收的财物。

5. 超过规定标准的捐赠支出。

6. 赞助支出。具体是指企业发生的与生产经营活动无关的各种非广告性质支出。

7. 未经核定的准备金支出。具体是指不符合国务院财政、税务主管部门规定的各项资产减值准备、风险准备等准备金支出。

8. 企业之间支付的管理费、企业内营业机构之间支付的租金和特许权使用费，以及非银行企业内营业机构之间支付的利息。

9. 与取得收入无关的其他支出。

（五）亏损弥补

亏损，是指企业将每一纳税年度的收入总额减除不征税收入、免税收入和各项扣除后小于零的数额。税法规定，企业某一纳税年度发生的亏损可以用下一年度的所得弥补，下一年度的所得不足以弥补的，可以逐年延续弥补，但最长不得超过 5 年。企业在汇总计算缴纳企业所得税时，其境外营业机构的亏损不得抵减境内营业机构的盈利。自 2018 年 1 月 1 日起，当年具备高新技术企业或科技型中小企业资格的企业，其具备资格年度之前 5 个年度发生的尚未弥补完的亏损，准予结转以后年度弥补，最长结转年限由 5 年延长至 10 年。

（六）非居民企业的应纳税所得额

在中国境内未设立机构、场所的，或者虽设立机构、场所但取得的所得与其所设机构、场所没有实际联系的非居民企业，其取得的来源于中国境内的所得，按照下列方法计算其应纳税所得额。

1. 股息、红利等权益性投资收益和利息、租金、特许权使用费所得，以收入全额为应纳税所得额。

2. 转让财产所得，以收入全额减除财产净值后的余额为应纳税所得额；财产净值，是指有关资产、财产的计税基础减除已经按照规定扣除的折旧、折耗、摊销、准备金等后的余额。

3. 其他所得，参照前两项规定的方法计算应纳税所得额。非居民企业在中国境内设立的机构、场所，就其中国境外总机构发生的与该机构、场所生产经营有关的费用，能够提供总机构出具的费用汇集范围、定额、分配依据和方法等证明文件并合理分摊的，准予扣除。

五、资产的税务处理

企业资产，是指企业拥有或者控制的、用于经营管理活动且与取得应税收入有关的资产。企业的各项资产，包括固定资产、生产性生物资产、无形资产、长期待摊费用、投资资产、存货等，以历史成本为计税基础。历史成本，是指企业取得该项资产时实际发生的支出。企业持有各项资产期间资产增值或者减值，除国务院财政、税务主管部门规定可以确认损益外，不得调整该资产的计税基础。

企业转让资产，该项资产的净值，准予在计算应纳税所得额时扣除。资产的净值，是指有关资产、财产的计税基础减除已经按照规定扣除的折旧、折耗、摊销、准备金等后的余额。除另有规定外，企业在重组过程中，应当在交易发生时确认有关资产的转让所得或者损失，相应资产应当按照交易价格重新确定计税基础。

（一）固定资产

固定资产，是指企业为生产产品、提供劳务、出租或者经营管理而持有的、使用时间超过 12 个月的非货币性资产，包括房屋、建筑物、机器、机械、运输工具以及其他与生产经营活动有关的设备、器具、工具等。在计算应纳税所得额时，企业按照规定计算的固定资产折旧，准予扣除。

1. 下列固定资产不得计算折旧扣除。

（1）房屋、建筑物以外未投入使用的固定资产。

（2）以经营租赁方式租入的固定资产。

（3）以融资租赁方式租出的固定资产。

（4）已足额提取折旧仍继续使用的固定资产。

（5）与经营活动无关的固定资产。

（6）单独估价作为固定资产入账的土地。

（7）其他不得计算折旧扣除的固定资产。

2. 固定资产按照以下方法确定计税基础。

（1）外购的固定资产，以购买价款和支付的相关税费以及直接归属于使该资产达到预定用途发生的其他支出为计税基础。

（2）自行建造的固定资产，以竣工结算前发生的支出为计税基础。

（3）融资租入的固定资产，以租赁合同约定的付款总额和承租人在签订租赁合同过程中发生的相关费用为计税基础，租赁合同未约定付款总额的，以该资产的公允价值和承租人在签订租赁合同过程中发生的相关费用为计税基础。

（4）盘盈的固定资产，以同类固定资产的重置完全价值为计税基础。

（5）通过捐赠、投资、非货币性资产交换、债务重组等方式取得的固定资产，以该资产的公允价值和支付的相关税费为计税基础。

（6）改建的固定资产，除法定的支出外，以改建过程中发生的改建支出增加计税基础。

3. 固定资产按照直线法计算的折旧，准予扣除。企业应当自固定资产投入使用月份的次月起计算折旧；停止使用的固定资产，应当自停止使用月份的次月起停止计算折旧。企业应当根据固定资产的性质和使用情况，合理确定固定资产的预计净残值。固定资产的预计净残值一经确定，不得变更。

4. 除国务院财政、税务主管部门另有规定外，固定资产计算折旧的最低年限如下。

（1）房屋、建筑物，为 20 年。

（2）飞机、火车、轮船、机器、机械和其他生产设备，为 10 年。

（3）与生产经营活动有关的器具、工具、家具等，为 5 年。

（4）飞机、火车、轮船以外的运输工具，为 4 年。

（5）电子设备，为 3 年。

（二）生产性生物资产

生产性生物资产，是指企业为生产农产品、提供劳务或者出租等而持有的生物资产，包括经济林、薪炭林、产畜和役畜等。

1. 生产性生物资产按照以下方法确定计税基础。

（1）外购的生产性生物资产，以购买价款和支付的相关税费为计税基础。

（2）通过捐赠、投资、非货币性资产交换、债务重组等方式取得的生产性生物资产，以该资产的公允价值和支付的相关税费为计税基础。

2. 生产性生物资产按照直线法计算的折旧，准予扣除。企业应当自生产性生物资产投入使用月份的次月起计算折旧；停止使用的生产性生物资产，应当自停止使用月份的次月起停止计算折旧。企业应当根据生产性生物资产的性质和使用情况，合理确定生产性生物资产的预计净残值。生产性生物资产的预计净残值一经确定，不得变更。

3. 生产性生物资产计算折旧的最低年限如下。

（1）林木类生产性生物资产，为 10 年。

（2）畜类生产性生物资产，为 3 年。

（三）无形资产

无形资产，是指企业为生产产品、提供劳务、出租或者经营管理而持有的、没有实物形态的非货币性长期资产，包括专利权、商标权、著作权、土地使用权、非专利技术等。在计算应纳税所得额时，企业按照规定计算的无形资产摊销费用，准予扣除。

1. 下列无形资产不得计算摊销费用扣除。

（1）自行开发的支出已在计算应纳税所得额时扣除的无形资产。

（2）与经营活动无关的无形资产。

（3）其他不得计算摊销费用扣除的无形资产。

2. 无形资产按照以下方法确定计税基础。

（1）外购的无形资产，以购买价款和支付的相关税费以及直接归属于使该资产达到预定用途发生的其他支出为计税基础。

（2）自行开发的无形资产，以开发过程中该资产符合资本化条件后至达到预定用途前发生的支出为计税基础。

（3）通过捐赠、投资、非货币性资产交换、债务重组等方式取得的无形资产，以该资产的公允价值和支付的相关税费为计税基础。

3. 无形资产按照直线法计算的摊销费用，准予扣除。无形资产的摊销年限不得低于 10 年。

作为投资或者受让的无形资产，有关法律规定或者合同约定了使用年限的，可以按照规定或者约定的使用年限分期摊销。外购商誉的支出，在企业整体转让或者清算时，准予扣除。

（四）长期待摊费用

长期待摊费用，是指企业发生的应在 1 个年度以上或几个年度进行摊销的费用。在计算应纳税所得额时，企业发生的下列支出作为长期待摊费用，按照规定摊销的，准予扣除。

1. 已足额提取折旧的固定资产的改建支出，按照固定资产预计尚可使用年限分期摊销。

2. 租入固定资产的改建支出，按照合同约定的剩余租赁期限分期摊销。

所谓固定资产的改建支出，是指改变房屋或者建筑物结构、延长使用年限等发生的支出。

改建的固定资产延长使用年限的，除前述规定外，应当适当延长折旧年限。

3. 固定资产的大修理支出，按照固定资产尚可使用年限分期摊销，是指同时符合下列条件的支出。

（1）修理支出达到取得固定资产时的计税基础 50% 以上。

（2）修理后固定资产的使用年限延长 2 年以上。

4. 其他应当作为长期待摊费用的支出，自支出发生月份的次月起，分期摊销，摊销年限不得低于 3 年。

（五）投资资产

投资资产，是指企业对外进行权益性投资和债权性投资形成的资产。企业对外投资期间，投资资产的成本在计算应纳税所得额时不得扣除。企业在转让或者处置投资资产时，投资资产的成本，准予扣除。投资资产按照以下方式确定成本。

1. 通过支付现金方式取得的投资资产，以购买价款为成本。

2. 通过支付现金以外的方式取得的投资资产，以该资产的公允价值和支付的相关税费为成本。

（六）存货

存货，是指企业持有以备出售的产品或者商品、处在生产过程中的在产品、在生产或者提供劳务过程中耗用的材料和物料等。存货按照以下方法确定成本。

1. 通过支付现金方式取得的存货，以购买价款和支付的相关税费为成本。

2. 通过支付现金以外的方式取得的存货，以该存货的公允价值和支付的相关税费为成本。

3. 生产性生物资产收获的农产品，以产出或者采收过程中发生的材料费、人工费和分摊的间接费用等必要支出为成本。

企业使用或者销售存货，按照规定计算的存货成本，准予在计算应纳税所得额时扣除。

企业使用或者销售的存货的成本计算方法，可以在先进先出法、加权平均法、个别计价法中选用一种。计价方法一经选用，不得随意变更。

（七）资产损失

资产损失，是指企业在生产经营活动中实际发生的、与取得应税收入有关的资产损失，包括现金损失，存款损失，坏账损失，贷款损失，股权投资损失，固定资产和存货的盘亏、毁损、报废、被盗损失，自然灾害等不可抗力因素造成的损失以及其他损失。企业发生上述资产损失，应在按税法规定实际确认或者实际发生的当年申报扣除。

企业以前年度发生的资产损失未能在当年税前扣除的，可以按照规定，向税务机关说明并进行专项申报扣除。其中，属于实际资产损失，准予追补至该项损失发生年度扣除，其追补确认期限一般不得超过5年。企业因以前年度实际资产损失未在税前扣除而多缴的企业所得税税款，可在追补确认年度企业所得税应纳税款中予以抵扣，不足抵扣的，向以后年度递延抵扣。

六、企业所得税应纳税额的计算

企业所得税的应纳税额的计算公式为：

$$应纳税额=应纳税所得额×适用税率-减免税额-抵免税额$$

其中的减免税额和抵免税额，是指依照《企业所得税法》和国务院的税收优惠规定减征、免征和抵免的应纳税额。

企业取得的下列所得已在境外缴纳的所得税税额，可以从其当期应纳税额中抵免，抵免限额为该项所得依照规定计算的应纳税额；超过抵免限额的部分，可以在以后5个年度内，用每年抵免限额抵免当年应抵税额后的余额进行抵补：（1）居民企业来源于中国境外的应税所得；（2）非居民企业在中国境内设立机构、场所，取得发生在中国境外但与该机构、场所有实际联系的应税所得。

已在境外缴纳的所得税税额，是指企业来源于中国境外的所得依照中国境外税收法律以及相关规定应当缴纳并已经实际缴纳的企业所得税性质的税款。

抵免限额，是指企业来源于中国境外的所得，依照规定计算的应纳税额。

5 个年度，是指从企业取得的来源于中国境外的所得，已经在中国境外缴纳的企业所得税性质的税额超过抵免限额的当年的次年起连续 5 个纳税年度。

自 2017 年 7 月 1 日起，企业可以选择按国别（地区）分别计"分国（地区）不分项"，或者不按国别（地区）汇总计算"不分国（地区）不分项"其来源于境外的应纳税所得额，按照规定的税率，分别计算其可抵免境外所得税税额和抵免限额。上述方式一经选择，5 年内不得改变。

居民企业从其直接或间接控制的外国企业分得的来源于中国境外的股息、红利等权益性投资收益，外国企业在境外实际缴纳的所得税税额中属于该项所得负担的部分，可以作为该居民企业的可抵免境外所得税税额，在规定的抵免限额内抵免。

直接控制是指居民企业直接持有外国企业 20% 以上股份，间接控制是指居民企业以间接持股方式持有外国企业 20% 以上股份。在计算企业境外股息所得的可抵免所得税额和抵免限额时，由企业直接或者间接持有 20% 以上股份的外国企业，限于按照相关法规规定的持股方式确定的五层外国企业。企业按规定抵免企业所得税税额时，应当提供中国境外税务机关出具的税款所属年度的有关纳税凭证。

【例 3-1】某企业 2020 年度实现销售收入 1 000 万元、利润总额 200 万元，全年发生的与生产经营活动有关的业务招待费支出 10 万元，持有国债取得的利息收入 3 万元，除上述两项外无其他纳税调整项目。已知企业所得税税率为 25%。计算企业 2020 年度企业所得税应纳税额。

【解析】企业发生的业务招待费支出，按照发生额的 60% 扣除，但最高不得超过当年销售（营业）收入的 5‰。10×60%=6（万元），1 000×5‰=5（万元），6 万元 >5 万元，所以准予在计算应纳税所得额时扣除 5 万元，应调增 10-5=5（万元）；企业持有国债取得的利息收入属于免税收入，应调减 3 万元。故该企业 2020 年度企业所得税应纳税额的计算过程为（200+5-3）×25%=50.5（万元）。

【例3-2】某机械设备制造企业2020年度实现销售收入3 000万元，发生符合条件的广告费和业务宣传费支出350万元，上年度未在税前扣除完的符合条件的广告费和业务宣传费支出60万元。计算该企业2020年度应纳税所得额时，允许扣除的广告费和业务宣传费支出。

【解析】企业发生的符合条件的广告费和业务宣传费支出，除国务院财政、税务主管部门另有规定外，不超过当年销售（营业）收入15%的部分，准予扣除；超过部分，准予在以后纳税年度结转扣除。3 000×15%=450（万元），350+60=410（万元），410万元＜450万元，允许扣除410万元。

【例3-3】甲企业2020年的会计利润为1 000万元，当年发生一项研发活动，共发生研发费用100万元，其中与研发活动直接相关的其他费用12万元。假设无其他纳税调整事项，计算甲企业2020年应缴纳企业所得税。

【解析】与研发活动直接相关的其他费用不得超过可加计扣除研发费用总额的10%，所以该项研发活动其他相关费用限额=（100-12）×10%÷（1-10%）=9.78（万元），小于实际发生数12万元，则允许加计扣除的研发费用=100-12+9.78=97.78（万元），甲企业2020年应缴纳企业所得税=（1000-97.78×75%）×25%=231.67（万元）。

【例3-4】某工业企业为居民企业，2020年发生经营业务如下：全年取得产品销售收入为5 600万元，发生产品销售成本4 000万元；其他业务收入800万元，其他业务成本660万元；取得国债利息收入40万元；缴纳税金及附加300万元；发生管理费用760万元，其中新技术的研究开发费用为60万元、业务招待费用70万元；发生财务费用200万元；取得直接投资其他非上市居民企业的权益性收益34万元（已在投资方所在地按15%的税率缴纳了所得税）；取得营业外收入100万元，发生营业外支出250万元（其中含公益性捐赠38万元）。

要求：计算该企业2020年应纳的企业所得税。

【解析】

第一步：求利润总额

（1）利润总额=销售收入+其他业务收入+国债利息收入+投资收益+营业外收入-销售成本-其他业务成本-税金及附加-管理费用-财务费用-营业外支出=5 600+800+40+34+100-4 000-660-300-760-200-250=404（万元）。

第二步：纳税调整

（2）国债利息收入免征企业所得税，应调减所得额 40 万元。

（3）技术开发费调减所得额 =60×75%=45（万元）。

（4）按实际发生业务招待费的 60% 计算 =70×60%=42（万元）。

按销售（营业）收入的 5‰ 计算 =（5 600+800）×5‰=32（万元）。

按照规定税前扣除限额应为 32 万元，实际应调增应纳税所得额 =70-32=38（万元）。

（5）取得直接投资其他非上市居民企业的权益性收益属于免税收入，应调减应纳税所得额 34 万元。

（6）捐赠扣除标准 =404×12%=48.48（万元）。

实际捐赠额 38 万元小于扣除标准 48.48 万元，可按实捐数扣除，不作纳税调整。

第三步：计算应纳税所得额和应纳税额

（7）应纳税所得额 =404-40-45+38-34=323（万元）。

（8）该企业 2020 年应缴纳企业所得税 =323×25%=80.75（万元）。

七、企业所得税税收优惠

我国企业所得税的税收优惠包括免税收入、可以减免税的所得、优惠税率、民族自治地方的减免税、加计扣除、抵扣应纳税所得额、加速折旧、减计收入、抵免应纳税额和其他专项优惠政策。企业同时从事适用不同企业所得税待遇的项目的，其优惠项目应当单独计算所得，并合理分摊企业的期间费用；没有单独计算的，不得享受企业所得税优惠。

（一）免税收入

免税收入，是指属于企业的应税所得，但是按照税法规定免予征收企业所得税的收入。企业的免税收入包括以下几项。

1. 国债利息收入。是指企业持有国务院财政部门发行的国债取得的利息收入。

2. 符合条件的居民企业之间的股息、红利等权益性投资收益。是指居民企业直接投资于其他居民企业取得的投资收益。

3.在中国境内设立机构、场所的非居民企业从居民企业取得与该机构、场所有实际联系的股息、红利等权益性投资收益，不包括连续持有居民企业公开发行并上市流通的股票不足 12 个月取得的投资收益。

4.符合条件的非营利组织的收入，不包括非营利组织从事营利性活动取得的收入，但国务院财政、税务主管部门另有规定的除外。对非营利组织从事非营利性活动取得的收入给予免税，但从事营利性活动取得的收入则要征税。

（二）减、免税所得

1.企业从事下列项目的所得，免征企业所得税。

（1）蔬菜、谷物、薯类、油料、豆类、棉花、麻类、糖料、水果、坚果的种植。

（2）农作物新品种的选育。

（3）中药材的种植。

（4）林木的培育和种植。

（5）牲畜、家禽的饲养。

（6）林产品的采集。

（7）灌溉、农产品初加工、兽医、农技推广、农机作业和维修等农、林、牧、渔服务业项目。

（8）远洋捕捞。

2.企业从事下列项目的所得，减半征收企业所得税。

（1）花卉、茶以及其他饮料作物和香料作物的种植。

（2）海水养殖、内陆养殖。

3.从事国家重点扶持的公共基础设施项目投资经营的所得。

国家重点扶持的公共基础设施项目，是指《公共基础设施项目企业所得税优惠目录》规定的港口码头、机场、铁路、公路、城市公共交通、电力、水利等项目。

（1）企业从事上述国家重点扶持的公共基础设施项目的投资经营的所得，自项目取得第 1 笔生产经营收入所属纳税年度起，第 1 年至第 3 年免征企业所得税，第 4 年至第 6 年减半征收企业所得税。

（2）企业承包经营、承包建设和内部自建自用上述项目，不得享受上述企业所得税优惠。

4. 从事符合条件的环境保护、节能节水项目的所得。

符合条件的环境保护、节能节水项目，包括公共污水处理、公共垃圾处理、沼气综合开发利用、节能减排技术改造、海水淡化等。项目的具体条件和范围由国务院财政、税务主管部门会商国务院有关部门制定，报国务院批准后公布施行。

企业从事上述规定的符合条件的环境保护、节能节水项目的所得，自项目取得第 1 笔生产经营收入所属纳税年度起，第 1 年至第 3 年免征企业所得税，第 4 年至第 6 年减半征收企业所得税。

5. 符合条件的技术转让所得。

符合条件的技术转让所得免征、减征企业所得税，是指一个纳税年度内，居民企业技术转让所得不超过 500 万元的部分，免征企业所得税；超过 500 万元的部分，减半征收企业所得税。其计算公式为：

技术转让所得=技术转让收入-技术转让成本-相关税费

6. 非居民企业所得。

在中国境内未设立机构、场所的，或者虽设立机构、场所但取得的所得与其所设机构、场所没有实际联系的非居民企业，其取得的来源于中国境内的所得，减按 10% 的税率征收企业所得税。下列所得可以免征企业所得税。

（1）外国政府向中国政府提供贷款取得的利息所得。

（2）国际金融组织向中国政府和居民企业提供优惠贷款取得的利息所得。

（3）经国务院批准的其他所得。

7. 从 2014 年 11 月 17 日起，对人民币合格境外机构投资者（RQFII）取得来源于中国境内的股票等权益性投资资产转让所得，暂免征收企业所得税。

（三）小型微利企业、高新技术企业和技术先进型服务企业税收优惠

1. 小型微利企业

符合条件的小型微利企业，减按 20% 的税率征收企业所得税。

符合条件的小型微利企业，是指从事国家非限制和禁止行业，并符合下列条件的企业。

（1）工业企业，年度应纳税所得额不超过100万元，从业人数不超过100人，资产总额不超过3 000万元。

（2）其他企业，年度应纳税所得额不超过100万元，从业人数不超过80人，资产总额不超过1 000万元。

从业人数，包括与企业建立劳动关系的职工人数和企业接受的劳务派遣用工人数。

从业人数和资产总额指标，应按企业全年的季度平均值确定。具体计算公式如下：

$$季度平均值=（季初值+季末值）÷2$$
$$全年季度平均值=全年各季度平均值之和÷4$$

年度中间开业或者终止经营活动的，以其实际经营期作为一个纳税年度确定上述相关指标。

依据财税〔2019〕13号关于实施小微企业普惠性税收减免政策的通知，自2018年1月1日至2020年12月31日，将小型微利企业的年应纳税所得额上限由50万元提高至100万元，对年应纳税所得额低于100万元（含100万元）的小型微利企业，其所得减按50%计入应纳税所得额，按20%的税率缴纳企业所得税。自2019年1月1日起，大幅放宽可享受企业所得税优惠的小型微利企业标准，同时加大所得税优惠力度，对小型微利企业年应纳税所得额不超过100万元、100万元到300万元的部分，分别减按25%、50%计入应纳税所得额，使税负降至5%和10%。

2.高新技术企业和技术先进型服务企业

国家需要重点扶持的高新技术企业，减按15%的税率征收企业所得税。自2017年1月1日起，对经认定的技术先进型服务企业（服务贸易类），减按15%的税率征收企业所得税。

（四）民族自治地方的减免税

民族自治地方的自治机关对本民族自治地方的企业应缴纳的企业所得税中属于地方分享的部分，可以决定减征或者免征。自治州、自治县决定减征或者免征的，须报省、自治区、直辖市人民政府批准。

对民族自治地方内国家限制和禁止行业的企业，不得减征或者免征企业所得税。

（五）加计扣除

企业的下列支出，可以在计算应纳税所得额时加计扣除。

1. 研究开发费用

研究开发费用的加计扣除，是指企业为开发新技术、新产品、新工艺发生的研究开发费用，未形成无形资产计入当期损益的，在按照规定据实扣除的基础上，按照研究开发费用的 75% 加计扣除；形成无形资产的，按照无形资产成本的 175% 摊销。企业开展研发活动中实际发生的研发费用，未形成无形资产计入当期损益的，在按规定据实扣除的基础上，自 2021 年 1 月 1 日起，再按照实际发生额的 100% 在税前加计扣除；形成无形资产，自 2021 年 1 月 1 日起，按照无形资产成本的 200% 在税前摊销。

下列行业不适用税前加计扣除政策：烟草制造业；住宿和餐饮业；批发和零售业；房地产业；租赁和商务服务业；娱乐业；财政部和国家税务总局规定的其他行业。

2. 安置残疾人员及国家鼓励安置的其他就业人员所支付的工资

企业安置残疾人员所支付的工资的加计扣除，是指企业安置残疾人员的，在按照支付给残疾职工工资据实扣除的基础上，按照支付给残疾职工工资的 100% 加计扣除。企业安置国家鼓励安置的其他就业人员所支付的工资的加计扣除办法，由国务院另行规定。

（六）应纳税所得额抵扣

创业投资企业采取股权投资方式投资于未上市的中小高新技术企业 2 年以上的，可以按照其投资额的 70% 在股权持有满 2 年的当年抵扣该创业投资企业的应纳税所得额；当年不足抵扣的，可以在以后纳税年度结转抵扣。公司制创业投资企业采取股权投资方式直接投资于种子期、初创期科技型企业满 2 年（24 个月）的，可以按照投资额的 70% 在股权持有满 2 年的当年抵扣该公司制创业投资企业的应纳税所得额；当年不足抵扣的，可以在以后纳税年度结转抵扣。

有限合伙制创业投资企业采取股权投资方式直接投资于初创科技型企业满 2 年的，该合伙创投企业的法人合伙人可以按照对初创科技型企业投资额的 70% 抵扣法人合伙人从合伙创投企业分得的所得；当年不足抵扣的，可以在以后纳税年度结转抵扣。

有限合伙制创业投资企业采取股权投资方式投资于未上市的中小高新技术企业满 2 年（24 个月）的，其法人合伙人可按照对未上市中小高新技术企业投资额的 70% 抵扣该法人合伙人从该有限合伙制创业投资企业分得的应纳税所得额，当年不足抵扣的，可以在以后纳税年度结转抵扣。

（七）加速折旧和设备、器具一次性税前扣除

企业的固定资产由于技术进步等原因，确需加速折旧的，可以缩短折旧年限或者采取加速折旧的方法。可以采取缩短折旧年限或者采取加速折旧的方法的固定资产，包括以下两项。

1. 由于技术进步，产品更新换代较快的固定资产。

2. 常年处于强震动、高腐蚀状态的固定资产。

采取缩短折旧年限方法的，最低折旧年限不得低于税法规定折旧年限的 60%；采取加速折旧方法的，可以采取双倍余额递减法或者年数总和法。

对符合相关条件的生物药品制造业，专用设备制造业，铁路、船舶、航空航天和其他运输设备制造业，计算机、通信和其他电子设备制造业，仪器仪表制造业，信息传输、软件和信息技术服务业等行业企业，2014 年 1 月 1 日后购进的固定资产（包括自行建造）；对符合相关条件的轻工、纺织、机械、汽车等四个领域重点行业的企业，2015 年 1 月 1 日后新购进的固定资产，允许按不低于企业所得税法规定折旧年限的 60% 缩短折旧年限，或选择采取双倍余额递减法或年数总和法进行加速折旧。上述重点行业企业是指以上述行业业务为主营业务，其固定资产投入使用当年的主营业务收入占企业收入总额 50%（不含）以上的企业。

企业在 2018 年 1 月 1 日至 2020 年 12 月 31 日期间新购进（包括自行建造）的设备、器具，单位价值不超过 500 万元的，允许一次性计入当期成本费用在计算应纳税所得额时扣除，不再分年度计算折旧。

（八）减计收入

企业以《资源综合利用企业所得税优惠目录》规定的资源作为主要原材料，生产国家非限制和禁止并符合国家和行业相关标准的产品取得的收入，减按 90% 计入收入总额。原材料占生产产品材料的比例不得低于优惠目录规定的标准。

（九）应纳税额抵免

企业购置并实际使用《环境保护专用设备企业所得税优惠目录》《节能节水专用设备企业所得税优惠目录》《安全生产专用设备企业所得税优惠目录》规定的环境保护、节能节水、安全生产等专用设备的，该专用设备的投资额的 10% 可以从企业当年的应纳税额中抵免；当年不足抵免的，可以在以后 5 个纳税年度结转抵免。享受上述规定的企业所得税优惠的企业，应当实际购置并自身实际投入使用上述规定的专用设备；企业购置上述专用设备在 5 年内转让、出租的，应当停止享受企业所得税优惠，并补缴已经抵免的企业所得税税款。

购置并实际使用的环境保护、节能节水和安全生产专用设备，包括承租方企业以融资租赁方式租入的、并在融资租赁合同中约定租赁期届满时租赁设备所有权转移给承租方企业，且符合规定条件的上述专用设备。凡融资租赁期届满后租赁设备所有权未转移至承租方企业的，承租方企业应停止享受抵免企业所得税优惠，并补缴已经抵免的企业所得税税款。

（十）西部地区的减免税

对设在西部地区以《西部地区鼓励类产业目录》中新增鼓励类产业项目为主营业务，且其当年度主营业务收入占企业收入总额 70% 以上的企业，自 2014 年 10 月 1 日起，可减按 15% 税率缴纳企业所得税。

八、企业所得税征收管理

（一）纳税地点

1. 居民企业的纳税地点

除税收法律、行政法规另有规定外，居民企业以企业登记注册地为纳税地点；但登记注册地在境外的，以实际管理机构所在地为纳税地点。

2. 非居民企业的纳税地点

非居民企业在中国境内设立机构、场所的，以机构、场所所在地为纳税地点。非居民企业在中国境内设立两个或者两个以上机构、场所的，经税务机关审核批准，可以选择由其主要机构、场所汇总缴纳企业所得税。在中国境内未设立机构、场所的，或者虽设立机构、场所但取得的所得与其所设机构、场所没有实际联系的非居民企业，以扣缴义务人所在地为纳税地点。

非居民企业经批准汇总缴纳企业所得税后，需要增设、合并、迁移、关闭机构、场所或者停止机构、场所业务的，应当事先由负责汇总申报缴纳企业所得税的主要机构、场所向其所在地税务机关报告；需要变更汇总缴纳企业所得税的主要机构、场所的，依照前述规定办理。

（二）纳税期限

企业所得税按年计征，分月或者分季预缴，年终汇算清缴，多退少补。纳税年度自公历 1 月 1 日起至 12 月 31 日止。

企业在一个纳税年度中间开业，或者终止经营活动，使该纳税年度的实际经营期不足 12 个月的，应当以其实际经营期为 1 个纳税年度。企业依法清算时，应当以清算期间作为 1 个纳税年度。

企业应当自年度终了之日起 5 个月内，向税务机关报送年度企业所得税纳税申报表，并汇算清缴，结清应缴应退税款。

企业在年度中间终止经营活动的，应当自实际经营终止之日起 60 日内，向税务机关办理当期企业所得税汇算清缴。

（三）纳税申报

按月或按季预缴的，应当自月份或者季度终了之日起 15 日内，向税务机关报送预缴企业所得税纳税申报表，预缴税款。

企业在报送企业所得税纳税申报表时，应当按照规定附送财务会计报告和其他有关资料。

企业应当在办理注销登记前，就其清算所得向税务机关申报并依法缴纳企业所得税。

企业分月或者分季预缴企业所得税时，应当按照月度或者季度的实际利润额预缴；按照月度或者季度的实际利润额预缴有困难的，可以按照上一纳税年度应纳税所得额的月度或者季度平均额预缴，或者按照经税务机关认可的其他方法预缴。预缴方法一经确定，该纳税年度内不得随意变更。

企业在纳税年度内无论盈利或者亏损，都应当依照规定期限，向税务机关报送预缴企业所得税纳税申报表、年度企业所得税纳税申报表、财务会计报告和税务机关规定应当报送的其他有关资料。

企业所得税以人民币计算，所得以人民币以外的货币计算的，应当折合成人民币计算并缴纳税款。

企业所得以人民币以外的货币计算的，预缴企业所得税时，应当按照月度或者季度最后 1 日的人民币汇率中间价，折合成人民币计算应纳税所得额。

年度终了汇算清缴时，对已经按照月度或者季度预缴税款的，不再重新折合计算，只就该纳税年度内未缴纳企业所得税的部分，按照纳税年度最后一日的人民币汇率中间价，折合成人民币计算应纳税所得额。

经税务机关检查确认，企业少计或者多计前述规定的所得的，应当按照检查确认补税或者退税时的上一个月最后 1 日的人民币汇率中间价，将少计或者多计的所得折合成人民币计算应纳税所得额，再计算应补缴或者应退的税款。

第二节　企业所得税筹划思路与案例

案例一　合理选择公司模式的筹划方法

罗先生欲投资办一个小型微利企业，预计企业将实现年盈利 20 万元，请问以何种方式组建公司可得最大税收利益？

方案展示

方案一：

方案二：

方案对比

方案一：成立有限责任公司

企业所得税 =20×25%×20%=1（万元）

个人所得税 =（20-1）×20%=3.8（万元）

税后收益 =20-1-3.8=15.2（万元）

方案二：成立个人独资企业

个体工商户的生产、经营所得和对企事业单位的承包经营、承租经营所得个人所得税税率如下表所示。

个人所得税税率表

级数	全年应纳税所得额	税率	速算扣除数
1	不超过 30 000 元的	5%	0
2	超过 30 000～90 000 元的部分	10%	1 500
3	超过 90 000～300 000 元的部分	20%	10 500
4	超过 300 000～500 000 元的部分	30%	40 500
5	超过 500 000 元的部分	35%	65 500

按照上表的相关规定，则罗先生本年应该缴纳的税款为：

个人所得税 =20×20%-1.05=2.95（万元）

税后收益 =20-2.95=17.05（万元）

专家点评

该企业成立有限责任公司，按照企业所得税法的规定，符合规定条件的小型微利企业（包括采取查账征收和核定征收方式的企业），均可按照规定享受小型微利企业所得税优惠政策。小型微利企业所得税优惠政策，包括企业所得税减按20% 征收（以下简称减低税率政策），以及财税〔2019〕13 号文件规定的优惠政策。

该企业成立个人独资公司，根据企业所得税法的规定，个体工商户的生产、经营所得和对企事业单位的承包经营、承租经营所得适用 5%～35% 的五级超额累进税率。同时，个人独资企业和合伙企业的个人投资者取得的生产经营所得也适用 5%～35% 的五级超额累进税率。

应选择方案 2，纳税人罗先生的这一举动是法律规定所许可的，在纳税行为之前进行筹划，并达到了一定的节税效果。

案例二　分公司、子公司哪个划算选哪个

华天公司是一家拥有甲、乙两家分公司的集团公司，2020 年公司本部实现利润 4 000 万元，其分公司甲实现利润 700 万元，分公司乙亏损 500 万元，该企业所得税税率为 25%。

方案展示

方案一：华天公司将甲、乙两家公司作为分公司，采取统一纳税的方式。

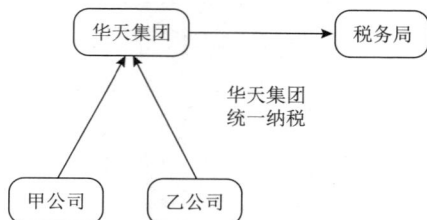

方案二：华天公司将甲、乙两家公司换成子公司，采取分别纳税的方式。

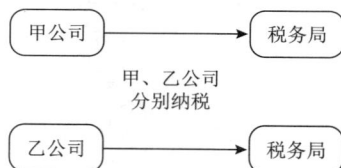

方案对比

方案一：

华天公司继续按照企业以前的规定，将甲、乙两家公司作为分公司，分公司不具有独立法人资格，不是企业所得税的纳税人。分公司作为总机构的分支机构，应当和总机构汇总计算并缴纳企业所得税。

则该企业本年应该缴纳的所得税为：

（4 000+700-500）×25%=1 050（万元）

方案二：

对于子公司而言，子公司是作为独立法人，实行独立核算并独立申报纳税，是

完全独立的纳税人，承担全面的纳税义务。

如果上述甲、乙两家公司换成子公司，总体税收就发生了变化。假设甲、乙两家子公司的所得税率仍为 25%。公司本部应纳企业所得税 =4 000×25%=1 000（万元），甲公司应纳企业所得税 =700×25%=175（万元），乙公司由于 2020 年度发生亏损，则该年度不应交纳企业所得税。那么，华天公司 2020 年度应纳企业所得税为：1 000+175=1 175（万元），高出总分公司整体税收：1 175-1 050=125（万元）。

专家点评

（1）根据《国家税务总局关于印发〈跨地区经营汇总纳税企业所得税征收管理办法〉的公告》（国家税务总局公告 2012 年第 57 号）（以下简称"税总 2012年 57 号公告"）规定，居民企业在中国境内跨地区（指跨省、自治区、直辖市和计划单列市，下同）设立不具有法人资格分支机构的，该居民企业为跨地区经营汇总纳税企业（以下简称汇总纳税企业）。汇总纳税企业实行"统一计算、分级管理、就地预缴、汇总清算、财政调库"的企业所得税征收管理办法。

汇总纳税企业按照《企业所得税法》规定汇总计算的企业所得税，包括预缴税款和汇算清缴应缴应退税款，50% 在各分支机构间分摊，各分支机构根据分摊税款就地办理缴库或退库；50% 由总机构分摊缴纳，其中 25% 就地办理缴库或退库，25% 就地全额缴入中央国库或退库。

（2）对于以总机构名义进行生产经营的非法人分支机构，无法提供汇总纳税企业分支机构所得税分配表，也无法提供"税总 2012 年 57 号公告"第二十三条规定的相关证据证明其二级及以下分支机构身份的，应视同独立纳税人计算并就地缴纳企业所得税。

（3）因此，对于分公司的企业所得税管理：符合规定条件的汇总纳税的分公司，实行"就地预缴、汇总清算"；无法提供汇总纳税企业分支机构所得税分配表，又无法证明分支机构的，按照独立纳税人就地缴纳企业所得税；分公司实行独立核算、不汇总纳税的，按照独立纳税人就地缴纳企业所得税。

应选择方案 1，华天企业的这一举动是法律规定所许可的，在纳税行为之前进行筹划，并达到了一定的节税效果。

案例三　改良变修理

温实集团 2020 年 2 月对一台生产设备进行大修理（3 月完工），该设备的原值为 500 万元，发生修理费用 120 万元，其中：购买大修理用配件、材料取得增值税专用发票注明货款为 100 万元，增值税额为 13 万元，由企业内部人员进行修理，支付工资 3 万元。修理后该设备经济使用寿命延长不到 2 年，仍用于原用途。

方案展示

方案一： 温实集团按照企业资产改良的相关规定，将本次修理改善支出计入企业的资产中，并按期计提折旧。

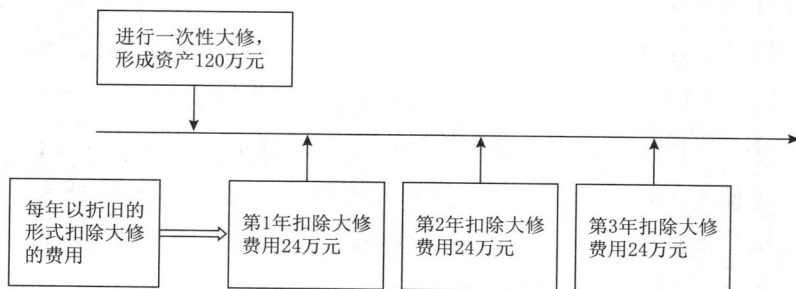

方案二： 温实集团将本次修理支出拆分为 3 次小修理活动进行，按照资产的日常修理进行处理。

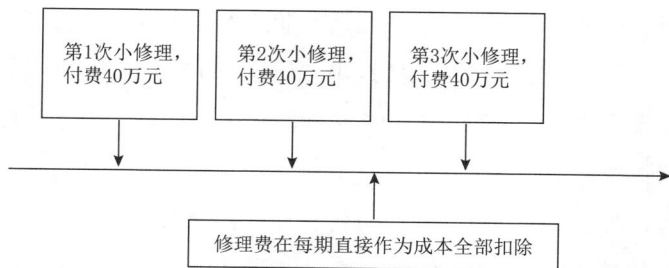

方案对比

方案一：

企业的全部修理支出为 120 万元，占企业固定资产原值的比例大于 20%，因此应该视为资产改良，进行相应的纳税调整，调增应纳税所得额 118 万元（120-120÷60），并在剩下的 5 年内予以摊销。

方案二：

固定资产修理是指为保持固定资产的正常运转和使用而恢复固定资产原有性能的行为。固定资产修理按其修理范围的大小、修理时间的长短和修理费用的多少分为固定资产大修理和固定资产经常修理。

固定资产修理不会增加资产的经济利益，也不会提高资产的效率，其费用在发生时计入当期费用。如果修理费用的发生不均衡，而且数额较大，可以采用待摊或预提的方法。预提法的基本要求是，在固定资产大修理之前，于每一会计期间按照固定资产原值的一定比例估计大修理费用，计入当期费用并在账上负债账户（通常为"预提费用"）中进行累计。因此，企业的固定资产修理支出将直接计入企业的费用，并在本期冲减相应的应纳税额。

温实集团如果将固定资产改良尽可能地转变为大修理或分解为三次修理能获得可观的经济收益。

专家点评

税法规定：《企业所得税税前扣除办法》（国税发〔2000〕84号）第三十一条规定，纳税人的固定资产修理支出可在发生当期直接扣除。纳税人的固定资产改良支出，如有关固定资产尚未提足折旧，可增加固定资产价值；如有关固定资产已提足折旧，可作为递延费用，在不短于5年的期间内平均摊销。符合下列条件之一的固定资产修理，应视为固定资产改良支出。

（1）发生的修理支出达到固定资产原值20%以上。

（2）经过修理后有关资产的经济使用寿命延长2年以上。

（3）经过修理后的固定资产被用于新的或不同的用途。

按照原国税发〔2000〕84号的规定，这里是否含本数没有明确说明，通常情况下理解（仅限于理解）是含本数的。但是还应该注意"修理支出达到固定资产原值20%以上"不是唯一标准，如果达到（2）、（3）任何一条情形的修理费，税法都要求进行资本化处理。

由于会计制度与税法对固定资产改良支出的处理存在较大差异，在年终申报所得税时应按照税法的规定进行纳税调整。企业当年度提取的固定资产折旧大于税法规定的提取数或摊销数，则应当按照其差额部分进行纳税调整，即超过部分不得在税前扣除，应调整增加应纳税所得额；企业当年度提取的固定资产折旧小于或等于税法规定的提取数或摊销数，则应按实际提取的固定资产折旧额在税前扣除，不作任何纳税调整。因此，方案一需要按照企业资产改良的相关规定进行处理。

方案一对于企业而言，没有风险，企业严格按照企业所得税法的要求，调增本年的应纳税所得额，增加企业的税收。

方案二通过合理筹划的方式，将企业的支出数额在一定的期间内分别投入企业的固定资产中，将企业的资产改良转换为企业的资产修理，即可以将企业的两次投入都转化为费用，计入当期损益扣减当期的应纳税额，因此温实集团可以选择第二种方法进行合理筹划。

当然，第二种处理的方法，比较费时费力。

案例四　合理选择顾客优惠方式，企业多收益

乐天商贸公司是增值税一般纳税人，企业所得税实行查账征收方式。假定每销售 100 元商品，其平均商品成本为 60 元。年末商场决定开展促销活动，拟定"满100送20"，即每销售 100 元的商品，送出 20 元的优惠。具体方案有如下几种选择：

方案展示

方案一：

方案二：

方案三：

方案四：

方案五：

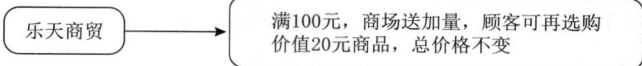

方案对比

方案一：满就送折扣。

这一方案企业销售 100 元商品，收取 80 元，只需在销售票据金额栏上注明折扣额，销售收入可按折扣后的金额计算，假设商品增值税率为 13%，企业所得税税率为 25%，则：应纳增值税 =（80÷1.13）×13%-（60÷1.13）×13%=2.30（元）；销售毛利润 =80÷1.13-60÷1.13=17.70（元）；应纳企业所得税 =17.70×25%=4.43（元）；税后净收益 =17.70-4.43=13.27（元）。

方案二：满就送赠券。

按此方案企业销售 100 元商品，收取 100 元，但赠送折扣券 20 元，则顾客相当于获得了下次购物的折扣期权，商场本笔业务应纳税及相关获利情况为：

应纳增值税 =（100÷1.13）×13%-（60÷1.13）×13%=4.60（元）；

销售毛利润 =100÷1.13-60÷1.13=35.40（元）；

应纳企业所得税 =35.40×25%=8.85（元）；

税后净收益 =35.40-8.85=26.55（元）。

但当顾客下次使用折扣券时，商场就会出现按方案一计算的纳税及获利情况，因此与方案一相比，方案二仅比方案一多了流入资金增量部分的时间价值而已，也可以说是"延期"折扣。

方案三：满就送礼品。

此方案下，企业的赠送礼品行为是有偿赠送行为，不应视同销售行为，不计算销项税额（其实礼品的销项税额隐含在企业销售满 100 元的商品的销项税额当中，只是没有剥离出来而已。因此对于礼品的进项税额应允许其申报抵扣，赠送礼品时也不应该单独再次计算销项税额）。但根据国税函〔2008〕828 号的规定，要计算企业所得税，不过礼品是外购的，其销售收入和成本都是采购成本 12 元，相关计算如下：

应纳增值税 =（100÷1.13）×13%-（60÷1.13）×13%-（12÷1.13）×13%=3.22（元）；

税法规定，为其他单位和部门的有关人员发放现金、实物等应按规定代扣代缴个人所得税；税款由支付单位代扣代缴。为保证让利顾客 20 元，商场赠送的价值 20 元的商品应不含个人所得税额，该税应由商场承担，因此赠送该商品时商场需代顾客偶然所得缴纳的个人所得税额为 =20÷（1+20%）×20%=3.3（元）；

销售毛利润 =100÷1.13-60÷1.13+12÷1.13-12÷1.13=35.40（元）；

应纳企业所得税 =35.40×25%=8.85（元）；

税后净收益 =35.40-8.85-3.3=23.25（元）。

方案四：满就送现金。

商场返还现金行为也属于商业折扣，与方案一相比只是定率折扣与定额折扣的区别，相关计算如下。

在这种情况下，所赠送的现金也要缴纳个人所得税，且由商家承担。

应交增值税 =（100÷1.13）×13%-（60÷1.13）×13%=4.60（元）；

应交个人所得税 =20÷（1+20%）×20%=3.3（元）；

销售毛利润 =100÷1.13-60÷1.13=35.40（元）；

应纳企业所得税 =35.40×25%=8.85（元）；

企业利润 =100÷1.13-60÷1.13-20-3.3=12.1（元）；

税后净收益 =12.1-8.85=3.25（元）。

方案五：满就送加量。

按此方案，商场为购物满 100 元的商品实行加量不加价的优惠。商场收取的销售收入没有变化，但由于实行捆绑式销售，避免了"无偿赠送"之嫌，因而加量部分成本可以正常列支，相关计算如下：

增值税 =（100÷1.13）×13%-（60÷1.13）×13%-（12÷1.13）×13%=3.22（元）；

销售毛利润 =100÷1.13-60÷1.13-12÷1.13=24.78（元）；

应纳企业所得税 =24.78×25%=6.19（元）；

税后净收益 =24.78-6.19=18.59（元）。

在以上方案中，方案一与方案五相比，即再把 20 元的商品（成本是 12 元）作正常销售相关计算如下：应纳增值税 =（20÷1.13）×13%-（12÷1.13）×13%=0.92（元）；销售毛利润 =20÷1.13-12÷1.13=7.08（元）；应纳企业所得税 =7.08×25%=1.77（元）；税后净收益 =7.08-1.77=5.31（元）。

专家点评

上述的方案一至方案五均属于法律允许的范围内，都是安全空间内的操作。

按上面方案，方案一可最终可获税后净利 =13.27+5.31=18.58（元），与方案五大致相等。若仍作折扣销售，则税后净收益还是有一定差距，方案五优于方案一。且方案一的再销售能否及时实现具有不确定性，因此还得考虑存货占用资金的时间价值。

综上所述，商场"满就送"的最佳方案为赠送折扣券的促销方式，其次为赠送礼品方案，再次为"满就送加量——加量不加价"的方式，最后是打折酬宾，而返还现金的方式为不可取。

案例五 以前年度亏损怎么弥补

某企业 2014 年度发生年度亏损 100 万元，假设该企业 2014 年~2020 年各纳税年度应纳税所得额如下表所示。

2014年~2020年纳税年度应纳税所得额

年份	2014	2015	2016	2017	2018	2019	2020
应纳税所得额	-100	10	10	20	30	10	600

请计算该企业 2020 年应当缴纳的企业所得税，并提出筹划方案。

方案展示

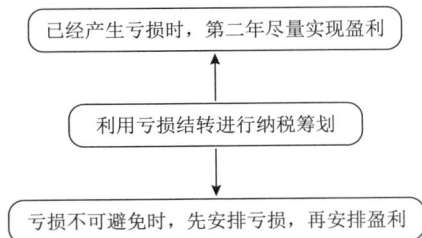

根据税法关于亏损结转的规定，该企业 2014 年的 100 万元亏损，可分别用 2015 年~2019 年的 10 万元、10 万元、20 万元、30 万元和 10 万元来弥补，由于 2015 年~2019 年的总计应纳税所得额为 80 万元，低于 2014 年度的亏损，这样，从 2014 年~2019 年，该企业都不需要缴纳企业所得税。2020 年度的应纳税所得只能弥补 5 年以内的亏损，也就是说，不能弥补 2014 年度的亏损。由于 2015 年以来该企业一直没有亏损，因此，2020 年度应当缴纳企业所得税：600×25%=150（万元）。

从该企业各年度的应纳税所得额来看，该企业的生产经营一直朝好的方向发展。2019年度之所以应纳税所得额比较少，可能是因为增加了投资，或者增加了各项费用的支出，或者进行了公益捐赠等。由于2014年度仍有未弥补完的亏损，因此，如果企业能够在2019年度进行纳税筹划，压缩成本和支出，尽量增加企业的收入，将2019年度的应纳税所得额提高到30万元，同时，2019年度压缩的成本和支出可以在2020年度予以开支，这样，2019年度的应纳税所得额为30万元，2020年度的应纳税所得额为580万元。

根据税法亏损弥补的相关规定，该企业在2019年度的应纳税所得额可以用来弥补2014年度的亏损，而2020年度的应纳税所得额则要全部计算缴纳企业所得税。这样，该企业在2020年度应当缴纳企业所得税：580×25%=145（万元）。减少企业所得税应纳税额：150-145=5（万元）。

专家点评

《中华人民共和国企业所得税法》第18条规定，企业纳税年度发生的亏损，准予向以后年度结转，用以后年度的所得弥补，但结转年限最长不得超过5年。弥补亏损期限，是指纳税人某纳税年度发生亏损，准予用以后年度的应纳税所得弥补，一年弥补不足的，可以逐年连续弥补，弥补期最长不得超过5年，5年内不论是盈利还是亏损，都作为实际弥补年限计算。这一规定为纳税人进行纳税筹划提供了空间，纳税人可以通过对本企业支出和收益的控制来充分利用亏损结转的规定，将能够弥补的亏损尽量弥补。

这里面有两种方法可以采用：如果某年度发生了亏损，企业应当尽量使邻近的纳税年度获得较多的收益，也就是尽可能早地将亏损予以弥补；如果企业已经没有需要弥补的亏损或者企业刚刚组建，而亏损在最近几年又是不可避免的，那么，应该尽量先安排企业亏损，然后再安排企业盈利。

需要注意的是，企业的年度亏损额是按照税法规定的方法计算出来的，不能利用多算成本和多列工资、招待费、其他支出等手段虚报亏损。企业必须正确地计算申报亏损，才能通过纳税筹划获得合法利益，否则，为了亏损结转而虚报亏损有可能导致触犯税法而受到法律的惩处。

自2018年1月1日起，当年具备高新技术企业或科技型中小企业资格（统称资格）的企业，其具备资格年度之前5个年度发生的尚未弥补完的亏损，准予结转以后年度弥补，最长结转年限由 5 年延长至 10 年。上述所称高新技术企业，是指按照《科技部 财政部 国家税务总局关于修订印发〈高新技术企业认定管理办法〉的通知》（国科发政〔2016〕32 号）规定认定的高新技术企业；上述所称科技型中小企业，是指按照《科技部 财政部 国家税务总局关于印发〈科技型中小企业评价办法〉的通知》（国科发政〔2017〕15 号）规定取得科技型中小企业登记编号的企业。

案例六　学会筹资纳税筹划

乐天股份有限公司计划筹措 1 000 万元资金用于某产品生产线的建设，对于企业而言需要筹措 1 000 万元的资金用于该生产线的投产建设，目前乐天股份有限公司有三种方案可以筹措该项资金，并且对于企业而言三种方案的借款年利率都为 8%，企业所得税税率都为 25%，三种方案的息税前利润都为 100 万元。

方案展示

方案一：

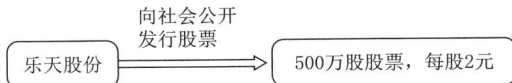

方案二：

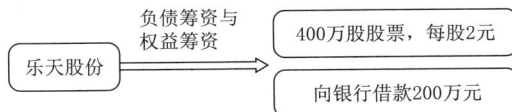

方案三：

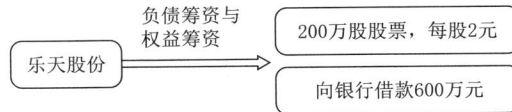

三种方案的投资利润率

项目	A	B	C
负债资本额（万元）	0	200	600
权益资本额（万元）	1 000	800	400
负债比例	0	20%	60%
息税前利润（万元）	100	100	100

续上表

项目	A	B	C
利息（万元）	0	16	48
税前利润（万元）	100	84	52
所得税税额（万元）	25	21	13
税后利润（万元）	75	63	39
税前投资收益率	10%	10.5%	13%
税后投资收益率	7.5%	7.875%	9.75%

方案对比

企业的筹资作为一个相对独立的行为，对企业经营、理财业绩的影响，主要是通过企业整体资本结构的变动而发生作用的。因此，在分析企业筹资的税收筹划时，需要考虑以下两个方面的问题：一是筹资结构的变动对企业经营绩效与整体税负的影响；二是企业应如何合理调整筹资结构，以同时实现节税与所有者总体收益最大化的双重目标。筹资结构是由企业筹资方式决定的，不同的筹资方式，将形成不同的税前、税后资金成本。企业筹资方式主要有：发行股票、吸收直接投资、利用留存收益、向银行借款、利用商业信用、发行公司债券、融资租赁等。其中，通过发行股票、吸收直接投资、利用留存收益等方式筹集的资金属于企业的权益资金，通过向银行借款、利用商业信用、发行公司债券、融资租赁等方式筹集的资金属于负债资金。所有这些筹资方式基本上都可满足企业从事生产经营的资金需要，但就税收负担而言，这些筹资方式产生的税收后果却彼此迥异。

如果仅就税收负担而言，并不考虑企业最优资本结构问题，负债筹资较权益筹资的效果要好。这是因为负债筹资所支付的借款利息等可以在所得税前作为一项财务费用加以扣除，具有一定的抵税作用，能够降低企业的资金成本。而权益筹资所支付的股息等则不能在所得税前扣除，因而所得税税负会相对重一些。

从以上可以看出，随着负债筹资比例的提高（从0%到20%到60%），企业应纳所得税税额呈递减趋势（从25万元减为21万元，再减至13万元），税后投资收益率呈递增趋势（从7.5%上升为7.875%，再上升为9.75%）。从而显示了负债筹资的节税效应。

在上述三种方案中，方案三无疑是最佳的税收筹划方案。但是否在任何情况下，采用负债筹资方案都是有利的呢？利用筹资无差别点，给出分析企业筹资税收筹划最佳方案的一般方法。所谓筹资无差别点是指两种筹资方式下，每股净利润相等时的息税前利润点。具体计算公式为（不考虑优先股）：

[（筹资无差别点 - 筹资方式Ⅰ的年利息）×（1- 税率）]÷ 筹资方式Ⅰ下普通股股份数 =[（筹资无差别点 - 筹资方式Ⅱ的年利息）×（1- 税率）]÷ 筹资方式Ⅱ下普通股股份数

将上表中的有关数据代入公式，负债筹资与权益筹资的无差别点为：[（筹资无差别点 -0）×（1-25%）]÷500 万股 =[（筹资无差别点 -16）×（1-25%）]÷400万股，通过计算求得筹资无差别点为 80 万元。即当息税前利润为 80 万元时，负债筹资与权益筹资的每股利润相等，当息税前利润大于 80 万元时，负债筹资比权益筹资较为有利；当息税前利润小于 80 万元时，则权益筹资较负债筹资有利。

专家点评

对于企业而言，上述三种筹资方案都可行并且不存在企业的经营风险的情况下，根本问题在于如何筹资才可以降低企业的实际税负，才是对于企业而言最有利的筹资举措。

另外，在进行负债筹资的所得税税收筹划时，还需注意以下几个问题。

1. 利息资本化问题。资本性利息支出（如企业开办期间的利息支出、建造固定资产在资产尚未交付使用或者虽已交付使用，但尚未办理竣工决算以前发生的借款利息等）不得作为费用一次性从应税所得中扣除。而生产经营期间发生的利息支出可计入财务费用。因此，为了实现纳税筹划，企业应尽可能加大筹资利息支出计入财务费用的份额，缩短筹建期和资产的购建周期。

2. 利息扣除标准问题。我国《企业所得税暂行条例》规定，纳税人在生产经营期间，向金融机构借款的利息支出，按照实际发生数扣除；向非金融机构借款的利息支出，包括纳税人之间相互拆借的利息支出，按照不高于金融机构同类、同期贷款利率计算的数额以内的部分准予扣除，超过部分不得在税前扣除。

3. 关联方借款利息问题。企业从关联方取得的借款金额超过其注册资本 50%的，超过部分的利息支出，不得在税前扣除。

案例七　发钱还是发物

华天实业为一家建筑施工企业，每天在高温期间将为全体职工提供降温费，每人每月 1 500 元，单位内部一共有 500 人，共计 750 000 元。本年度，企业可以选择两种方式发放降温费。本年度工人的整体工资共计 5 200 000 元。

方案展示

方案一：

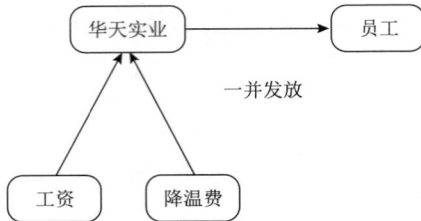

直接以货币形式方法，和工人工资一起于下月初发放。

方案二：

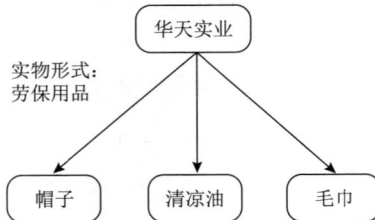

方案对比

方案一：

税法规定企业职工福利费包括以下三项内容。

1.尚未实行分离办社会职能的企业，其内设福利部门所发生的设备、设施和人员费用，包括职工食堂、职工浴室、理发室、医务所、托儿所、疗养院等集体福利部门的设备、设施及维修保养费用和福利部门工作人员的工资薪金、社会保险费、住房公积金、劳务费等。

2.为职工卫生保健、生活、住房、交通等所发放的各项补贴和非货币性福利，包括企业向职工发放的因公外地就医费用、未实行医疗统筹企业职工医疗费用、职工供养直系亲属医疗补贴、供暖费补贴、职工防暑降温费、职工困难补贴、救济费、职工食堂经费补贴、职工交通补贴等。

3. 按照其他规定发生的其他职工福利费，包括丧葬补助费、抚恤费、安家费、探亲假路费等。由此可以看出，企业发生的防暑降温支出可以发放职工防暑降温费的方式作为职工福利费列支。

但企业发生的防暑降温支出作为职工福利费列支有一个限制条件，就是职工福利费支出总额不能超过工资薪金总额14%。另外企业发生的职工福利费，还应该单独设置账册，进行准确核算。没有单独设置账册准确核算的，税务机关将责令企业在规定的期限内进行改正。逾期仍未改正的，税务机关可对企业发生的职工福利费进行合理的核定。

如果企业发生的包括职工防暑降温费在内的职工福利费支出总额超过了工资薪金总额14%，那么即使是合理的支出也是不能在税前扣除的。

对于华天实业而言，本年度工人的工资共计 5 200 000 元，福利费的抵扣限额728 000 元，超过限额的部分不得再税前抵扣，需要进行相应的纳税调整。因此，企业本年对于应纳税额应该调增 22 000 元。

方案二：

税法规定企业发生的合理的劳动保护支出准予扣除。劳动保护支出的确认需要同时满足3个条件：一是必须是确因工作需要；二是为其雇员配备或提供；三是限于工作服、手套、安全保护用品、防暑降温品等用品。准予扣除的劳动保护支出，必须是企业已经实际发生的劳动保护支出，同时还必须是合理的劳动保护支出。

由此可见，防暑降温用品属于劳动保护支出的范围，并且只要是合理的就准予税前扣除，没有限额规定，这显然对企业是最为有利的。

专家点评

企业实际发生的防暑降温支出，从税务规划的角度看发物比发钱好，只要是合理的就可以在计算企业所得税时扣除，但超过规定标准发放的部分还需要计算扣缴个人所得税，因此，如果企业的职工福利费支出比较多，或者企业不能对发生的职工福利费进行准确核算，为了防范税务风险，企业最好不要发放职工防暑降温费，而应采用发放防暑降温用品的方式。

案例八　合理选择免税期

华悦公司，假定其从事国家重点扶持的公共基础设施项目的投资经营的所得（符合三免三减半企业所得税优惠规定），原计划于2014年11月份开始生产经营，当年预计会有亏损，从2015年度至2020年度，每年预计应纳税所得额分别为100万元、500万元、600万元、800万元、1 200万元和1 800万元。

方案展示

方案一：企业从2014年开始计算生产经营日期。

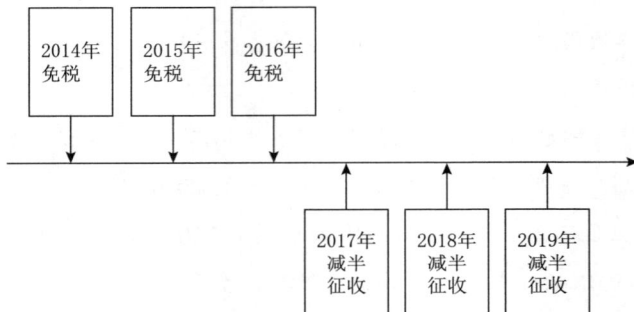

2014年免税	2015年免税	2016年免税

2017年减半征收	2018年减半征收	2019年减半征收

方案二：企业从2015年开始计算生产经营日期。

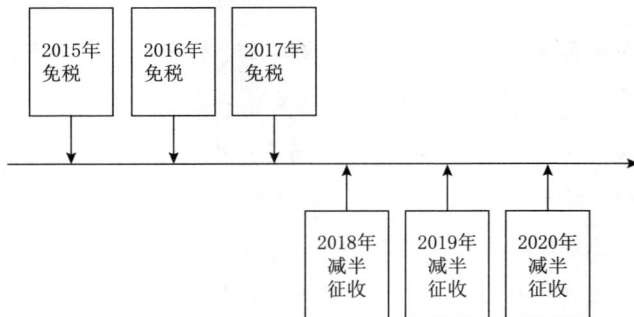

2015年免税	2016年免税	2017年免税

2018年减半征收	2019年减半征收	2020年减半征收

方案对比

方案一：

该企业从2014年开始生产经营，应当计算享受税收优惠的期限。该公司2014年至2016年度可以享受免税待遇，不需要缴纳企业所得税。从2017年度到2019年度可以享受减半征税的待遇，因此，需要缴纳企业所得税：（600+800+1 200）×25%×50%=325（万元）。2020年度不享受税收优惠，需要缴纳企业所得税：1 800×25%=450（万元）。因此，该企业从2014年度到2020年度合计需要缴纳企业所得税：325+450=775（万元）。

方案二：

如果该企业将生产经营日期推迟到 2015 年 1 月 1 日，这样，2015 年度就是该企业享受税收优惠的第一年，从 2015 年到 2017 年，该企业可以享受免税待遇，不需要缴纳企业所得税。从 2018 年到 2020 年，该企业可以享受减半征收企业所得税的优惠待遇，需要缴纳企业所得税：（800+1 200+1 800）×25%×50%=475（万元）。经过企业所得税纳税筹划，减轻税收负担：775-475=300（万元）。

专家点评

企业所得税的一些定期优惠政策是从企业取得生产经营所得的年度开始计算的，如果企业从年度中间甚至年底开始生产经营，则该年度将作为企业享受税收优惠政策的第 1 年。由于该年度的生产经营所得非常少，因此，企业是否享受减免税政策意义并不是很大。此时，企业就应当恰当选择享受税收优惠的第一个年度，适当提前或者推迟进行生产经营活动的日期。华悦公司在选择方案一比方案二需要多承担 300 万元的税收，企业可以选择方案二。但是，方案二对于华悦公司存在一定的风险，需要合理进行选择。

案例九　企业合理利用税收优惠少花钱

乐天公司为一家制药企业，其下属一家子公司为化妆品制造公司，适用企业所得税率均为 25%，未享受企业所得税优惠政策。乐天公司为了不断扩大化妆品企业的市场份额，每年乐天公司还是要投入相当金额的广告宣传费用于企业形象宣传。以 2020 年为例，当年的财务预算预计投入广告宣传费用 480 万元。乐天公司本年度的营业收入总额为 3 000 万元，该化妆品子公司的营业收入为 1 700 万元。

方案展示

方案一：继续由乐天公司支付广告宣传费。

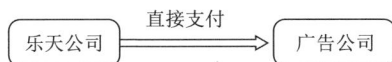

方案二：将广告宣传费用由下属子公司直接支付。

方案对比

方案一：

根据所得税法的规定，乐天公司可以在税前抵扣的限额为 3 000×15%=450（万元），因此企业支付的超过 450 万元的部分属于企业本年度不能税前抵扣的费用，应该继续纳税调增，调增应纳税所得额 30 万元，企业需要多缴纳企业所得税 30×0.25=7.5（万元）。

方案二：

根据所得税法的规定，化妆品制造、医药制造和饮料制造（不含酒类制造，下同）企业发生的广告费和业务宣传费支出，不超过当年销售（营业）收入 30% 的部分可以在所得税前予以扣除，因此，该子公司本年度的扣除限额为 1 700×30%=510（万元），全部广告费支出都可以在税前继续扣除。

专家点评

《企业所得税法实施条例》第四十四条规定，企业发生的符合条件的广告费和业务宣传费支出，除国务院财政、税务主管部门另有规定外，不超过当年销售（营业）收入 15% 的部分，准予扣除；超过部分，准予在以后纳税年度结转扣除。财政部、国家税务总局《关于部分行业广告费和业务宣传费税前扣除政策的通知》（财税〔2017〕41 号）规定，自 2016 年 1 月 1 日起至 2020 年 12 月 31 日，对化妆品制造、医药制造和饮料制造（不含酒类制造，下同）企业发生的广告费和业务宣传费支出，不超过当年销售（营业）收入 30% 的部分，准予扣除；超过部分，准予在以后纳税年度结转扣除。烟草企业的烟草广告费和业务宣传费支出，一律不得在计算应纳税所得额时扣除。

由此可见，目前国家对不同行业所发生的广告宣传费税前扣除政策不一致，有些行业在当年按不超过销售（营业）收入 15% 比例扣除，有些行业在当年按不超过销售（营业）收入 30% 比例扣除，而有的行业则不允许在税前扣除。

经过上述比较可知，方案二对于企业而言可以节约税款 7.5 万元，而且二者的操作均属于法律允许的范围内，乐天企业可以选择方案二以实现节税的目的。

案例十　存货计价巧用计

物问商贸有限公司 2020 年度 12 月份主要库存甲商品的收发情况如下表所示，

该公司 12 月份共计销售甲商品 5 000 件。销售收入 500 万元，该公司适用的所得税率为 25%。企业的收发存情况如下表所示：

企业的收发存情况

日期	摘要	收入			发出	结存		
		数量	单价	金额		数量	单价	金额
12.1	月初结存					1 000	400	400 000
12.5	购入	2 000	400	800 000				
12.10	销售				2 000			
12.15	购入	4 000	500	2000 000				
12.20	销售				3 000			
12.25	购入	1 000	600	600 000				
12.31	合计	7 000		3400 000	5 000	3 000		

方案展示

方案一：企业采用先进先出法。

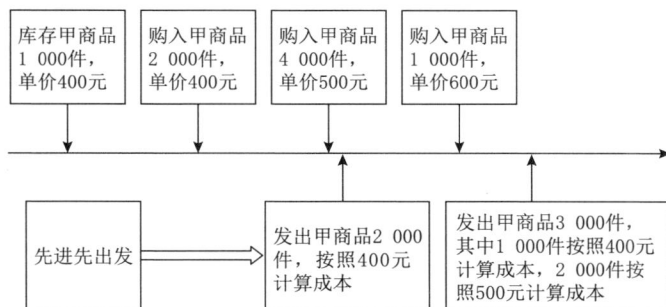

方案二：企业采用移动加权平均法。

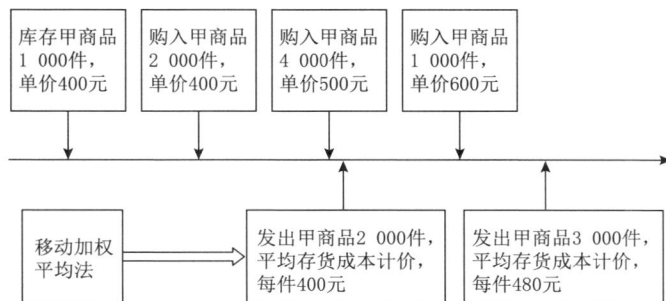

方案对比

方案一：企业按照先进先出法核算出来的企业的存货发出成本为：

1 000×400+2 000×400+2 000×500=220（万元）

因此，物问商贸有限公司 2020 年 12 月的主营业务成本为 220 万元，可以进行抵扣的所得税额为 220 万元。

方案二：企业按照移动加权平均法计算得出的存货发出成本为：

2 000×400+3 000×[（1 000×400+4 000×500）÷（1 000+4 000）]=224（万元）

因此，物问商贸有限公司 2020 年度 12 月份的主营业务成本为 224 万元，可以进行抵扣的所得税额为 224 万元，较方案一多抵扣 4 万元。

专家点评

存货计价方法是一种企业会计账务处理方法。存货计价方法的选择是制定企业会计政策的一项重要内容。选择不同的存货计价方法将会导致不同的报告利润和存货估价，并对企业的税收负担、现金流量产生影响。

中国《企业会计准则》规定："各种存货发出时，企业可以根据实际情况，选择使用先进先出法、加权平均法、移动平均法、个别计价法等方法确定其实际成本。"

1. 先进先出法

先进先出法是假定先收到的存货先发出或先收到的存货先耗用，并根据这种假定的存货流转次序对发出存货和期末存货进行计价的一种方法。

采用这种方法，先购入的存货成本在后购入存货成本之前转出，据此确定发出存货和期末存货的成本。具体方法是：收入存货时，逐笔登记收入存货的数量、单价和金额；发出存货时，按照先进先出的原则逐笔登记存货的发出成本和结存金额。

先进先出法可以随时结转存货发出成本，但较烦琐；如果存货收发业务较多、且存货单价不稳定时，其工作量较大。

在物价持续上升时，期末存货成本接近于市价，而发出成本偏低，会高估企业当期利润和库存存货价值；反之，会低估企业存货价值和当期利润。

2. 移动加权平均法

移动加权平均法是指每次收货后，立即根据库存存货数量和总成本，计算出新的平均单价或成本的一种方法。

计算公式：

本次发货前存货的单位成本=（库存原有存货的实际成本+本次进货的实际

成本）÷（原有库存存货数量+本次进货数量）

本次发出存货的成本=本次发出存货的数量×本次发货前存货的单位成本

本月月末库存存货成本=月末库存存货的数量×本月月末存货单位成本

采用移动平均法能够使企业管理者及时了解存货的结存情况，计算的平均单位成本以及发出和结存的存货成本比较客观。但由于每次收货都要计算一次平均单价，计算工作量较大，对收发货较频繁的企业不适用。

物问商贸有限公司在购进物品的价格持续走高的情况下，采用移动加权平均法可以使企业当期发出存货的成本增加，从而增加其纳税抵扣额，对于企业而言是有好处的，但是由于每次收货都要计算一次平均单价，计算工作量较大，如果在物问商贸有限公司收发货较频繁的情况下是不适用的。

案例十一　企业如何好心拥有大收益

华文企业 2019 年和 2020 年预计会计利润分别为 100 万元和 100 万元，企业所得税率为 25%。该企业为提高其产品知名度及竞争力，树立良好的社会形象，决定向贫困地区捐赠 20 万元。共提出三套方案：

方案展示

方案一：2019 年年底直接捐给某贫困地区。

方案二：2019 年年底通过省级民政部门捐赠给贫困地区。

方案三：2019 年年底通过省级民政部门捐赠 10 万元，2020 年年初通过省级民政部门捐赠 10 万元

方案对比

方案一：该企业 2019 年直接向贫困地区捐赠 20 万元不得在税前扣除，当年应纳企业所得税为 25 万元（100×25%）。

方案二：该企业 2019 年通过省级民政部门向贫困地区捐赠 20 万元，只能在税前扣除 12 万元（100×12%），超过 12 万元的部分不得在税前扣除，当年应纳企业所得税为 22 万元 [（100-100×12%）×25%]。

方案三：该企业分两年进行捐赠，由于 2019 年和 2020 年的会计利润均为 100 万元，因此每年捐赠的 10 万元均没有超过扣除限额 12 万元，均可在税前扣除。2019 年和 2020 年每年应纳企业所得税均为 22.5 万元 [（100-10）×25%]。

通过比较，该企业采取第三种方案最好，尽管都是对外捐赠 20 万元，但方案三与方案二相比可以节税 2 万元（8×25%），与方案一比较可节税 5 万元（20×25%）。

专家点评

《企业所得税法实施条例》第五十一条规定，公益性捐赠是指企业通过公益性社会团体或者县级以上人民政府及其部门，用于《公益事业捐赠法》规定的公益事业的捐赠。《企业所得税法实施条例》第五十三条规定，企业发生的公益性捐赠支出，不超过年度利润总额 12% 的部分，准予扣除。年度利润总额，是指企业依照国家统一会计制度的规定计算的年度会计利润。

公益事业的捐赠支出，是指《中华人民共和国公益事业捐赠法》规定的向公益事业的捐赠支出，具体范围包括：

（一）救助灾害、救济贫困、扶助残疾人等困难的社会群体和个人的活动；

（二）教育、科学、文化、卫生、体育事业；

（三）环境保护、社会公共设施建设；

（四）促进社会发展和进步的其他社会公共和福利事业。

公益性社会团体指依据国务院发布的《基金会管理条例》和《社会团体登记管理条例》的规定，经民政部门依法登记、符合以下条件的基金会、慈善组织等公益性社会团体：

（一）符合《中华人民共和国企业所得税法实施条例》第五十二条第（一）项到第（八）项规定的条件；

（二）申请前 3 年内未受到行政处罚；

（三）基金会在民政部门依法登记 3 年以上（含 3 年）的，应当在申请前连续 2 年年度检查合格，或最近 1 年年度检查合格且社会组织评估等级在 3A 以上（含 3A），登记 3 年以下 1 年以上（含 1 年）的，应当在申请前 1 年年度检查合格或社会组织评估等级在 3A 以上（含 3A），登记 1 年以下的基金会具备本款第（一）项、第（二）项规定的条件；

（四）公益性社会团体（不含基金会）在民政部门依法登记 3 年以上，净资产不低于登记的活动资金数额，申请前连续 2 年年度检查合格，或最近 1 年年度检查合格且社会组织评估等级在 3A 以上（含 3A），申请前连续 3 年每年用于公益活动的支出不低于上年总收入的 70%（含 70%），同时需达到当年总支出的 50% 以上（含 50%）。

前款所称年度检查合格是指民政部门对基金会、公益性社会团体（不含基金会）进行年度检查，作出年度检查合格的结论；社会组织评估等级在 3A 以上（含 3A）是指社会组织在民政部门主导的社会组织评估中被评为 3A、4A、5A 级别，且评估结果在有效期内。

县级以上人民政府及其部门和第二条所称的国家机关均指县级（含县级，下同）以上人民政府及其组成部门和直属机构。

符合规定的基金会、慈善组织等公益性社会团体，可按程序申请公益性捐赠税前扣除资格：

（一）经民政部批准成立的公益性社会团体，可分别向财政部、国家税务总局、民政部提出申请；

（二）经省级民政部门批准成立的基金会，可分别向省级财政、税务（国、地税，下同）、民政部门提出申请。经地方县级以上人民政府民政部门批准成立的公益性社会团体（不含基金会），可分别向省、自治区、直辖市和计划单列市财政、税务、民政部门提出申请；

（三）民政部门负责对公益性社会团体的资格进行初步审核，财政、税务部门会同民政部门对公益性社会团体的捐赠税前扣除资格联合进行审核确认；

（四）对符合条件的公益性社会团体，按照上述管理权限，由财政部、国家税务总局和民政部及省、自治区、直辖市和计划单列市财政、税务和民政部门分别定期予以公布。

其中，企业在捐赠时需要注意的内容包括以下几方面。

（一）受赠单位要分清

1. 受赠单位必须是县级以上人民政府及其部门和直属机构。如果受赠单位是乡级人民政府或街道办事处，则不能税前扣除。

2. 向公益性社会团体发生的公益性捐赠支出，必须是企业所得税汇算清缴所属年度，且受赠单位是在财政、税务、民政等部门联合发布的名单上。反之，不能税前扣除。

（二）取的票据要合法

不能用行政事业单位结算票据税前扣除，而应提供省级以上（含省级）财政部门印制并加盖接受捐赠单位印章的公益性捐赠票据，或加盖接受捐赠单位印章的《非税收入一般缴款书》收据联，作为法定扣除凭证。

（三）捐赠跨期要分摊

实务中，有的企业发生一次性公益捐赠数额大且跨期时间长，应按权责发生制原则，分摊计入当期营业外支出。

（四）直接捐赠要调整

企业发生的直接捐赠支出，要纳税调增。如基于政府帮扶解困的定向性，企业根据政府及相关部门扶贫计划，直接向贫困村、农户、城市生活困难的居民、农村小学和特困学生等捐赠。虽然这种行为具有公益性，但不符合税法规定的公益性捐赠要件。

（五）利润不实要重算

实务中，企业先按自行编制的年度"利润表"预申报企业所得税，然后聘请会计师事务所进行会计报表审计发现会计核算差错，计算利润不实，就要对会计报表调整。企业应以调整后的利润总额，确定公益性捐赠税前扣除限额。

对于华文企业而言，方案一由于是直接捐赠行为，企业不能进行税前抵扣，对于企业而言是一种不划算的行为；方案二是可以进行税前抵扣的，但是通过省级民政部门向贫困地区捐赠20万元，只能在税前扣除12万元（100×12%），超过12万元的部分不得在税前扣除；方案三通过跨期捐赠，在各年度均可以进行税前扣除，因此对于企业而言是最合适的。

案例十二　股权转让有大学问

华文实业集团由甲、乙两个法人股东（均为居民企业）于 2011 年初出资 1 000 万元设立。甲的出资比例为 32%，乙为 68%。2020 年 6 月 30 日，华文实业集团所有者权益总额为 8 000 万元，其中实收资本 1 000 万元、盈余公积 1 200 万元、未分配利润 5 800 万元。

方案展示

方案一：直接签订股权转让协议，甲将其持有华文实业集团 32% 的股权全部转让给丙，甲、丙按该股权的公允价值 2 800 万元转让。

方案二：甲、乙企业达成协议，甲先按《公司法》规定的程序撤出 32% 的出资 1 000 万元，从华文实业集团获得 2 800 万元补偿，再由丙与华文实业集团签订增资协议，规定由丙出资 2 800 万元，占华文实业集团注册资本的 32%。

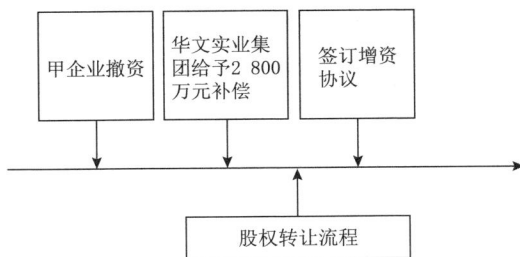

方案对比

方案一：在股权转让环节，甲企业应纳税所得额 =2 800-1 000×32%=2 480（万元），企业所得税 =2 480×25%=620（万元）。

方案二：按照国家税务总局公告 2011 年第 34 号的相关规定，则甲企业因撤资收回的 2 800 万元的补偿收入，其中 320 万元（初始投资 1 000×32%）属于投资收回，不缴企业所得税；按撤资比例 32% 计算的应享有华文实业集团的累计未分配利润和盈余公积 =（5 800+1 200）×32%=2 240（万元），应确认为股息所得，按规定可以免缴企业所得税；其余部分 =2 800-320-2 240=240（万元），应确认为股权转让所得，应交企业所得税=240×25%=60（万元），而丙的出资行为除增资应交印花税外，不涉及其他税收问题。

专家点评

《国家税务总局关于企业所得税若干问题的公告》（国家税务总局公告2011年第34号）第五条"投资企业撤回或减少投资的税务处理"规定，投资企业从被投资企业撤回或减少投资，其取得的资产中，相当于初始出资的部分，应确认为投资收回；相当于被投资企业累计未分配利润和累计盈余公积按减少实收资本比例计算的部分，应确认为股息所得；其余部分确认为投资资产转让所得。被投资企业发生的经营亏损，由被投资企业按规定结转弥补；投资企业不得调整减低其投资成本，也不得将其确认为投资损失。

根据《企业所得税法》及实施条例的有关规定，符合条件的居民企业之间的股息红利等权益性投资收益为免税收入。

"符合条件"是指居民企业直接投资于其他居民企业取得的投资收益，不包括连续持有居民企业公开发行并上市流通的股票不足12个月取得的投资收益。国家税务总局《关于落实企业所得税法若干税收问题的通知》（国税函〔2010〕79号）第三条"关于股权转让所得确认和计算问题"规定，企业转让股权收入，应于转让协议生效且完成股权变更手续时，确认收入的实现。转让股权收入扣除为取得该股权所发生的成本后，为股权转让所得。企业在计算股权转让所得时，不得扣除被投资企业未分配利润等股东留存收益中按该项股权所可能分配的金额。

可见，甲企业通过变"股权转让"为"先撤资再增资"，节约税收620-60=560（万元）。所以，企业变"股权转让"为"先撤资再增资"，则可合理节税，减少相当于按撤资比例计算的被投资企业累计未分配利润和盈余公积部分应缴纳的企业所得税。当然，企业撤资必须符合《公司法》关于减少注册资本的有关规定。

案例十三　合理选择商住楼开发模式

甲公司拟投入资金200万元与乙公司合作开发一个商住楼项目。甲公司可采取以下几种方法与乙公司合作：

方案展示

方案一：甲公司出资 200 万元与乙合作开发该商住楼。

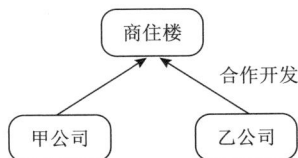

方案二：甲公司可通过银行把 200 万元出借给乙公司参与该商住楼开发。

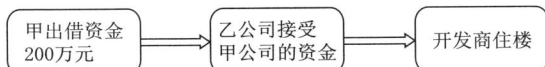

方案三：甲公司可以采取投资入股方式参与该商住楼开发。

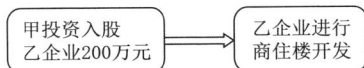

方案对比

方案一：合作开发

甲公司与乙公司合作开发该商住楼，1 年后所得为 40 万元，收入按税法规定作为项目收入分利，由于甲公司出资，收入不分摊任何成本。在公司分得 40 万元时，相当于公司将合作开发的商住楼中属于自己的部分转让给了乙公司，转让价格 240 万元，转让收入需缴纳不动产销售的增值税及附加费、土地增值税、印花税、所得税后方为所得。

方案二：出借资金

假如甲公司通过银行将 200 万元借给乙公司，利率为 5%，1 年后甲公司同样收回 40 万元，其作为利息收入应缴金融业增值税及附加、所得税后方为所得。

方案三：投资入股，商务楼完工销售后分回股利

由于甲、乙两个公司税率相同，公司 40 万元税后利润不需补税，即甲公司所获经济利益为 40 万元。

专家点评

从上面的比较可以看出，这三种方案单从节税角度考虑，第三种方案为最佳。即甲公司将 200 万元作为投资入股，分回的 40 万元税后利润不需要补税，成为甲公司实际获得的经济利益。

案例十四　母子公司划转转让股权

为优化股权结构，丙公司股东会作出决议，将其持有丁公司 40% 股权转让给甲公司，甲公司为丙公司的控股股东，乙公司为甲公司的全资子公司。

方案展示

方案：通过有偿转让，采取"两步走"操作方式。第一步，先提请股东会；第二步，再转让。

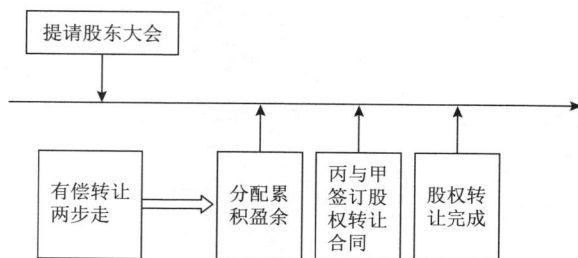

方案解析

第一步，先提请股东会，对丁公司历年累积盈余进行分配。丙公司对丁公司初始投资成本 800 万元。经资产评估机构对丁公司 2020 年 7 月 31 日各项资产、负债评估，净资产公允价值 3 900 万元，与账面净资产价值相等。其中，实收资本 2 000 万元，法定盈余公积 180 万元、未分配利润 1 720 万元，应分配股息、红利为：1 900×40%=760（万元）。根据《企业所得税法及实施条例》规定，居民企业直接投资于其他居民企业取得的投资收益，属于免税收入。

第二步，再转让。通过分配利润后，丙与甲商定的股权转让价格为：3 900×40%-760=800（万元），与计税成本相等，不需缴纳企业所得税。但是，本次股息、红利分配方案中，乙公司不参与，但保留其分配权利。另查阅丁公司资产负债表，税务师发现"短期借款"余额 3 000 万元，系从 A 银行借入。据了解，丁公司与 A 银行建立了良好的信用关系，从未违约。近几年来，丁公司生产规模不断扩大，所需资金均由 A 银行提供，且利率与其他银行相比，处于较低水平。但借款合同明确下列内容：如借款人违反本规定用途，在税前会计利润未用于清偿借款人在该年度内清偿的本金、利息和费用或者税前会计利润不足以清偿下一期本金、利息和费用时，借款人不得以任何形式向股东分配股息、红利。据丁公司财务部经理解释，此条款必须遵守，否则会失信于银行。因此，丙公司提出先分配股息、红利后出售股权"两步走"方案不可行，应按转让股权方式进行税务处理。

《国家税务总局关于贯彻落实企业所得税法若干问题的通知》（国税函〔2010〕79号）规定，企业在计算股权转让所得时，不得扣除被投资企业未分配利润等股东留存收益中按该股权所可能分配的金额。丙公司应缴纳企业所得税＝（1 560-800）×25%=190（万元）。

专家点评

关于企业重组业务企业所得税特殊性税务处理问题，《财政部 国家税务总局关于企业重组业务企业所得税处理若干问题的通知》（财税〔2009〕59号）、《国家税务总局关于发布〈企业重组业务企业所得税管理办法〉的公告》（国家税务总局公告2010年第4号）、《国家税务总局关于企业重组业务企业所得税征收管理若干问题的公告》（国家税务总局公告2015年第48号）、财税〔2014〕109号及国家税务总局公告2015年第40号等文件都作了相应规定，重组企业唯有严格对照执行才能实现预期的重组目的。

税务筹划应兼顾各方利益，不能"一厢情愿"。丙公司提出先分配股息、红利后转让方案，从税收政策层面无障碍，但要充分考虑丁公司的实际情况。如果丁公司资金充裕，无银行借款或借款合同中未明确特殊情形下不能分配股息、红利条款，通过"两步走"方式操作是可行的。

案例十五 预缴所得税的筹划

绿玉食用油有限公司2020年每月利润均衡实现10 000元，每月都有超过税法规定超计税工资等因素20 000元。

方案展示

方案一：如果每月都按实际数申报预缴企业所得税，按法定税率25%计算。

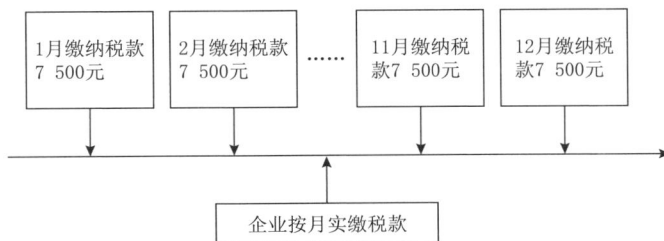

方案二：如果每月都按 10 000 元申报，按法定税率 25% 计算。

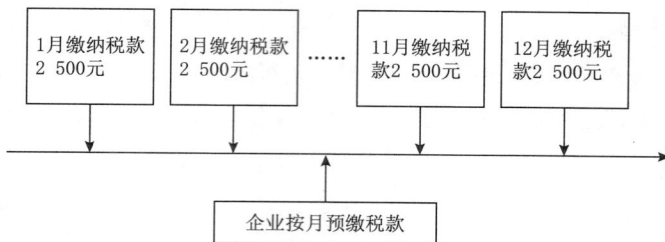

```
┌──────────┐  ┌──────────┐           ┌──────────┐  ┌──────────┐
│1月缴纳税款│  │2月缴纳税款│  ……      │11月缴纳税 │  │12月缴纳税 │
│2 500元   │  │2 500元   │           │款2 500元 │  │款2 500元 │
└──────────┘  └──────────┘           └──────────┘  └──────────┘
```

企业按月预缴税款

方案对比

方案一：企业每个月向税务局缴纳 7 500 元，一年合计缴纳 7 500×12=90 000（元）

方案二：企业每个月向税务局缴纳 2 500 元，一年合计缴纳 2 500×12=30 000（元），剩下的部分有企业的 12 月底全部缴清。企业在 1～11 月可以获得多余部分的流动资金，并且根据企业所得税法的规定，企业也无需缴纳加收滞纳金。

专家点评

企业所得税，按照当地主管税务机关的规定，或者分月或者分季预缴，不预缴是要受到处罚的。问题的关键在于企业如何做到合法地在预缴期间尽可能少预缴，特别是不要在年终形成预缴需退税的结果。

这样在企业一年的大部分经营期间里，就可拥有更多的流动资金。无须列出公式计算就可以知道这样做对企业生产经营的资金使用有不少好处！

根据《企业所得税暂行条例》第十五条规定："缴纳企业所得税，按年计算，分月或者分季预缴，年度终了后四个月内汇算清缴，多退少补。"如何预缴企业所得税呢？《企业所得税暂行实施细则》第四十六条规定："纳税人预缴有困难的，可以按上一年度应纳所得额的十二分之一或四分之一，或者经当地税务机关认可的其他方法分期预缴所得税，预缴方法一经确定，不得随意改变。"如何预缴企业所得税才能既不违反税收法规又能使企业更划算呢？我们知道，企业的会计利润是按照财会制度的规定计算的，而计算缴纳企业所得税的"应纳税所得额"是在会计利润的基础上，按照税法规定进行纳税调整而确定的。目前我国内资企业按照税法规定需要调整增加的项目金额，大多是"永久性差异"项目，要按照"应付税款法"计算纳税。这种纳税调整只是在每年预缴完所得税之后，年终后四十五日内进行。要想节省成本，增加可"流动"的资金又不违反税收法规，只有在预缴所得税和纳税调整上筹划。

如果企业预计今年的效益比上一年度要好，则可选择按上一年度应纳税所得额的一定比例预缴，反之，则应按实际数预缴。

案例十六　股权投资退出税务筹划

乐云股份有限公司（以下简称"乐云公司"）于 2016 年 1 月以 600 万元货币资金与天涯实业股份有限公司（以下简称"天涯公司"）投资成立了 S 商贸股份有限公司（以下简称"S 公司"），乐云公司占有 20% 的股权，天涯公司占有 80% 的股权。三家公司的注册地址均位于北京市。后因乐云公司经营策略调整，拟于 2020 年 11 月终止对 S 公司的投资，天涯公司有意收购乐云公司持有 S 公司的 20% 的股权。乐云公司终止投资时，S 公司的资产负债表简表如下图所示。

S公司资产负债表　　　　　　　　　　　　　　　单位：万元

资产		负债及所有者权益	
流动资产 4 000		流动负债 1 000	
其中：货币资金 3 000		其中：短期借款 1 000	
存货 1 000		长期负债 0	
长期投资 1 000		所有者权益 9 000	
固定资产 5 000		其中：实收资本 3 000	
机械设备 2 000		资本公积 1 000	
厂房 3 000		盈余公积 1 500	
其他资产 0		未分配利润 3 500	
资产总计：10 000		负债及股东权益总计：10 000	

经评估，S 公司净资产公允价值为 9 000 万元，乐云公司持有 20% 股权的公允价值为 1 800 万元。乐云公司终止投资有以下三种可行方案。

方案展示

（1）乐云公司直接将 20% 的股权以 1 800 万元的价格转让给天涯公司。

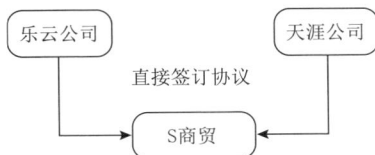

（2）乐云公司与天涯公司协商，先将 S 公司 3 500 万元未分配利润进行分配，乐云公司收回股息 700 万元，再以 1 100 万元的价格将 20% 的股权转让给天涯公司。

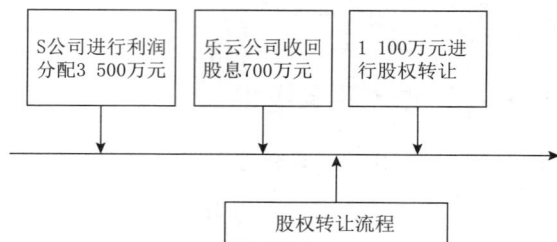

S公司进行利润分配 3 500万元	乐云公司收回股息 700万元	1 100万元进行股权转让

股权转让流程

（3）乐云公司与天涯公司协商，先将 S 公司 750 万元盈余公积和 3 500 万元未分配利润转增资本，再以 1 800 万元的价格将 20% 的股权转让给天涯公司。

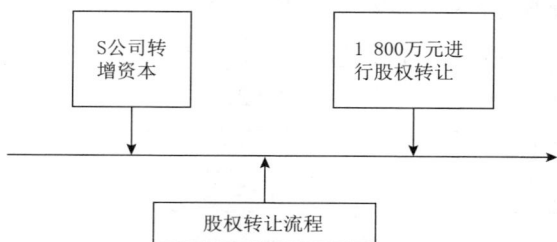

S公司转增资本	1 800万元进行股权转让

股权转让流程

方案对比

《中华人民共和国企业所得税法》第六条规定，"企业以货币形式和非货币形式从各种来源取得的收入，为收入总额。包括：……（三）转让财产收入……。"

《中华人民共和国企业所得税法实施条例》第十六条规定，"企业所得税法第六条第（三）项所称转让财产收入，是指企业转让固定资产、生物资产、无形资产、股权、债权等财产取得的收入。"

《国家税务总局关于贯彻落实企业所得税法若干税收问题的通知》（国税函〔2010〕79 号）第三条规定："企业转让股权收入，应于转让协议生效、且完成股权变更手续时，确认收入的实现。转让股权收入扣除为取得该股权所发生的成本后，为股权转让所得。企业在计算股权转让所得时，不得扣除被投资企业未分配利润等股东留存收益中按该项股权所可能分配的金额。"

因此，企业股权转让取得的收入属于企业所得税的征税范围，企业所得税是企业转让股权时应当考虑的核心税务因素。

（一）直接转让股权方案

乐云公司的税务成本及税后利润：

股权成本 =600（万元）

股权转让所得 =1 800（万元）

应纳税所得额 =1 800-600=1 200（万元）

应纳税额 =1 200×25%=300（万元）

税后净利润 =1200-300=900（万元）

采用直接转让股权方案，乐云公司的税务成本为 300 万元，税后净利润为 900 万元。

（二）先分配再转让股权方案

乐云公司的税务成本及税后利润：

1.S 公司作出利润分配决策，将 3 500 万元未分配利润向乐云公司和天涯公司进行分配。根据《中华人民共和国企业所得税法》第二十六条第（二）项以及《中华人民共和国企业所得税法实施条例》第八十三条，境内居民企业直接投资于其他境内居民企业取得的股息、红利等权益性投资收益属于企业所得税的免税收入。因此：

乐云公司取得股息收入 =3 500×20%=700（万元）

应纳税所得额 =0

应纳税额 =0

2.S 公司分配其 3 500 万元的未分配利润后，净资产公允价值减少为 5 500 万元。乐云公司持有 20% 的股权的公允价值为 1 100 万元。乐云公司以 1 100 万元的价格将 20% 的股权转让给天涯公司。

股权成本 =600（万元）

股权转让所得 =1 100（万元）

应纳税所得额 =1 100-600=500（万元）

应纳税额 =500×25%=125（万元）

税后净利润 =500-125=375（万元）

采用先分配再转让股权方案，乐云公司最终的税务成本为 125 万元，税后净利润为 1 075 万元。

（三）先转增资本再转让股权方案

乐云公司的税务成本及税后利润：

1.S 公司将其盈余公积与未分配利润转增资本。

根据《中华人民共和国公司法》第一百六十八条规定："公司的公积金用于弥补公司的亏损、扩大公司生产经营或者转为增加公司资本。法定公积金转为资本时，所留存的该项公积金不得少于转增前公司注册资本的百分之二十五。"

被投资公司将盈余公积和未分配利润转增资本，实际上是被投资公司先对其股东进行股息、红利的分配，再由股东将取得的股息、红利进行投资的行为。公司股东应当按照股息、红利等权益性投资收益的征免税规定进行企业所得税处理，并增加该项长期股权投资的计税基础。

S 公司目前共有未分配利润 3 500 万元，盈余公积 1 500 万元，根据公司法上述规定，可以转增资本的盈余公积为 750 万元，可以转增资本的未分配利润为 3 500 万元。转增资本后相关财务数据变化如下：

S 公司实收资本 =3 000+3 500+750=7 250（万元）

S 公司盈余公积、未分配利润相应减少 750 万元、3 500 万元。

S 公司所有者权益不变，净资产公允价值不变。

乐云公司持股成本 =7 250×20%=1 450（万元）

乐云公司持股公允价值不变。

2. 乐云公司以 1 800 万元的价格将 20% 的股权转让给天涯公司。

股权转让所得 =1 800（万元）

应纳税所得额 =1 800-1 450=350（万元）

应纳税额 =350×25%=87.5（万元）

税后净利润 =1 800-600-87.5=1 112.5（万元）

采用先转增资本再转让股权方案，乐云公司最终的税务成本为 87.5 万元，税后净利润为 1 112.5 万元。

专家点评

上述三种股权投资退出方案的税务成本存在很大差异，原因在于适用税收优惠的程度不同。

前已述及，境内居民企业之间取得的股息、红利等权益性投资收益免征企业所得税。直接转让股权方案完全没有利用这一税收优惠；在先分配再转让股权方案中，未分配利润按照持股比例部分利用了这一税收优惠，但盈余公积部分没有享受优惠；在先转增资再转让股份方案中，未分配利润和转增资本的盈余公积按持股比例享受了这一优惠，享受优惠的程度最大，因此其税务成本最低。

（一）原有架构无法节约税务成本

由于乐云公司作为 S 公司的企业股东，注册地位于北京市，适用 25% 的企业所得税税率，如果其当年没有可以弥补的亏损，则转让股权取得所得的企业所得税成本比较高。

（二）在境内低税负地区搭建持股平台，进一步节约税务成本

《中华人民共和国企业所得税法》第二十九条规定，民族自治地方的自治机关对本民族自治地方的企业应缴纳的企业所得税中属于地方分享的部分，可以决定减征或者免征。

新疆、西藏、广西等地区均具备国家层面和省级层面的税收优惠政策，可以成为境内企业搭建投资持股平台的目的地。以新疆喀什地区为例，该区域不仅享受国家西部大开发优惠政策，而且叠加享受国务院关于扶持新疆困难地区发展的优惠政策，同时也可以享受新疆维吾尔自治区层面的税收优惠政策，是境内企业搭建投资持股平台的"天堂"。

乐云公司可以在投资初始阶段制定税务架构方案，充分利用境内不同地区的税负差异，从而实现节约股权投资退出的税务成本。

乐云公司可以先在新疆喀什地区设立投资公司，再由投资公司向 S 公司进行股权投资。在喀什地区，符合条件的创业投资类新办企业自取得第一笔生产经营收入所属纳税年度起，五年内免征企业所得税。因此，投资公司的实际税负率为 0。按照上述先转增资再转让股权方案，投资公司转让股权的应纳税所得额为 350 万元，应纳税额为零，相较上述筹划方案进一步节省税务成本 87.5 万元。投资公司完成股权投资退出后，将股权转让所得按照股息、红利分配给乐云公司，乐云公司取得的股息、红利收入属于免税收入。通过上述税务架构方案，乐云公司不仅可以实现股权投资的目的，而且可以极大节约甚至免除其整个股权投资过程的税务成本。

案例十七　合理摊销企业筹建费

某企业 2012 年开始筹办，当年发生筹建期费用 900 万元，2013 年仍然处于筹建期，发生筹建期费用 1 500 万元。2014 年结束筹建期，并开始取得收入。企业的利润见下表：

2014 ~ 2020 年利润

	2014	2015	2016	2017	2018	2019	2020
利润（万元）	-500	-100	300	400	500	700	1 300

方案展示

方案一：开办费计入管理费用，2020 年一次扣除。

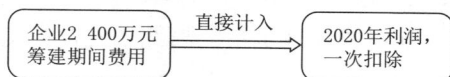

方案二：开办费按税法规定计入长期待摊费用科目，分 3 年摊销，每年摊销额为 800 万元。

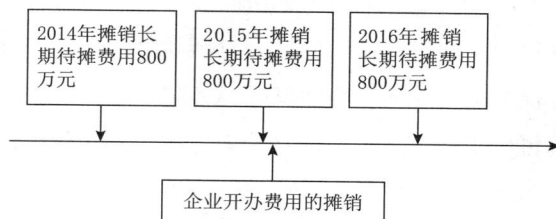

方案对比

方案一：

开办费计入管理费用，2020 年一次扣除：

2014 年税收利润 =-500-（筹建期 900+1 500）=-2 900（万元）

2015 年税收利润 =-100-（以前年度可弥补亏损额 2 900）=-3 000（万元）

2016 年税收利润 =300-（以前年度可弥补亏损额 3 000）=-2 700（万元）

2017 年税收利润 =400-（以前年度可弥补亏损额 2 700）=-2 300（万元）

2018 年税收利润 =500-（以前年度可弥补亏损额 2 300）=-1 800（万元）

2019 年税收利润 =700-（以前年度可弥补亏损额 1 800）=-1 100（万元）

2020 年应纳税所得额 =1 300-（以前年度可弥补亏损额 100）=1 200（万元）

7 年的企业所得税额分别为 0，0，0，0，0，0，300 万元。

方案二：

开办费按税法规定计入长期待摊费用科目，分 3 年摊销，每年摊销额为 800 万元：

2014 年税收利润 =-500-（筹建期摊销额 800）=-1 300（万元）

2015 年税收利润 =-100-（以前年度可弥补亏损额 1 300+ 摊销额 800）=-2 200（万元）

2016 年税收利润 =300-（以前年度可弥补亏损额 2 200+ 摊销额 800）=-2 700（万元）

2017 年税收利润 =400-（以前年度可弥补亏损额 2 700）=-2 300（万元）

2018 年税收利润 =500-（以前年度可弥补亏损额 2 300）=-1 800（万元）

2019 年税收利润 =700-（以前年度可弥补亏损额 1 800）=-1 100（万元）

2020 年应纳税所得额 =1 300-（以前年度可弥补亏损额 1 100）=200（万元）

7 年的企业所得税额分别为 0，0，0，0，0，0，50 万元。

专家点评

开办费，也叫组建成本，是指为设立一家股份公司而发生的成本，包括法律费用、发起人费用以及取得执照的费用。一般包括以下几项。

1. 筹建人员开支的费用

（1）筹建人员的劳务费用：具体包括筹办人员的工资奖金等工资性支出，以及应交纳的各种社会保险。在筹建期间发生的如医疗费等福利性费用，如果筹建期较短可据实列支，筹建期较长的，可按工资总额的 14% 计提职工福利费予以解决。

（2）差旅费：包括市内交通费和外埠差旅费。

（3）董事会费和联合委员会费。

2. 企业登记、公证的费用：主要包括登记费、验资费、税务登记费、公证费等。

3. 筹措资本的费用：主要是指筹资支付的手续费以及不计入固定资产和无形资产的汇兑损益和利息等。

4. 人员培训费

（1）引进设备和技术需要消化吸收，选派一些职工在筹建期间外出进修学习的费用。

（2）聘请专家进行技术指导和培训的劳务费及相关费用。

5.企业资产的摊销、报废和毁损

6.其他费用

（1）筹建期间发生的办公费、广告费、交际应酬费。

（2）印花税。

（3）经投资人确认由企业负担的进行可行性研究所发生的费用。

（4）其他与筹建有关的费用。例如，资讯调查费、诉讼费、文件印刷费、通信费以及庆典礼品费等支出。

《企业会计制度》（财会〔2000〕25号）对开办费的规定以及《企业所得税暂行条例实施细则》第三十四条规定对开办费的相关规定已经失效。新企业所得税法已经于2008年1月1日实施。

国税函〔2009〕98号文件第九条规定：新税法中开（筹）办费未明确列作长期待摊费用，企业可以在开始经营之日的当年一次性扣除，也可以按照新税法有关长期待摊费用的处理规定处理，但一经选定，不得改变。

企业在新税法实施以前年度的未摊销完的开办费，也可根据上述规定处理。

《企业所得税法实施条例》第七十条、《企业所得税法》第十三条第（四）项所称其他应当作为长期待摊费用的支出，自支出发生月份的次月起，分期摊销，摊销年限不得低于3年。

依据国税函〔2009〕98号，本企业的筹建期费用应在2014年正式经营当年一次性扣除或分3年长期待摊，所以不影响2012、2013年度的税收利润，筹建期年度的汇算清缴应纳税所得额调整为零。分期摊销开办费相对在经营首年扣除筹建期费用来说，为企业筹划节税250万元。

案例十八　企业清算期间的税务筹划

某公司董事会于2020年5月20日向股东会提交解散申请书，股东会5月25日通过，并作出决议，5月31日解散，6月1日开始正常清算。公司于开始清算后发现，1月～5月公司预计可盈利8万元（适用税率25%）。于是，在尚未公告的前提下，股东会再次通过决议把解散日期改为6月15日，于6月16日开始清算。公司在 6 月 1 日～6 月 14 日共发生费用 14 万元。按照规定，清算期间应单独作为一个纳税年度，即这 14 万元费用本属于清算期间费用，但因清算日期的改变，该公司 1 月～5 月由原盈利 8 万元变为亏损 6 万元。清算日期变更后，假设该公司清算所得为 9 万元。

方案展示

方案一：企业在 2020 年 6 月 1 日开始破产清算。

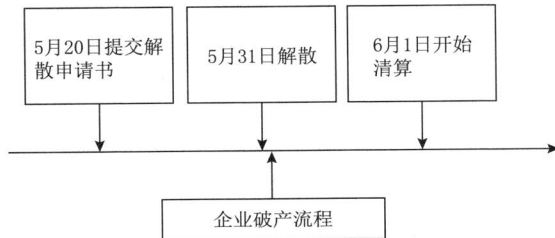

方案二：企业在 2020 年 6 月 16 日开始破产清算。

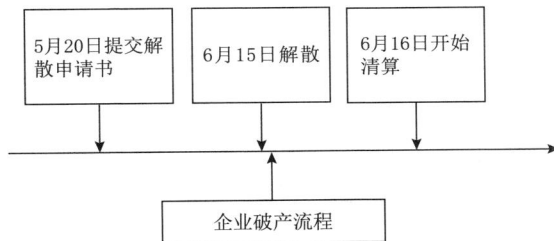

方案对比

方案一：清算开始日为 6 月 1 日时，1 月～5 月应纳所得税额如下：80 000×25%=20 000（元）

清算所得为亏损 5 万元，即 9 万元 -14 万元，不纳税，合计税额为 20 000 元。

方案二：清算开始日为 6 月 16 日时，1 月～5 月亏损 6 万元，该年度不纳税，清算所得为 9 万元，须抵减上期亏损后，再纳税。清算所得税额如下：

（90 000-60 000）×25%=7 500（元）

两方案比较结果，通过税务筹划，后者减轻税负 12 500 元（20 000-7 500）。

专家点评

企业清算的程序：

（1）在解散事由出现之日起 15 日内成立清算组，开始清算。

（2）清算组应当自成立之日起 10 日内通知债权人，并于 60 日内在报纸上公告。

（3）清理公司财产，分别编制资产负债表和财产清单。

（4）资产处置，包括收回应收款项、非现金资产转让等。

（5）清偿债务。按下列顺序清偿债务。

①支付清算费用。

②应付未付的职工工资薪金、劳动保险费、法定补偿金等。

③应缴未缴的各项税费。

④尚未偿付的债务。

（6）剩余财产分配。

（7）制作清算报告，申请注销登记。

《财政部 国家税务总局关于企业清算业务企业所得税处理若干问题的通知》（国税函〔2009〕684 号）规定，企业应将整个清算期作为一个独立的纳税年度计算清算所得，无论清算期间实际是长于 12 个月还是短于 12 个月都要视为一个纳税年度，以该期间为基准计算确定企业应纳税所得额。企业如果在年度中间终止经营，该年度终止经营前属于正常生产经营年度，此后则属于清算年度。

企业清算源于终止。企业清算是指企业因为特定原因终止时，清理企业财产、收回债权、清偿债务并分配剩余财产的行为。

企业只要进入清算，持续经营的假设将不复存在。持续经营原本是会计核算的四大基本前提之一，企业会计确认、计量、记录和报告全都以持续经营为前提。

《企业所得税法》对应纳税所得额的计算总体是在会计利润总额的基础上进行纳税调整，这一点已经在国税发〔2008〕101 号文件中得到了完整体现，也就是说会计假设在所得税上也是大体被遵循的，只不过在个别地方基于保护税基的需要进行了修正。

企业清算期间已经不是企业正常的生产经营期间，正常的核算原则将不再适用，因而会计核算及应纳税所得额的计算也应终止持续经营假设。

与持续经营前提相对应，企业清算时应以清算期间作为独立纳税年度。财税

〔2009〕60 号文件规定，企业应将整个清算期作为一个独立的纳税年度计算清算所得。无论清算期间实际是长于 12 个月还是短于 12 个月都要视为一个纳税年度，以该期间为基准计算确定企业应纳税所得额。企业如果在年度中间终止经营，该年度终止经营前属于正常生产经营年度，此后则属于清算年度。

同时，需要注意的是，企业的清算所得不适用任何企业所得税优惠政策。

《企业所得税法》第二十五条规定，国家对重点扶持和鼓励发展的产业项目，给予企业所得税优惠。而企业清算期间，正常的生产经营都已经停止，企业取得的所得已经不是正常的产业经营所得，企业所得税优惠政策的适用对象已经不存在，因而企业清算期间所得税优惠政策应一律停止，企业应就其清算所得依照税法规定的 25% 的法定税率缴纳企业所得税。

第四章

个人所得税筹划

第一节　个人所得税简介

个人所得税是对个人（自然人）取得的各项应税所得征收的一种所得税。1980 年 9 月 10 日第五届全国人民代表大会第三次会议通过《中华人民共和国个人所得税法》（简称《个人所得税法》），此后全国人民代表大会常务委员会分别于 1993 年 10 月 31 日、1999 年 8 月 30 日、2005 年 10 月 27 日、2007 年 6 月 29 日、2007 年 12 月 29 日、2011 年 6 月 30 日、2018 年 8 月 31 日对《中华人民共和国个人所得税法》作出修正，1994 年 1 月 28 日国务院公布《中华人民共和国个人所得税法实施条例》（简称《个人所得税法实施条例》），此后国务院分别于 2005 年 12 月 19 日、2008 年 2 月 18 日、2011 年 7 月 19 日作出修订，国家财政、税务主管部门又制定了一系列部门规章和规范性文件。这些法律法规、部门规章及规范性文件构成了我国的个人所得税法律制度。

随着 2018 年《个人所得税法》第七次修正，《个人所得税法实施条例》及相关规范性文件目前正在修订、制定中。本节按照《中华人民共和国个人所得税法实施条例（修订草案征求意见稿）》和《个人所得税专项附加扣除暂行办法（征求意见稿）》相关内容进行了修订。

一、个人所得税纳税人和所得来源的确定

（一）居民纳税人和非居民纳税人

在中国境内有住所，或者无住所而一个纳税年度内在中国境内居住累计满

183 天的个人，为居民个人。居民个人从中国境内和境外取得的所得，缴纳个人所得税。

在中国境内无住所又不居住，或者无住所而一个纳税年度内在中国境内居住累计不满 183 天的个人，为非居民个人。非居民个人从中国境内取得的所得，缴纳个人所得税。

在中国境内有住所，是指因户籍、家庭、经济利益关系而在中国境内习惯性居住。从中国境内和中国境外取得的所得，分别是指来源于中国境内的所得和来源于中国境外的所得。在中国境内居住的时间按照在中国境内的实际居住时间计算。纳税年度自公历 1 月 1 日至 12 月 31 日。

个人独资企业和合伙企业不缴纳企业所得税，只对投资者个人或个人合伙人取得的生产经营所得征收个人所得税。

个人独资企业和合伙企业分别是指依照我国相关法律登记成立的个人独资、合伙性质的企业以及其他相关机构或组织。个人独资企业以投资者个人为纳税义务人，合伙企业以每一个合伙人为纳税义务人。

个人独资企业投资人以其个人财产对企业债务承担无限责任。普通合伙企业合伙人对合伙企业债务承担无限连带责任，有限合伙企业由普通合伙人和有限合伙人组成。普通合伙企业合伙人对合伙企业债务承担无限连带责任，有限合伙人以其认缴的出资额为限对合伙企业债务承担责任。

（二）居民纳税人和非居民纳税人的纳税义务

居民纳税人就其从中国境内和境外取得的所得，缴纳个人所得税。

非居民纳税人就其从中国境内取得的所得，缴纳个人所得税。

《中华人民共和国个人所得税法实施条例》（中华人民共和国国务院令第 707 号）第四条规定，在中国境内无住所的个人，在中国境内居住累计满 183 天的年度连续不满六年的，经向主管税务机关备案，其来源于中国境外且由境外单位或者个人支付的所得，免予缴纳个人所得税；在中国境内居住累计满 183 天的任一年度中有一次离境超过 30 天的，其在中国境内居住累计满 183 天的年度的连续年限重新起算。

（三）所得来源的确定

除国务院财政、税务主管部门另有规定外，下列所得，不论支付地点是否在中国境内，均为来源于中国境内的所得。

1. 因任职、受雇、履约等而在中国境内提供劳务取得的所得。

2. 在中国境内开展经营活动而取得与经营活动相关的所得。

3. 将财产出租给承租人在中国境内使用而取得的所得。

4. 许可各种特许权在中国境内使用而取得的所得。

5. 转让中国境内的不动产、土地使用权取得的所得；转让对中国境内企事业单位和其他经济组织投资形成的权益性资产取得的所得；在中国境内转让动产以及其他财产取得的所得。

6. 由中国境内企事业单位和其他经济组织以及居民个人支付或负担的稿酬所得、偶然所得。

7. 从中国境内企事业单位和其他经济组织或者居民个人取得的利息、股息、红利所得。

二、个人所得税应税所得项目

按应纳税所得的来源划分，现行个人所得税共分为 9 个应税项目。

（一）工资、薪金所得

1. 关于工资、薪金所得的一般规定

工资、薪金所得，是指个人因任职或者受雇而取得的工资、薪金、奖金、年终加薪、劳动分红、津贴、补贴以及与任职或者受雇有关的其他所得。

下列项目不属于工资、薪金性质的补贴、津贴，不予征收个人所得税。这些项目包括：（1）独生子女补贴；（2）执行公务员工资制度未纳入基本工资总额的补贴、津贴差额和家属成员的副食补贴；（3）托儿补助费；（4）差旅费津贴、误餐补助。误餐补助多指按照财政部规定，个人因公在城区、郊区工作，不能在工作单位或返回就餐的，根据实际误餐顿数，按规定的标准领取的误餐费。单位以误餐补助名义发给职工的补助、津贴不包括在内。

2. 关于工资、薪金所得的特殊规定

（1）个人因与用人单位解除劳动关系而取得的一次性补偿收入征税问题。

个人因与用人单位解除劳动关系而取得的一次性补偿收入（包括用人单位发放的经济补偿金、生活补助费和其他补助费用），其收入超过当地上年职工平均工资3倍数额部分的一次性补偿收入，可视为一次取得数月的工资、薪金收入，允许在一定期限内平均计算。

个人领取一次性补偿收入时，按照国家和地方政府规定的比例实际缴纳的住房公积金、医疗保险费、基本养老保险费、失业保险费可以在计征其一次性补偿收入的个人所得税时予以扣除。

（2）退休人员再任职取得的收入，符合相关条件的，在减除按税法规定的费用扣除标准后，按"工资、薪金所得"项目缴纳个人所得税。

（3）离退休人员从原任职单位取得补贴等征税问题。

离退休人员除按规定领取离退休工资或养老金外，另从原任职单位取得的各类补贴、奖金、实物，不属于免税的退休工资、离休工资、离休生活补助费，应按"工资、薪金所得"项目缴纳个人所得税。

（4）个人取得公务交通、通讯补贴收入征税问题。

个人因公务用车和通信制度改革而取得的公务用车、通信补贴收入，扣除一定标准的公务费用后，按照"工资、薪金所得"项目计征个人所得税。按月发放的，并入当月工资、薪金所得计征个人所得税；不按月发放的，分解到所属月份并与该月份工资、薪金所得合并后计征个人所得税。

（5）个人取得股票增值权所得和限制性股票所得征税问题。

个人因任职、受雇从上市公司取得的股票增值权所得和限制性股票所得，由上市公司或其境内机构按照"工资、薪金所得"项目和股票期权所得个人所得税计税方法，依法扣缴其个人所得税。

（6）关于失业保险费征税问题。

城镇企业事业单位及其职工个人实际缴付的失业保险费，超过《失业保险条例》规定比例的，应将其超过规定比例缴付的部分计入职工个人当期的工资薪金收入，依法计征个人所得税。

（7）关于保险金征税问题。

企业为员工支付的各项保险金，应在企业向保险公司缴付时（即该保险落到被保险人的保险账户）并入员工当期的工资收入，按"工资、薪金所得"项目计征个人所得税，税款由企业负责代扣代缴。

（8）企业年金、职业年金征税问题。

企业和事业单位超过国家有关政策规定的标准，为在本单位任职或者受雇的全体职工缴付的企业年金或职业年金（以下统称年金）单位缴费部分，应并入个人当期的工资、薪金所得，依法计征个人所得税。

个人根据国家有关政策规定缴付的年金个人缴费部分，超过本人缴费工资计税基数的4%的部分，应并入当期的工资、薪金所得，依法计征个人所得税。税款由建立年金的单位代扣代缴，并向主管税务机关申报解缴。

个人达到国家规定的退休年龄之后按月领取的年金，按照"工资、薪金所得"项目适用的税率，计征个人所得税：按年或按季领取的年金，平均分摊计入各月，每月领取额按照"工资、薪金所得"项目适用的税率，计征个人所得税。

（9）兼职律师从律师事务所取得工资、薪金性质的所得征税问题。

兼职律师是指取得律师资格和律师执业证书，不脱离本职工作从事律师职业的人员。兼职律师从律师事务所取得工资、薪金性质的所得，律师事务所在代扣代缴其个人所得税时，不再减除个人所得税法规定的费用扣除标准，以收入全额（取得分成收入的为扣除办理案件支出费用后的余额）直接确定适用税率，计算扣缴个人所得税。兼职律师应自行向主管税务机关申报两处或两处以上取得的工资、薪金所得，合并计算缴纳个人所得税。

（10）依法批准设立的非营利性研究开发机构和高等学校根据《中华人民共和国促进科技成果转化法》规定，从职务科技成果转化收入中给予科技人员的现金奖励，可减按50%计入科技人员当月"工资、薪金所得"，依法缴纳个人所得税。

（二）劳务报酬所得

劳务报酬所得，是指个人独立从事非雇佣的各种劳务所取得的所得。内容包括：设计、装潢、安装、制图、化验、测试、医疗、法律、会计、咨询、讲学、新闻、广播、翻译、审稿、书画、雕刻、影视、录音、录像、演出、表演、广告、展览、技术服务、介绍服务、经纪服务、代办服务、其他劳务。

区分"劳务报酬所得"和"工资、薪金所得",主要看是否存在雇佣与被雇佣的关系。"工资、薪金所得"是个人从事非独立劳动,从所在单位(雇主)领取的报酬,存在雇佣与被雇佣的关系,即在机关、团体、学校、部队、企事业单位及其他组织中任职、受雇而得到的报酬。而"劳务报酬所得"则是指个人独立从事某种技艺,独立提供某种劳务而取得的报酬,一般不存在雇佣关系。个人所得税所列各项"劳务报酬所得"一般属于个人独立从事自由职业取得的所得或属于独立个人劳动所得。如果从事某项劳务活动取得的报酬是以工资、薪金形式体现的,如演员从其所属单位领取工资,教师从学校领取工资,就属于"工资、薪金所得",而不属于"劳务报酬所得"。如果从事某项劳务活动取得的报酬不是来自聘用、雇用或工作单位,如演员"走穴"演出取得的报酬,教师自行举办学习班、培训班等取得的收入,就属于"劳务报酬所得"或"经营所得"。

1. 个人兼职取得的收入应按照"劳务报酬所得"项目缴纳个人所得税。

2. 律师以个人名义再聘请其他人员为其工作而支付的报酬,应由该律师按"劳务报酬所得"项目负责代扣代缴个人所得税。为了便于操作,税款可由其任职的律师事务所代为缴入国库。

3. 证券经纪人从证券公司取得的佣金收入,应按照"劳务报酬所得"项目缴纳个人所得税。证券经纪人佣金收入由展业成本和劳务报酬构成,对展业成本部分不征收个人所得税。根据目前实际情况,证券经纪人展业成本的比例暂定为每次收入额的40%。

4. 个人保险代理人以其取得的佣金、奖励和劳务费等相关收入(不含增值税)减去地方税费附加地方税费附加及展业成本,按照规定计算个人所得税。展业成本,为佣金收入减去地方税费附加余额的40%。个人保险代理人,是指根据保险企业的委托,在保险企业授权范围内代为办理保险业务的自然人,不包括个体工商户。

(三)稿酬所得

稿酬所得,是指个人因其作品以图书、报刊形式出版、发表而取得的所得。作品包括文学作品、书画作品、摄影作品,以及其他作品。作者去世后,财产继承人取得的遗作稿酬，也应征收个人所得税。

（四）特许权使用费所得

特许权使用费所得，是指个人提供专利权、商标权、著作权、非专利技术以及其他特许权的使用权取得的所得。

1. 我国个人所得税法律制度规定，提供著作权的使用权取得的所得，不包括稿酬所得，对于作者将自己的文字作品手稿原件或复印件公开拍卖（竞价）取得的所得，属于提供著作权的使用所得，故应按"特许权使用费所得"项目征收个人所得税。

2. 个人取得特许权的经济赔偿收入，应按"特许权使用费所得"项目缴纳个人所得税，税款由支付赔偿的单位或个人代扣代缴。

3. 从 2002 年 5 月 1 日起，编剧从电视剧的制作单位取得的剧本使用费，不再区分剧本的使用方是否为其任职单位，统一按"特许权使用费所得"项目征收个人所得税。

（五）经营所得

经营所得包括：

1. 个人通过在中国境内注册登记的个体工商户、个人独资企业、合伙企业从事生产、经营活动取得的所得。

2. 个人依法取得执照，从事办学、医疗、咨询以及其他有偿服务活动取得的所得。

3. 个人承包、承租、转包、转租取得的所得。

4. 个人从事其他生产、经营活动取得的所得。

（六）利息、股息、红利所得

利息、股息、红利所得，是指个人拥有债权、股权而取得的利息、股息、红利所得。其中，利息一般是指存款、贷款和债券的利息。股息、红利是指个人拥有股权取得的公司、企业分红。按照一定的比率派发的每股息金，称为股息。根据公司、企业应分配的超过股息部分的利润，按股派发的红股，称为红利。

1. 个人投资者收购企业股权后，将企业原有盈余公积转增股本个人所得税问题。

一名或多名个人投资者以股权收购方式取得被收购企业 100% 股权，股权收购前，被收购企业原账面金额中的"资本公积、盈余公积、未分配利润"等盈余积累未转增股本，而在股权交易时将其一并计入股权转让价格并履行了所得税纳税义务。股权收购后，企业将原账面金额中的盈余公积向个人投资者（新股东，下同）转增股本，有关个人所得税问题区分以下情形处理：

新股东以不低于净资产价格收购股权的，企业原盈余公积已全部计入股权交易价格，新股东取得盈余公积转增股本的部分，不征收个人所得税。

新股东以低于净资产价格收购股权的，企业原盈余公积中，对于股权收购价格减去原股本的差额部分已经计入股权交易价格，新股东取得盈余公积转增股本的部分，不征收个人所得税；对于股权收购价格低于原所有者权益的差额部分未计入股权交易价格，新股东取得盈余公积转增股本的部分，应按照"利息、股息、红利所得"项目征收个人所得税。

新股东以低于净资产价格收购企业股权后转增股本，应按照下列顺序进行，即：先转增应税的盈余公积部分，然后再转增免税的盈余公积部分。

2. 个人从公开发行和转让市场取得的上市公司股票，持股期限在 1 个月以内（含 1 个月）的，其股息红利所得全额计入应纳税所得额；持股期限在 1 个月以上至 1 年（含 1 年）的，暂减按 50% 计入应纳税所得额；上述所得统一适用 20% 的税率计征个人所得税。

对个人持有的上市公司限售股，解禁后取得的股息红利，按照上市公司股息红利差别化个人所得税政策规定计算纳税，持股时间自解禁日起计算；解禁前取得的股息红利继续暂减按 50% 计入应纳税所得额，适用 20% 的税率计征个人所得税。

个人从公开发行和转让市场取得的上市公司股票包括：

（1）通过证券交易所集中交易系统或大宗交易系统取得的股票。

（2）通过协议转让取得的股票。

（3）因司法扣划取得的股票。

（4）因依法继承或家庭财产分割取得的股票。

（5）通过收购取得的股票。

（6）权证行权取得的股票。

（7）使用可转换公司债券转换的股票。

（8）取得发行的股票、配股、股份股利及公积金转增股本。

（9）持有从代办股份转让系统转到主板市场（或中小板、创业板市场）的股票。

（10）上市公司合并，个人持有的被合并公司股票转换的合并后公司股票。

（11）上市公司分立，个人持有的被分立公司股票转换的分立后公司股票。

（12）其他从公开发行和转让市场取得的股票。

（七）财产租赁所得

财产租赁所得，是指个人出租不动产、土地使用权、机器设备、车船以及其他财产取得的所得。

1. 个人取得的房屋转租收入，属于"财产租赁所得"项目。取得转租收入的个人向房屋出租方支付的租金，凭房屋租赁合同和合法支付凭据允许在计算个人所得税时，从该项转租收入中扣除。

2. 房地产开发企业与商店购买者个人签订协议，以优惠价格出售其商店给购买者个人，购买者个人在一定期限内必须将购买的商店无偿提供给房地产开发企业对外出租使用。该行为实质上是购买者个人以所购商店交由房地产开发企业出租而取得的房屋租赁收入支付了部分购房价款。对购买者个人少支出的购房价款，应视同个人财产租赁所得，按照"财产租赁所得"项目征收个人所得税。每次财产租赁所得的收入额，按照少支出的购房价款和协议规定的租赁月份数平均计算确定。

（八）财产转让所得

财产转让所得，是指个人转让有价证券、股权、合伙企业中的财产份额、不动产、土地使用权、机器设备、车船以及其他财产取得的所得。

1. 个人将投资于在中国境内成立的企业或组织（不包括个人独资企业和合伙企业）的股权或股份，转让给其他个人或法人的行为，按照"财产转让所得"项目，依法计算缴纳个人所得税，具体包括以下情形。

（1）出售股权。

（2）公司回购股权。

（3）发行人首次公开发行新股时，被投资企业股东将其持有的股份以公开发行方式一并向投资者发售。

（4）股权被司法或行政机关强制过户。

（5）以股权对外投资或进行其他非货币性交易。

（6）以股权抵偿债务。

（7）其他股权转移行为。

2. 个人因各种原因终止投资、联营、经营合作等行为，从被投资企业或合作项目、被投资企业的其他投资者以及合作项目的经营合作人取得股权转让收入、违约金、补偿金、赔偿金及以其他名目收回的款项等，均属于个人所得税应税收入，应按照"财产转让所得"项目适用的规定计算缴纳个人所得税。

3. 个人以非货币性资产投资，属于个人转让非货币性资产和投资同时发生。对个人转让非货币性资产的所得，应按照"财产转让所得"项目，依法计算缴纳个人所得税。

4. 纳税人收回转让的股权征收个人所得税的方法。

（1）股权转让合同履行完毕、股权已作变更登记，且所得已经实现的，转让人取得的股权转让收入应当依法缴纳个人所得税。转让行为结束后，当事人双方签订并执行解除原股权转让合同、退回股权的协议，是另一次股权转让行为，对前次转让行为征收的个人所得税款不予退回。

（2）股权转让合同未履行完毕，因执行仲裁委员会作出的解除股权转让合同及补充协议的裁决、停止执行原股权转让合同，并原价收回已转让股权的，由于其股权转让行为尚未完成、收入未完全实现，随着股权转让关系的解除，股权收益不复存在，纳税人不应缴纳个人所得税。

5. 自2010年1月1日起，对个人转让限售股取得的所得，按照"财产转让所得"项目征收个人所得税。

个人转让限售股，以每次限售股转让收入，减除股票原值和合理税费后的余额，为应纳税所得额。即：

$$应纳税所得额=限售股转让收入-（限售股原值+合理税费）$$
$$应纳税额=应纳税所得额×20\%$$

限售股转让收入，是指转让限售股股票实际取得的收入。限售股原值，是指限售股买入时的买入价及按照规定缴纳的有关费用。合理税费，是指转让限售股过程中发生的印花税、佣金、过户费等与交易相关的税费。

6. 个人通过招标、竞拍或其他方式购置债权以后，通过相关司法或行政程序主张债权而取得的所得，应按照"财产转让所得"项目缴纳个人所得税。

7. 个人通过网络收购玩家的虚拟货币，加价后向他人出售取得的收入，应按照"财产转让所得"项目计算缴纳个人所得税。

（九）偶然所得

偶然所得，是指个人得奖、中奖、中彩以及其他偶然性质的所得。得奖是指参加各种有奖竞赛活动，取得名次得到的奖金；中奖、中彩是指参加各种有奖活动，如有奖储蓄或者购买彩票，经过规定程序，抽中、摇中号码而取得的奖金。

1. 企业对累积消费达到一定额度的顾客，给予额外抽奖机会，个人的获奖所得，按照"偶然所得"项目，全额缴纳个人所得税。

2. 个人取得单张有奖发票奖金所得超过 800 元的，应全额按照"偶然所得"项目征收个人所得税。税务机关或其指定的有奖发票兑奖机构，是有奖发票奖金所得个人所得税的扣缴义务人。

个人取得的所得，难以界定应纳税所得项目的，由主管税务机关确定。

居民个人取得上述（一）至（四）项所得（综合所得），按纳税年度合并计算个人所得税；非居民个人取得上述（一）至（四）项所得，按月或者按次分项计算个人所得税。纳税人取得上述（五）至（九）项所得，依照法律规定分别计算个人所得税。

三、个人所得税税率

（一）综合所得

综合所得适用 3% ~ 45% 的超额累进税率。具体 2018 年第四季度纳税人适用个人所得税减除费用和税率如下：

对纳税人在 2018 年 10 月 1 日（含）后实际取得的工资、薪金所得，减除费用统一按照 5 000 元 / 月执行，并计算应纳税额。对纳税人在 2018 年 9 月 30 日（含）前实际取得的工资、薪金所得，减除费用按照税法修改前的规定执行。

（二）经营所得

经营所得适用 5% ～ 35% 的超额累进税率。投资者兴办两个或两个以上企业，并且企业性质全部是个人独资的，年度终了后汇算清缴时，应纳税款的计算按以下方法进行：汇总其投资兴办的所有企业的经营所得作为应纳税所得额，以此确定适用税率，计算出全年经营所得的应纳税额，再根据每个企业的经营所得占所有企业经营所得的比例，分别计算出每个企业的应纳税额和应补缴税额。

（三）利息、股息、红利所得，财产租赁所得，财产转让所得和偶然所得

利息、股息、红利所得，财产租赁所得，财产转让所得和偶然所得适用比例税率，税率为 20%。

自 2001 年 1 月 1 日起，对个人出租住房取得的所得暂减按 10% 的税率征收个人所得税。

四、个人所得税应纳税所得额的确定

个人所得税的计税依据是纳税人取得的应纳税所得额。应纳税所得额为个人取得的各项收入减去税法规定的费用扣除金额和减免税收入后的余额。由于个人所得税的应税项目不同，费用扣除标准也各不相同，需要按不同应税项目分项计算。

（一）个人所得的形式

个人所得的形式，包括现金、实物、有价证券和其他形式的经济利益。所得为实物的，应当按照取得的凭证上的价格计算应纳税所得额：无凭证的实物或者凭证上所注明的价格明显偏低的，参照市场价格核定应纳税所得额；所得为有价证券的，根据票面价格和市场价格核定应纳税所得额；所得为其他形式的经济利益的，参照市场价格核定应纳税所得额。

（二）应纳税所得额确定方式

1. 居民个人的综合所得，以每纳税年度的收入额减除费用 6 万元以及专项扣除、专项附加扣除和依法确定的其他扣除后的余额，为应纳税所得额。

综合所得，包括工资、薪金所得，劳务报酬所得，稿酬所得，特许权使用费所得四项。劳务报酬所得、稿酬所得、特许权使用费所得以收入减除 20% 的费

用后的余额为收入额。稿酬所得的收入额减按 70% 计算。

（1）专项扣除，包括居民个人按照国家规定的范围和标准缴纳的基本养老保险、基本医疗保险、失业保险等社会保险费和住房公积金等；

（2）专项附加扣除，是指个人所得税法规定的子女教育、继续教育、大病医疗、住房贷款利息或者住房租金和赡养老人 6 项专项附加扣除。

①子女教育专项附加扣除。

纳税人的子女接受学前教育和学历教育的相关支出，按照每个子女每年 12 000（每月 1 000 元）的标准定额扣除。

学前教育包括年满 3 岁至小学入学前教育；学历教育包括义务教育（小学和初中教育）、高中阶段教育（普通高中、中等职业教育、技工教育）、高等教育（大学专科、大学本科、硕士研究生、博士研究生教育）。

受教育子女的父母分别按扣除标准的 50% 扣除；经父母约定，也可以选择由其中一方按扣除标准的 100% 扣除。具体扣除方式在一个纳税年度内不得变更。

②继续教育专项附加扣除。

纳税人接受学历继续教育的支出，在学历教育期间按照每年 4 800 元（每月 400 元）定额扣除。纳税人接受技能人员职业资格继续教育、专业技术人员职业资格继续教育支出，在取得相关证书的年度，按照每年 3 600 元定额扣除。

个人接受同一学历教育事项，符合本办法规定扣除条件的，该项教育支出可以由其父母按照子女教育支出扣除，也可以由本人按照继续教育支出扣除，但不得同时扣除。

③大病医疗专项附加扣除。

一个纳税年度内，在社会医疗保险管理信息系统记录的（包括医保目录范围内的自付部分和医保目录范围外的自费部分）由个人负担超过 15 000 元的医药费用支出部分，为大病医疗支出，可以按照每年 80 000 元标准限额据实扣除。大病医疗专项附加扣除由纳税人办理汇算清缴时扣除。

纳税人发生的大病医疗支出由纳税人本人扣除。

纳税人应当留存医疗服务收费相关票据原件（或复印件）。

④住房贷款利息专项附加扣除。

纳税人本人或配偶使用商业银行或住房公积金个人住房贷款为本人或其配

偶购买住房，发生的首套住房贷款利息支出，在偿还贷款期间，可以按照每年12 000元（每月1 000元）标准定额扣除。非首套住房贷款利息支出，纳税人不得扣除。纳税人只能享受一套首套住房贷款利息扣除。

经夫妻双方约定，可以选择由其中一方扣除，将标题扣除方式在一个纳税年度内不得变更。

纳税人应当留存住房贷款合同、贷款还款支出凭证。

⑤住房租金专项附加扣除。

纳税人本人及配偶在纳税人的主要工作城市没有住房，而在主要工作城市租赁住房发生的租金支出，可以按照以下标准定额扣除：

承租的住房位于直辖市、省会城市、计划单列市以及国务院确定的其他城市，扣除标准为每年18 000元（每月1 500元）。

承租的住房位于其他城市的，市辖区户籍人口超过100万的，扣除标准为每年13 200元（每月1 100元）。

承租的住房位于其他城市的，市辖区户籍人口不超过100万（含）的，扣除标准为每年9 600元（每月800元）。

主要工作城市是指纳税人任职受雇所在城市，无任职受雇单位的，为其经常居住城市。城市范围包括直辖市、计划单列市、副省级城市、地级市（地区州、盟）全部行政区域范围。夫妻双方主要工作城市相同的，只能由一方扣除住房租金支出。夫妻双方主要工作城市不相同的，且各自在其主要工作城市都没有住房的，可以分别扣除住房租金支出。

住房租金支出由签订租赁住房合同的承租人扣除。

纳税人及其配偶不得同时分别享受住房贷款利息专项附加扣除和住房租金专项附加扣除。

纳税人应当留存住房租赁合同。

⑥赡养老人专项附加扣除。

纳税人赡养60岁（含）以上父母以及其他法定赡养人的赡养支出，可以按照以下标准定额扣除；

纳税人为独生子女的，按照每年24 000元（每月2 000元）的标准定额扣除。

纳税人为非独生子女的，应当与其兄弟姐妹分摊每年24 000元（每月2 000元）

的扣除额度，分摊方式包括平均分摊、被赡养人指定分摊或者赡养人约定分摊，具体分摊方式在一个纳税年度内不得变更。采取指定分摊或约定分摊方式的，每一纳税人分摊的扣除额最高不得超过每年 12 000 元（每月 1 000 元），并签订书面分摊协议。指定分摊与约定分摊不一致的，以指定分摊为准。纳税人赡养 2 个及以上老人的，不按老人人数加倍扣除。

其他法定赡养人是指祖父母、外祖父母的子女已经去世，实际承担对祖父母、外祖父母赡养义务的孙子女、外孙子女。

（3）其他扣除，包括个人缴付符合国家规定的企业年金、职业年金，个人购买符合国家规定的商业健康保险、税收递延型商业养老保险的支出，以及国务院规定可以扣除的其他项目。

2.非居民个人的工资、薪金所得，以每月收入额减除费用 5 000 元后的余额为应纳税所得额；劳务报酬所得、稿酬所得、特许权使用费所得，以每次收入额为应纳税所得额。

经营所得，以每一纳税年度的收入总额减除成本、费用以及损失后的余额，为应纳税所得额。

成本、费用，是指个体工商户、个人独资企业、合伙企业以及个人从事其他生产、经营活动发生的各项直接支出和分配计入成本的间接费用以及销售费用、管理费用、财务费用；所称损失，是指个体工商户、个人独资企业、合伙企业以及个人从事其他生产经营活动发生的固定资产和存货的盘亏、毁损、报废损失、转让财产损失、坏账损失，自然灾害等不可抗力因素造成的损失以及其他损失。

个体工商户、个人独资企业、合伙企业以及个人从事其他生产、经营活动，未提供完整、准确的纳税资料，不能正确计算应纳税所得额的，由主管税务机关核定其应纳税所得额。

个体工商户业主、个人独资企业投资者、合伙企业个人合伙人以及从事其他生产、经营活动的个人，以其每一纳税年度来源于个体工商户、个人独资企业、合伙企业以及其他生产、经营活动的所得，减除费用 6 万元、专项扣除以及依法确定的其他扣除后的余额，为应纳税所得额。

个体工商户的生产、经营所得个人所得税法律具体规定如下：

个体工商户的生产、经营所得，以每一纳税年度的收入总额，减除成本、费用、税金、损失、其他支出以及允许弥补的以前年度亏损后的余额，为应纳税所得额。

成本是指个体工商户在生产经营活动中发生的销售成本、销货成本、业务支出以及其他耗费。

费用是指个体工商户在生产经营活动中发生的销售费用、管理费用和财务费用，已经计入成本的有关费用除外。

税金是指个体工商户在生产经营活动中发生的除个人所得税和允许抵扣的增值税以外的各项税金及其附加。

损失是指个体工商户在生产经营活动中发生的固定资产和存货的盘亏、毁损、报废损失，转让财产损失，坏账损失，自然灾害等不可抗力因素造成的损失以及其他损失。个体工商户发生的损失，减除责任人赔偿和保险赔款后的余额，参照财政部、国家税务总局有关企业资产损失税前扣除的规定扣除。

其他支出是指除成本、费用、税金、损失外，个体工商户在生产经营活动中发生的与生产经营活动有关的、合理的支出。

允许弥补的以前年度亏损，是指个体工商户依照规定计算的应纳税所得额小于零的数额。

个体工商户已经作为损失处理的资产，在以后纳税年度又全部收回或者部分收回时，应当计入收回当期的收入。

（1）个体工商户下列支出不得扣除：

①个人所得税税款。

②税收滞纳金。

③罚金、罚款和被没收财物的损失。

④不符合扣除规定的捐赠支出。

⑤赞助支出。

⑥用于个人和家庭的支出。

⑦与取得生产经营收入无关的其他支出。

⑧国家税务总局规定不准扣除的支出。

（2）个体工商户生产经营活动中，应当分别核算生产经营费用和个人、家庭费用。对于生产经营与个人、家庭生活混用难以分清的费用，其 40% 视为与生产经营有关的费用，准予扣除。

（3）个体工商户纳税年度发生的亏损，准予向以后年度结转，用以后年度的生产经营所得弥补，但结转年限最长不得超过 5 年。

（4）个体工商户实际支付给从业人员的、合理的工资薪金支出，准予扣除。个体工商户业主 2018 年第四季度取得的生产经营所得，减除费用按照 5 000 元 / 月执行，前三季度减除费用按照 3 500 元 / 月执行。

个体工商户业主的工资薪金支出不得税前扣除。

（5）个体工商户按照国务院有关主管部门或者省级人民政府规定的范围和标准为其业主和从业人员缴纳的基本养老保险费、基本医疗保险费、失业保险费、生育保险费、工伤保险费和住房公积金，准予扣除。

个体工商户为从业人员缴纳的补充养老保险费、补充医疗保险费，分别在不超过从业人员工资总额 5% 标准内的部分据实扣除；超过部分，不得扣除。

个体工商户业主本人缴纳的补充养老保险费、补充医疗保险费，以当地（地级市）上年度社会平均工资的 3 倍为计算基数，分别在不超过该计算基数 5% 标准内的部分据实扣除；超过部分，不得扣除。

除个体工商户依照国家有关规定为特殊工种从业人员支付的人身安全保险费和财政部、国家税务总局规定可以扣除的其他商业保险费外，个体工商户业主本人或者为从业人员支付的商业保险费，不得扣除。

（6）个体工商户在生产经营活动中发生的合理的不需要资本化的借款费用，准予扣除。

（7）个体工商户在生产经营活动中发生的下列利息支出，准予扣除：

①向金融企业借款的利息支出。

②向非金融企业和个人借款的利息支出，不超过按照金融企业同期同类贷款利率计算的数额的部分。

（8）个体工商户向当地工会组织拨缴的工会经费、实际发生的职工福利费支出、职工教育经费支出分别在工资薪金总额的 2%、14%、2.5% 的标准内据实扣除。

工资薪金总额是指允许在当期税前扣除的工资薪金支出数额。

职工教育经费的实际发生数额超出规定比例当期不能扣除的数额，准予在以后纳税年度结转扣除。

个体工商户业主本人向当地工会组织缴纳的工会经费、实际发生的职工福利费支出、职工教育经费支出，以当地（地级市）上年度社会平均工资的3倍为计算基数，在规定比例内据实扣除。

（9）个体工商户发生的与生产经营活动有关的业务招待费，按照实际发生额的60%扣除，但最高不得超过当年销售（营业）收入的5‰。

业主自申请营业执照之日起至开始生产经营之日止所发生的业务招待费，按照实际发生额的60%计入个体工商户的开办费。

（10）个体工商户每一纳税年度发生的与其生产经营活动直接相关的广告费和业务宣传费不超过当年销售（营业）收入15%的部分，可以据实扣除；超过部分，准予在以后纳税年度结转扣除。

（11）个体工商户代其从业人员或者他人负担的税款，不得税前扣除。

（12）个体工商户按照规定缴纳的摊位费、行政性收费、协会会费等，按实际发生数额扣除。

（13）个体工商户参加财产保险，按照规定缴纳的保险费，准予扣除。

（14）个体工商户发生的合理的劳动保护支出，准予扣除。

（15）个体工商户自申请营业执照之日起至开始生产经营之日止所发生符合规定的费用，除为取得固定资产、无形资产的支出，以及应计入资产价值的汇兑损益、利息支出外，作为开办费，个体工商户可以选择在开始生产经营的当年一次性扣除，也可以自生产经营月份起在不短于3年期限内摊销扣除，但一经选定，不得改变。

开始生产经营之日为个体工商户取得第一笔销售（营业）收入的日期。

（16）个体工商户通过公益性社会团体或者县级以上人民政府及其部门，用于《中华人民共和国公益事业捐赠法》规定的公益事业的捐赠，捐赠额不超过其应纳税所得额30%的部分可以据实扣除。

财政部、国家税务总局规定可以全额在税前扣除的捐赠支出项目，按有关规定执行。

个体工商户直接对受益人的捐赠不得扣除。

（17）个体工商户研究开发新产品、新技术、新工艺所发生的开发费用，以及研究开发新产品、新技术而购置单台价值在 10 万元以下的测试仪器和试验性装置的购置费准予直接扣除；单台价值在 10 万元以上（含 10 万元）的测试仪器和试验性装置，按固定资产管理，不得在当期直接扣除。

查账征收的个人独资企业和合伙企业的扣除项目比照《个体工商户个人所得税计税办法》的规定确定。

个人独资企业的投资者以全部生产经营所得为应纳税所得额；合伙企业的投资者按照合伙企业的全部生产经营所得和合伙协议约定的分配比例确定应纳税所得额，合伙协议没有约定分配比例的，以全部生产经营所得和合伙人数量平均计算每个投资者的应纳税所得额。生产经营所得，包括企业分配给投资者个人的所得和企业当年留存的所得（利润）。

投资者兴办两个或两个以上企业的，其投资者个人费用扣除标准由投资者选择在其中一个企业的生产经营所得中扣除。

计提的各种准备金不得扣除。

企业与其关联企业之间的业务往来，应当按照独立企业之间的业务往来收取或者支付价款、费用，而减少其应纳税所得额的，主管税务机关有权进行合理调整。

国家对下列情形的个人独资企业和合伙企业实行核定征收个人所得税，具体包括：依照国家有关规定应当设置但未设置账簿的；虽设置账簿，但账目混乱或者成本资料、收入凭证、费用凭证残缺不全，难以查账的；纳税人发生纳税义务，未按照规定的期限办理纳税申报，经税务机关责令限期申报，逾期仍不申报的。

核定征收方式包括定额征收、核定应税所得率征收以及其他合理的征收方式。

3. 财产租赁所得，每次收入不超过 4 000 元的，减除费用 800 元；4 000 元以上的，减除 20% 的费用，其余额为应纳税所得额。

4. 财产转让所得，以转让财产的收入额减除财产原值和合理费用后的余额，为应纳税所得额。

财产原值，按照下列方法计算：

（1）有价证券，为买入价以及买入时按照规定交纳的有关费用。

（2）不动产，为建造费或者购进价格以及其他有关费用。

（3）土地使用权，为取得土地使用权所支付的金额、开发土地的费用以及其他有关费用。

（4）机器设备、车船，为购进价格、运输费、安装费以及其他有关费用。

（5）其他财产，参照上述规定的方法确定财产原值。

纳税人未提供完整、准确的财产原值凭证，不能正确计算财产原值的，由主管税务机关核定其财产原值。

合理费用，是指卖出财产时按照规定支付的有关税费。

个人发生非货币性资产交换，以及将财产用于捐赠、偿债、赞助、投资等用途的，应当视同转让财产并缴纳个人所得税，但国务院财政、税务主管部门另有规定的除外。

5. 利息、股息、红利所得和偶然所得，以每次收入额为应纳税所得额。

（三）其他费用扣除规定

1. 个人将其所得对教育、扶贫、济困等公益慈善事业进行捐赠，捐赠额未超过纳税人申报的应纳税所得额 30% 的部分，可以从其应纳税所得额中扣除；国务院规定对公益慈善事业捐赠实行全额税前扣除的，从其规定。应纳税所得额，是指计算扣除捐赠额之前的应纳税所得额。

2. 个人通过非营利性的社会团体和国家机关向红十字事业的捐赠，在计算缴纳个人所得税时，准予在税前的所得额中全额扣除。

3. 个人通过非营利的社会团体和国家机关向农村义务教育的捐赠，在计算缴纳个人所得税时，准予在税前的所得额中全额扣除。

农村义务教育的范围是指政府和社会力量举办的农村乡镇（不含县和县级市政府所在地的镇）、村的小学和初中以及属于这一阶段的特殊教育学校。纳税人对农村义务教育与高中在一起的学校的捐赠，也享受规定的所得税前扣除政策。

接受捐赠或办理转赠的非营利的社会团体和国家机关，应按照财务隶属关系分别使用由中央或省级财政部门统一印（监）制的捐赠票据，并加盖接受捐赠或转赠单位的财务专用印章。税务机关据此对捐赠个人进行税前扣除。

4. 个人通过非营利性社会团体和国家机关对公益性青少年活动场所（其中包

括新建）的捐赠，在计算缴纳个人所得税时，准予在税前的所得额中全额扣除。

公益性青少年活动场所，是指专门为青少年学生提供科技、文化、德育、爱国主义教育、体育活动的青少年宫、青少年活动中心等校外活动的公益性场所。

5. 个人的所得（不含偶然所得，经国务院财政部门确定征税的其他所得）用于对非关联的科研机构和高等学校研究开发新产品、新技术、新工艺所发生的研究开发经费的资助，可以全额在下月（工资、薪金所得）或下次（按次计征的所得）或当年（按年计征的所得）计征个人所得税时，从应纳税所得额中扣除，不足抵扣的，不得结转抵扣。

6. 根据财政部、国家税务总局有关规定，个人通过非营利性的社会团体和政府部门向福利性、非营利性老年服务机构捐赠、通过宋庆龄基金会等 6 家单位、中国医药卫生事业发展基金会、中国教育发展基金会、中国老龄事业发展基金会等 8 家单位、中华健康快车基金会等 5 家单位用于公益救济性的捐赠，符合相关条件的，准予在缴纳个人所得税税前全额扣除。

7. 自 2017 年 7 月 1 日起，对个人购买符合规定的商业健康保险产品的支出，允许在当年（月）计算应纳税所得额时予以税前扣除，扣除限额为 2 400 元 / 年（200 元 / 月）。单位统一为员工购买符合规定的商业健康保险产品的支出，应分别计入员工个人工资薪金，视同个人购买，按上述限额予以扣除。2 400 元 / 年（200 元 / 月）的限额扣除为个人所得税法规定减除费用标准之外的扣除。适用商业健康保险税收优惠政策的纳税人，是指取得工资薪金所得、连续性劳务报酬所得的个人，以及取得个体工商户生产经营所得、对企事业单位的承包承租经营所得的个体工商户业主、个人独资企业投资者、合伙企业合伙人和承包承租经营者。

（四）每次收入的确定

1. 财产租赁所得，以 1 个月内取得的收入为一次。

2. 利息、股息、红利所得，以支付利息、股息、红利时取得的收入为一次。

3. 偶然所得，以每次取得该项收入为一次。

4. 非居民个人取得的劳务报酬所得、稿酬所得、特许权使用费所得，属于一次性收入的，以取得该项收入为一次；属于同一项目连续性收入的，以 1 个月内取得的收入为一次。

五、个人所得税应纳税额的计算

（一）应纳税额的计算

1. 综合所得应纳税额的计算

综合所得应纳税额的计算公式为：

$$应纳税额=应纳税所得额×适用税率-速算扣除数=$$

（每一纳税年度的收入额-费用6万元-专项扣除-专项附加扣除-依法确定的其他扣除）×适用税率-速算扣除数

扣缴义务人向居民个人支付工资、薪金所得时，应当按照累计预扣法计算预扣税款，并按月办理全员全额扣缴申报。

具体计算公式如下：

本期应预扣预缴税额=（累计预扣预缴应纳税所得额×预扣率-速算扣除数）-累计减免税额-累计已预扣预缴税额

累计预扣预缴应纳税所得额=累计收入-累计免税收入-累计减除费用-累计专项扣除-累计专项附加扣除-累计依法确定的其他扣除

其中：累计减除费用，按照5 000元/月乘以纳税人当年截至本月在本单位的任职受雇月份数计算。

【例4-1】中国某公司职员王某2020年1月～3月每月取得工资、薪金收入均为10 000元。当地规定的社会保险和住房公积金个人缴存比例为：基本养老保险8%，基本医疗保险2%，失业保险0.5%，住房公积金12%。社保部门核定的王某2020年社会保险费的缴费工资基数为8 000元。王某1月～2月累计已预扣预缴个人所得税税额为192元。计算王某3月应预扣预缴的个人所得税税额。

【解析】

（1）累计收入=10 000×3=30 000（元）

（2）累计减除费用=5 000×3=15 000（元）

（3）累计专项扣除=8 000×（8%+2%+0.5%+12%）×3=5 400（元）

（4）累计预扣预缴应纳税所得额：30 000-15 000-5 400=9 600（元）

（5）应预扣预缴税额=9 600×3%-192=96（元）

【例4-2】甲公司职员李某2020年全年取得工资、薪金收入180 000元。当地规定的社会保险和住房公积金个人缴存比例为：基本养老保险8%，基本医疗保险2%，失业保险0.5%，住房公积金12%。社保部门核定的李某2020年社会保险费的缴费工资基数为10 000元。李某正在偿还首套住房贷款及利息；李某为独生女，其独生子正就读大学3年级；李某父母均已年过60岁。李某夫妻约定由李某扣除贷款利息和子女教育费。计算李某2020年应缴纳的个人所得税税额。

【解析】

（1）全年减除费用60 000元

（2）专项扣除=10 000×（8%+2%+0.5%+12%）×12=27 000（元）

（3）专项附加扣除：

子女教育每年扣除12 000元

住房贷款利息每年扣除12 000元

赡养老人每年扣除24 000元

专项附加扣除合计=12 000+12 000+24 000=48 000（元）

（4）扣除项合计=60 000+27 000+48 000=135 000（元）

（5）应纳税所得额=180 000-135 000=45 000（元）

（6）应纳个人所得税额=36 000×3%+（45 000-36 000）×10%=1 980（元）

【例4-3】2020年8月王某为某公司提供设计服务，取得劳务报酬所得5 000元。计算王某当月该笔劳务报酬所得应预扣预缴的个人所得税税额。

【解析】劳务报酬所得每次收入不超过4 000元的，减除费用按800元计算；每次收入4 000元以上的，减除费用按20%计算。预扣预缴应纳税所得额不超过20 000元的，预扣率为20%。

应预扣预缴的个人所得税税额=5 000×（1-20%）×20%=800（元）

2.经营所得应纳税额的计算

个体工商户的生产、经营所得应纳税额的计算公式为：

$$应纳税额=应纳税所得额×适用税率-速算扣除数=$$
$$（全年收入总额-成本、费用、税金、损失、其他支出及以前年度亏损）×适用税率-速算扣除数$$

对企事业单位的承包经营、承租经营所得应纳税额的计算公式为：

应纳税额=应纳税所得额×适用税率-速算扣除数=

（纳税年度收入总额-必要费用）×适用税率-速算扣除数

3.利息、股息、红利所得应纳税额的计算

利息、股息、红利所得应纳税额的计算公式为：

应纳税额=应纳税所得额×适用税率=每次收入额×适用税率

4.财产租赁所得应纳税额的计算

财产租赁所得应纳税额的计算公式为：

（1）每次（月）收入不足4 000元的：

应纳税额=[每次（月）收入额-财产租赁过程中缴纳的税费-由纳税人负担的租赁
财产实际开支的修缮费用（800元为限）-800元]×20%

（2）每次（月）收入在4 000元以上的：

应纳税额=[每次（月）收入额-财产租赁过程中缴纳的税费-由纳税人负担的租赁
财产实际开支的修缮费用（800元为限）]×（1-20%）×20%

个人出租房屋的个人所得税应税收入不含增值税，计算房屋出租所得可扣除的税费不包括本次出租缴纳的增值税。个人转租房屋的，其向房屋出租方支付的租金及增值税额，在计算转租所得时予以扣除。

5.财产转让所得应纳税额的计算

（1）一般情况下财产转让所得应纳税额的计算。

财产转让所得应纳税额的计算公式为：

应纳税额=应纳税所得额×适用税率=

（收入总额-财产原值-合理费用）×20%

个人转让房屋的个人所得税应税收入不含增值税，其取得房屋时所支付价款中包含的增值税计入财产原值，计算转让所得时可扣除的税费不包括本次转让缴纳的增值税。

（2）个人销售无偿受赠不动产应纳税额的计算。

受赠人转让受赠房屋的，以其转让受赠房屋的收入减除原捐赠人取得该房屋的实际购置成本以及赠与和转让过程中受赠人支付的相关税费后的余额，为受赠人的应纳税所得额，依法计征个人所得税。受赠人转让受赠房屋价格明显偏低且无正当理由的，税务机关可以依据该房屋的市场评估价格或其他合理方式确定的价格核定其转让收入。

6. 偶然所得应纳税额的计算

偶然所得应纳税额的计算公式为：

$$应纳税额=应纳税所得额×适用税率=每次收入额×20\%$$

7. 应纳税额计算的其他规定

（1）两个或者两个以上的个人共同取得同得同一项目收入的，应当对每个人取得的收入分别按照个人所得税法规定减除费用后计算纳税。

（2）居民个人从境内和境外取得的综合所得或者经营所得，应当分别合并计算应纳税额；从境内和境外取得的其他所得应当分别单独计算应纳税额。

（3）个人独资企业、合伙企业及个人从事其他生产、经营活动在境外营业机构的亏损，不得抵减境内营业机构的盈利。

（4）居民个人从中国境外取得的所得，可以从其应纳税额中抵免已在境外缴纳的个人所得税税额，但抵免额不得超过该纳税人境外所得依照个人所得税法规定计算的应纳税额。

已在境外缴纳的个人所得税税额，是指居民个人来源于中国境外的所得，依照该所得来源国家或者地区的法律应当缴纳并且实际已经缴纳的所得税税额；依照个人所得税法规定计算的应纳税额，是居民个人境外所得已缴境外个人所得税的抵免限额。除国务院财政、税务主管部门另有规定外，来源于一国（地区）抵免限额为来源于该国的综合所得抵免限额、经营所得抵免限额、其他所得项目抵免限额之和，其中：

来源于一国（地区）综合所得的抵免限额＝中国境内、境外综合所得依照个人所得税法和个人所得税法实施条例计算的综合所得应纳税总额×来源于该国（地区）的综合所得收入额或中国境内、境外综合所得收入总额；

来源于一国（地区）经营所得抵免限额＝中国境内、境外经营所得依照个人所得税法和个人所得税法实施条例计算的经营所得应纳税总额×来源于该国（地区）的经营所得的应纳税所得额或中国境内、境外经营所得的应纳税所得额；

来源于一国（地区）的其他所得项目抵免限额，为来源于该国（地区）的其他所得项目依照个人所得税法和个人所得税法实施条例计算的应纳税额。

居民个人在中国境外一个国家或者地区实际已经缴纳的个人所得税税额，低于依照前款规定计算出的该国家或者地区抵免限额的，应当在中国缴纳差额部分的税款；超过该国家成者地区抵免限额的，其超过部分不得在本纳税年度的应纳税额中扣除，但是可以在以后纳税年度的该国家或者地区抵免限额的余额中补扣。补扣期限最长不得超过 5 年。

居民个人申请抵免已在境外缴纳的个人所得税税额，应当提供境外税务机关出具的税款所属年度的有关纳税凭证。

（二）应纳税额计算的特殊规定

1. 出租汽车经营单位对出租车驾驶员采取单车承包或承租方式运营，出租车驾驶员从事客货营运取得的收入，按"工资、薪金所得"项目征税。

出租车属于个人所有，但挂靠出租汽车经营单位或企事业单位，驾驶员向挂靠单位缴纳管理费的，或出租汽车经营单位将出租车所有权转移给驾驶员的，出租车驾驶员从事客货运营取得的收入，比照"经营所得"项目征税。

从事个体出租车运营的出租车驾驶员取得的收入，按"经营所得"项目缴纳个人所得税。

2. 关于企业改组改制过程中个人取得的量化资产征税问题。

根据国家有关规定，集体所有制企业在改制为股份合作制企业时，可以将有关资产量化给职工个人。为了支持企业改组改制的顺利进行，对于企业在改制过程中个人取得量化资产的征税问题，税法作出了如下规定：

对职工个人以股份形式取得的仅作为分红依据，不拥有所有权的企业量化资产，不征收个人所得税。

对职工个人以股份形式取得的拥有所有权的企业量化资产，暂缓征收个人所得税；待个人将股份转让时，就其转让收入额，减除个人取得该股份时实际支付的费用支出和合理转让费用后的余额，按"财产转让所得"项目计征个人所得税。

对职工个人以股份形式取得的企业量化资产参与企业分配而获得的股息、红利，应按"利息、股息、红利所得"项目征收个人所得税。

3. 符合以下情形的房屋或其他财产，不论所有权人是否将财产无偿或有偿交付企业使用，其实质均为企业对个人进行了实物性质的分配，应依法计征个人所得税。

（1）企业出资购买房屋及其他财产，将所有权登记为投资者个人、投资者家庭成员或企业其他人员的。

（2）企业投资者个人、投资者家庭成员或企业其他人员向企业借款用于购买房屋及其他财产，将所有权登记为投资者、投资者家庭成员或企业其他人员，且借款年度终了后未归还借款的。

（3）对个人独资企业、合伙企业的个人投资者或其家庭成员取得的上述所得，视为企业对个人投资者的利润分配，按照"经营所得"项目计征个人所得税；对除个人独资企业、合伙企业以外其他企业的个人投资者或其家庭成员取得的上述所得，视为企业对个人投资者的红利分配，按照"利息、股息、红利所得"项目计征个人所得税；对企业其他人员取得的上述所得，按照"综合所得"项目计征个人所得税。

六、个人所得税税收优惠

（一）免税项目

1. 省级人民政府、国务院部委和中国人民解放军军以上单位，以及外国组织、国际组织颁发的科学、教育、技术、文化、卫生、体育、环境保护等方面的奖金。

2. 国债和国家发行的金融债券利息。其中，国债利息，是指个人持有中华人民共和国财政部发行的债券而取得的利息；国家发行的金融债券利息，是指个人持有经国务院批准发行的金融债券而取得的利息。

3. 按照国家统一规定发给的补贴、津贴。是指按照国务院规定发给的政府特殊津贴、院士津贴，以及国务院规定免纳个人所得税的其他补贴、津贴。

4. 福利费、抚恤金、救济金。其中，福利费是指根据国家有关规定，从企业、事业单位、国家机关、社会组织提留的福利费或者工会经费中支付给个人的生活补助费；救济金，是指各级人民政府民政部门支付给个人的生活困难补助费。

5. 保险赔款。

6. 军人的转业费、复员费、退役金。

7. 按照国家统一规定发给干部、职工的安家费、退职费、基本养老金或者退休费、离休费、离休生活补助费。

8. 依照有关法律规定应予免税的各国驻华使馆、领事馆的外交代表、领事官员和其他人员的所得。该所得是指依照《中华人民共和国外交特权与豁免条例》和《中华人民共和国领事特权与豁免条例》规定免税的所得。

9. 中国政府参加的国际公约、签订的协议中规定免税的所得。

10. 国务院规定的其他免税所得。该项免税规定，由国务院报全国人民代表大会常务委员会备案。

（二）减税项目

1. 残疾、孤老人员和烈属的所得。

2. 因自然灾害造成重大损失的。

上述减税项目的减征幅度和期限，由省、自治区、直辖市人民政府规定，并报同级人民代表大会常务委员会备案。

国务院可以规定其他减税情形，报全国人民代表大会常务委员会备案。

（三）其他免税和暂免征税项目

1. 下列所得，暂免征收个人所得税。

（1）外籍个人以非现金形式或实报实销形式式取得的住房补贴、伙食补贴、搬迁费、洗衣费。

（2）外籍个人按合理标准取得的境内、外出差补贴。

（3）外籍个人取得的探亲费、语言训练费、子女教育费等，经当地税务机关审核批准为合理的部分。

（4）外籍个人从外商投资企业取得的股息、红利所得。

（5）凡符合下列条件之一的外籍专家取得的工资、薪金所得可免征个人所得税：

①根据世界银行专项贷款协议由世界银行直接派往我国工作的外国专家。

②联合国组织直接派往我国工作的专家。

③为联合国援助项目来华工作的专家。

④援助国派往我国专为该国无偿援助项目工作的专家。

⑤根据两国政府签订文化交流项目来华工作 2 年以内的文教专家，其工资、

薪金所得由该国负担的。

⑥根据我国大专院校国际交流项目来华工作 2 年以内的文教专家，其工资、薪金所得由该国负担的。

⑦通过民间科研协定来华工作的专家，其工资、薪金所得由该国政府机构负担的。

2019 年 1 月 1 日至 2021 年 12 月 31 日期间，外籍个人符合居民个人条件的，可以选择享受个人所得税专项附加扣除，也可以选择按照规定，享受住房补贴、语言训练费、子女教育费等津补贴免税优惠政策，但不得同时享受。外籍个人一经选择，在一个纳税年度内不得变更。自 2022 年 1 月 1 日起，外籍个人不再享受住房补贴、语言训练费、子女教育费津补贴免税优惠政策，应按规定享受专项附加扣除。

2. 个人在上海、深圳证券交易所转让从上市公司公开发行和转让市场取得的股票，转让所得暂不征收个人所得税。

3. 自 2018 年 11 月 1 日（含）起，对个人转让全国中小企业股份转让系统（新三板）挂牌公司非原始股取得的所得，暂免征收个人所得税。非原始股是指个人在新三板挂牌公司挂牌后取得的股票，以及由上述股票孳生的送、转股。

4. 个人举报、协查各种违法、犯罪行为而获得的奖金暂免征收个人所得税。

5. 个人办理代扣代缴手续，按规定取得的扣缴手续费暂免征收个人所得税。

6. 个人转让自用达 5 年以上，并且是唯一的家庭生活用房取得的所得，暂免征收个人所得税。

7. 对个人购买福利彩票、体育彩票，一次中奖收入在 1 万元以下（含 1 万元）的暂免征收个人所得税，超过 1 万元的，全额征收个人所得税。

8. 个人取得单张有奖发票奖金所得不超过 800 元（含 800 元）的，暂免征收个人所得税。

9. 达到离休、退休年龄，但确因工作需要，适当延长离休、退休年龄的高级专家 [指享受国家发放的政府特殊津贴的专家、学者等还有（中国科学院、中国工程院院士）]，其在延长离休、退休期间的工资、薪金所得，视同离休、退休工资免征个人所得税。

10. 个人领取原提存的住房公积金、基本医疗保险金、基本养老保险金，以及失业保险金，免予征收个人所得税。

11. 对工伤职工及其近亲属按照《工伤保险条例》规定取得的工伤保险待遇，免征个人所得税。

12. 企事业单位按照国家或省（自治区、直辖市）人民政府规定的缴费比例或办法实际缴付的基本养老保险费、基本医疗保险费和失业保险费，免征个人所得税；个人按照国家或省（自治区、直辖市）人民政府规定的缴费比例或办法实际缴付的基本养老保险费、基本医疗保险费和失业保险费，允许在个人应纳税所得额中扣除。

13. 企业和事业单位根据国家有关政策规定的办法和标准，为在本单位任职或者受雇的全体职工缴付的企业年金或职业年金单位缴费部分，在计入个人账户时，个人暂不缴纳个人所得税。

个人根据国家有关政策规定缴付的年金个人缴费部分，在不超过本人缴费工资计税基数的 4% 标准内的部分，暂从个人当期的应纳税所得额中扣除。

年金基金投资运营收益分配计入个人账户时，个人暂不缴纳个人所得税。

14. 企业依照国家有关法律规定宣告破产，企业职工从该破产企业取得的一次性安置费收入，免征个人所得税。

15. 自 2008 年 10 月 9 日（含）起，对储蓄存款利息所得暂免征收个人所得税。

16. 自 2015 年 9 月 8 日起，个人从公开发行和转让市场取得的上市公司股票，持股期限超过 1 年的，股息红利所得暂免征收个人所得税。

17. 自 2019 年 7 月 1 日起至 2024 年 6 月 30 日，个人持有全国中小企业股份转让系统挂牌公司的股票，持股期限超过 1 年的，对股息红利所得暂免征收个人所得税。

18. 对被拆迁人按照国家有关城镇房屋拆迁管理办法规定的标准取得的拆迁补偿款，免征个人所得税。

19. 以下情形的房屋产权无偿赠与的，对当事双方不征收个人所得税：

（1）房屋产权所有人将房屋产权无偿赠与配偶、父母、子女、祖父母、外祖父母、孙子女、外孙子女、兄弟姐妹。

（2）房屋产权所有人将房屋产权无偿赠与对其承担直接抚养或者赡养义务的抚养人或者赡养人。

（3）房屋产权所有人死亡，依法取得房屋产权的法定继承人、遗嘱继承人或者受遗赠人。

20.个体工商户、个人独资企业和合伙企业或个人从事种植业、养殖业、饲养业、捕捞业取得的所得，暂不征收个人所得税。

21.企业在销售商品（产品）和提供服务过程中向个人赠送礼品，属于下列情形之一的，不征收个人所得税：

（1）企业通过价格折扣、折让方式向个人销售商品（产品）和提供服务。

（2）企业在向个人销售商品（产品）和提供服务的同时给予赠品，如通信企业对个人购买手机赠话费、入网费，或者购话费赠手机等。

（3）企业对累积消费达到一定额度的个人按消费积分反馈礼品。

税收法律、行政法规、部门规章和规范性文件中未明确规定纳税人享受减免税必须经税务机关审批，且纳税人取得的所得完全符合减免税条件的，无须经主管税务机关审核，纳税人可自行享受减免税。

税收法律、行政法规、部门规章和规范性文件中明确规定纳税人享受减免税必须经税务机关审批的，或者纳税人无法准确判断其取得的所得是否应享受个人所得税减免的，必须经主管税务机关按照有关规定审核或批准后，方可减免个人所得税。

【例4-4】李某2020年10月取得如下收入：

（1）到期国债利息收入986元。

（2）购买福利彩票支出500元，取得一次性中奖收入15 000元。

（3）境内上市公司股票转让所得10 000元。

（4）转让自用住房一套，取得转让收入500万元，该套住房购买价为200万元，购买时间为2008年并且是唯一的家庭生活用房。

要求：计算李某当月应缴纳的个人所得税税额。

【解析】国债利息收入免征个人所得税，股票转让所得暂不征收个人所得税，转让自用5年以上并且是唯一的家庭生活用房取得的所得暂免征个人所得税，福利彩票收入15 000元（超过1万元）应缴纳个人所得税，且不得扣除购买彩票支出。

中奖收入应缴纳个人所得税税额 =15 000×20%=3 000（元）

李某当月应缴纳的个人所得税税额为3 000元。

七、个人所得税征收管理

（一）纳税申报

1.个人所得税以所得人为纳税人，以支付所得的单位或者个人为扣缴义务人。扣缴义务人向个人支付应税款项时，应当依照个人所得税法规定预扣或代扣税款，按时缴库，并专项记载备查。支付，包括现金支付、汇拨支付、转账支付和以有价证券、实物以及其他形式的支付。

税务机关对扣缴义务人按照所扣缴的税款，支付 2% 的手续费。

扣缴义务人应当按照国家规定办理全员全额扣缴申报，并向纳税人提供其个人所得和已扣缴税款等信息。全员全额扣缴申报，是指扣缴义务人在代扣税款的次月 15 日内，向主管税务机关报送其支付所得的所有个人的有关信息、支付所得数额、扣除事项和数额、扣缴税款的具体数额和总额以及其他相关涉税信息资料。

2.有下列情形之一的，纳税人应当依法办理纳税申报：

（1）取得综合所得需要办理汇算清缴。

需要办理汇算清缴的情形包括：

①在两处或者两处以上取得综合所得，且综合所得年收入额减去专项扣除的余额超过 6 万元。

②取得劳务报酬所得、稿酬所得、特许权使用费所得中一项或者多项所得，且综合所得年收入额减去专项扣除的余额超过 6 万元。

③纳税年度内预缴税额低于应纳税额的。

④纳税人申请退税。纳税人申请退税，应当提供其在中国境内开设的银行账户，并在汇算清缴地就地办理税款退库。

（2）取得应税所得没有扣缴义务人。

（3）取得应税所得，扣缴义务人未扣缴税款。

（4）取得境外所得。

（5）因移居境外注销中国户籍。

（6）非居民个人在中国境内从两处以上取得工资、薪金所得。

（7）国务院规定的其他情形。

3.居民个人取得工资、薪金所得时，可以向扣缴义务人提供专项附加扣除有关信息，由扣缴义务人扣缴税款时减除专项附加扣除。纳税人同时从两处以上取得工资、薪金所得，并由扣缴义务人减除专项附加扣除的，对同一专项附加扣除项目，在一个纳税年度内只能选择从一处取得的所得中减除。

居民个人取得劳务报酬所得、稿酬所得、特许权使用费所得，应当在汇算清缴时向税务机关提供有关信息，减除专项附加扣除。

4.纳税人可以委托扣缴义务人或者其他单位和个人办理汇算清缴。

纳税人发现扣缴义务人提供或者扣缴申报的个人信息、所得、扣缴税款等与实际情况不符的，有权要求扣缴义务人修改。扣缴义务人拒绝修改的，纳税人应当报告税务机关，税务机关应当及时处理。

纳税人、扣缴义务人应当按照规定保存与专项附加扣除相关的资料。税务机关可以对纳税人提供的专项附加扣除信息进行抽查，具体办法由国务院税务主管部门另行规定。税务机关发现纳税人提供虚假信息的，应当责令改正并通知扣缴义务人；情节严重的，有关部门应当依法予以处理，纳入信用信息系统并实施联合惩戒。

5.纳税人申请退税时提供的汇算清缴信息有错误的，税务机关应当告知其更正；纳税人更正的，税务机关应当及时办理退税。

扣缴义务人未将扣缴的税款解缴入库的，不影响纳税人按照规定申请退税，税务机关应当凭纳税人提供的有关资料办理退税。

（二）纳税期限

1.居民个人取得综合所得，按年计算个人所得税。有扣缴义务人的，由扣缴义务人按月或者按次预扣预缴税款；需要办理汇算清缴的，应当在取得所得的次年3月1日至6月30日内办理汇算清缴。预扣预缴办法由国务院税务主管部门制定。

2.非居民个人取得工资、薪金所得、劳务报酬所得、稿酬所得和特许权使用费所得，有扣缴义务人的，由扣缴义务人按月或者按次代扣代缴税款，不办理汇算清缴。

3.纳税人取得经营所得，按年计算个人所得税，由纳税人在月度或者季度终了后15日内向税务机关报送纳税申报表，并预缴税款；在取得所得的次年3月

31 日前办理汇算清缴。

4. 纳税人取得利息、股息、红利所得、财产租赁所得、财产转让所得和偶然所得，按月或者按次计算个人所得税，有扣缴义务人的，由扣缴义务人按月或者按次代扣代缴。

5. 纳税人取得应税所得没有扣缴义务人的，应当在取得所得的次月 15 日内向税务机关报送纳税申报表，并缴纳税款。

6. 纳税人取得应税所得，扣缴义务人未扣缴税款的，纳税人应当在取得所得的次年 6 月 30 日前，缴纳税款；税务机关通知限期缴纳的，纳税人应当按期限缴纳税款。

7. 居民个人从中国境外取得所得的，应当在取得所得的次年 3 月 1 日至 6 月 30 日内申报纳税。

8. 非居民个人在中国境内从两处以上取得工资、薪金所得的，应当在取得所得的次月 15 日内申报纳税。

9. 纳税人因移居境外注销中国户籍的，应当在注销中国户籍前办理税款清算。

10. 扣缴义务人每月或者每次预扣、代扣的税款，应当在次月 15 日内缴入国库，并向税务机关报送扣缴个人所得税申报表。

各项所得的计算，以人民币为单位。所得为人民币以外货币的，按照办理纳税申报或扣缴申报的上一月最后一日人民币汇率中间价，折合成人民币计算应纳税所得额。年度终了后办理汇算清缴的，对已经按月、按季或者按次预缴税款的人民币以外货币所得，不再重新折算；对应当补缴税款的所得部分，按照上一纳税年度最后一日人民币汇率中间价，折合成人民币计算应纳税所得额。

第二节　个人所得税筹划思路与案例

案例一　纳税人身份认定很重要

【咨询案例】

斯诺先生是美国居民，打算来我国居住一年半，计划是 2020 年 5 月 1 日来中国，并于 2021 年 7 月 10 日回美国。他的一位会计师朋友听了这个计划，建议斯诺先生修改行程，于 2020 年 4 月 1 日来中国，于 2021 年 6 月 10 日回美国。这样，斯诺先生仍然在中国居住了一年半的时间，但可以合理地减少个人所得税的缴纳。

【方案展示】

方案一：

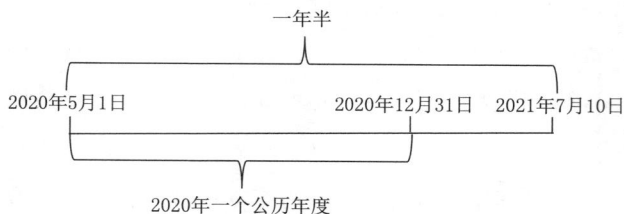

方案二：

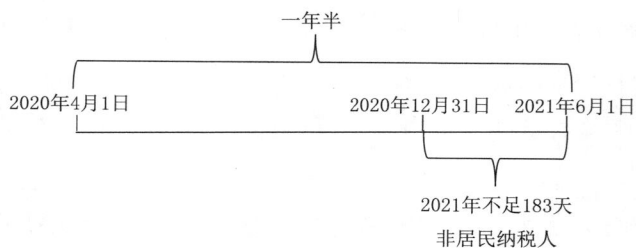

【方案分析】

方案一：

个人所得税中有居民纳税义务人和非居民纳税义务人之分。居民纳税义务人是指在中国境内有住所（因户籍、家庭、经济利益等关系而在中国境内习惯性居住）的个人或者在中国境内无住所，但在一个纳税年度中，在中国境内居住满 183 天的外籍人员、港、澳、台同胞及外籍人员。其中，在中国境内居住满 183 天是指一个公历纳税年度。居民纳税人负无限纳税义务，其所得无论是否来源于中国境内都要向中国政府纳税。

斯诺先生 2020 年 5 月 1 日来中国并于 2021 年 7 月 10 日回美国，在中国境内居住时间满足公历纳税年度满 183 天的条件，属于居民纳税人，那么斯诺先生必须就其来源于中国境内外的全部所得缴纳个人所得税。

方案二：

非居民纳税义务人是指在中国境内无住所，又不居住的外籍人员、华侨或者港、澳、台同胞或者在中国境内无住所，而且在一个纳税年度内，在中国境内居住不满 183 天的外籍人员、华侨或者港、澳、台同胞。非居民纳税人负有限纳税义务，仅就来源于中国境内的所得向中国缴纳个人所得税。

斯诺先生 2020 年 4 月 1 日来中国，并于 2021 年 6 月 10 日回美国，在中国境内居住时间不满足公历纳税年度满 183 天的条件，属于非居民纳税人，那么斯诺先生仅就其来源于中国境内的全部所得缴纳个人所得税，可以减少个税负担。

【专家点评】

方案二利用居民纳税人判断标准，合理安排居住时间，避免成为居民纳税人，从而避免无限纳税义务，直接减少纳税绝对额而取得收益，因此方案二是可取的，而且此方法并没有涉及法律风险。下面对纳税人不同身份的个税缴纳情况进行归纳如下：

不同身份的纳税人个税缴纳情况

纳税人类别	承担的纳税义务	判定标准
居民纳税人	无限纳税	①住所标准：是指因户籍、家庭、经济利益关系而在中国境内习惯性居住； ②居住时间标准："在中国境内居住满 183 天"是指一个公历的纳税年度
非居民纳税人	有限纳税	非居民纳税的判定： （1）在我国无住所； （2）我国不居住或居住不满 183 天

临时离境：在一个纳税年度内，一次不超过 30 日或者多次累计不超过 90 日的离境。临时离境，视同在华居住。

无住所外籍人士分为四类：

无住所外籍人士分类

无住所外籍人士	居住时间
非居民纳税人	T ≤ 90（183）天
	90（183）< T < 1 年
居民纳税人	1 年 ≤ T ≤ 5 年
	T > 5 年

外籍人士的所得分四块：

外籍人士的所得分类

	境内所得	境外所得
境内支付	境内所得、境内支付	境外所得、境内支付
境外支付	境内所得、境外支付	境外所得、境外支付

（1）"6年规则"。

在境内居住无住所，但居住满183天，不满5年的个人其来源于中国境内的所得应全部依法缴纳个人所得税。对于其来源于中国境外的各种所得，经主管税务机关批准，可以只就由中国境内公司、企业以及其他经济组织或者个人支付的部分缴纳个人所得税。

所得与支付情况的分类

	境内所得	境外所得
境内支付	境内所得、境内支付	境外所得、境内支付
境外支付	境内所得、境外支付	免税

（2）境内连续居住满5年的个人。

在中国境内无住所的个人在境内居住满5年的，从第6年起，应当就其来源于中国境内、境外的全部所得缴纳个人所得税。个人在中国境内居住满5年，是指个人在中国境内连续居住满5年，即在连续5年中的每一个纳税年度内均居住满183天；个人从第6年起以后各年度中，凡在境内居住满183天的，就其境内、境外所得申报纳税。

如该个人在第6年起以后的某一纳税年度内在境内居住不足90天，可以按税法相关规定确定纳税义务，仅就其境内所得境内支付部分交税。并从再次居住满183天的年度起重新计算5年期限。（实质是6年，第6年很关键）

（3）"90天规则"。

在境内无住所而一个纳税年度内在境内连续或累计居住不超过90日或183日（税收协定）的个人：来源于境内的所得，由境外雇主支付且不是由该雇主设在中国境内机构负担的工资、薪金免税，仅就其实际在中国境内工作期间由中国境内企业或个人雇主支付或者由中国境内机构负担的工资、薪金所得纳税。

不超过90日或183日（税收协定）的个人：

不超过 90 日或 183 日个人的纳税规定

	境内所得	境外所得
境内支付	境内所得、境内支付	不征
境外支付	免征	

（4）在境内无住所而一个纳税年度内在境内连续或累计居住超过 90 日或 183 日（税收协定），但不满 1 年的个人：

其来源于中国境内的所得，无论是由中国境内企业或个人雇主支付还是由境外企业或个人雇主支付，均应缴纳个人所得税。至于个人在中国境外取得的工资、薪金所得，不缴纳个人所得税。

根据居住时间和支付地点划分的纳税规定

	境内所得	境外所得
境内支付	境内所得、境内支付	不征
境外支付	境内所得、境外支付	

根据居住时间和工作地点划分的纳税规定

居住时间	在中国境内工作		在中国境外工作	
	境内支付	境外支付	境内支付	境外支付
T ≤ 90（183）天	征	免征	不征税	
90（183）＜ T ＜ 1 年	征	征	不征税	
1 年 ≤ T ≤ 6 年	征	征	征	免征
T ＞ 6 年	征	征	征	征

案例二　同样的钱，不一样的税

【咨询案例】

林先生在广州投资开办了一家高新技术企业，并担任该公司的董事长。林先生的月工资是 12 万元人民币，高工资也承担着高税负，于是公司考虑将林先生的一部分收入转换成红利。

【方案展示】

方案一：

方案二：

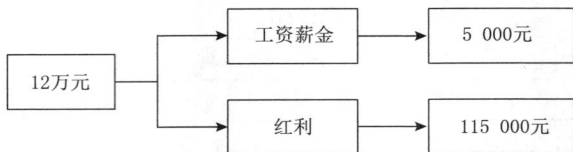

【方案对比】

方案一：

12 万元全部按照工资薪金按月发放，则林先生年度取得的工资应缴纳个人所得税为：

（120 000-5 000）×12×45%-181 920=439 080（元）

林先生实际得到的年税后净收入为：120 000×12-439 080=1 000 920（元）

方案二：

林先生将每月的工资降低到 5 000 元，同时每月从企业获得红利 115 000 元，每月从企业获得的收入同样也是 12 万元，这时林先生所取得的收入需要分两部分纳税。

（1）工资薪金收入每月应缴纳个人所得税为 0 元。

（2）林先生从企业获得红利收入。根据《税法》规定，其从企业分得的红利免缴个人所得税。但是由于红利不能在企业所得税前扣除，该企业是高新技术企业，适用 15% 的所得税率，则需要调增企业所得税为：115 000÷（1-15%）×15%×12= 243 529.41（元）

这样，林先生每月缴纳的个人所得税和企业所得税合计为 243 529.41（元）

【专家点评】

方案二将一部分工资收入转换成红利，与方案一的操作方案相比，每月少缴纳税款为 195 550.59 元（439 080-243 529.41）。目前我国的所得税种包括企业所得税和个人所得税两种，对于自己创立公司的人来说，从企业取得同等数量的工资薪金或红利需要缴纳的所得税类别及金额是不同的。

根据《税法》规定，企业所得税的适用税率是 25%，高新技术企业适用 15% 的优惠税率；个人所得税中的工资薪金适用 3% ~ 45% 的七级累进税率。对于高收入阶层，其工资薪金水平比较高，通常适用的税率比较高。人员工资薪金可以作为费用抵减企业所得税，但是其工资薪金需要缴纳个人所得税，而工作人员从企业取得股息红利所得则需要缴纳企业所得税，但是可以依法免征个人所得税。

上述政策差异就给税收筹划带来了机会。但是在具体筹划过程中应当注意操作风险，如果想使用该方法，有关人士需要实质性参股。

案例三　年终奖发放有技巧

【咨询案例】

孙某 2020 年收入情况为：每月取得工资薪金 10 000 元（不考虑任何税前扣除项目），2020 年 1 月一次性取得上年年终奖 20 000 元。孙某该选择将年终奖单位作为一个月工资薪金计税，还是纳入年度综合所得纳税。

【方案对比】

方案一：单独计税，20 000÷12 对应的适用税率为 3%，速算扣除数为 0，应缴个税 =20 000×3%=600（元）。

全年综合所得为 10 000×12=120 000（元），减除 60 000 元基本扣除费用为 60 000 元，适用 10% 税率，速算扣除数 2 520，应缴个税 3 480 元。合计共缴税 =600+3 480=4 080（元）。

方案二：并入综合所得计税，全年综合所得为 10 000×12+20 000=140 000（元），减除 60 000 元基本扣除费用为 80 000 元，适用 10% 税率，速算扣除数 2 520。全年应缴纳个税 5 480 元。

结论：孙某选择方案一单独计税少缴税 1 400 元。

【专家点评】

新个税法规定：对于 2019 年 1 月 1 日以前取得的年终奖，单独作为年终奖进行纳税核算；对于 2019 年 1 月 1 日以后取得的年终奖，可以选择按照年终一次性奖金单独作为一个月工资薪金计算纳税，也可以选择并入年度综合所得进行纳税；2022 年以后取得的年终奖应当并入综合所得进行纳税。2021 年 12 月 29 日，国务院常务会议决定延续实施部分个人所得税优惠政策：为减轻个人所得税负担，缓解中低收入群压力，将全年一次性奖金不并入当月工资薪金所得，实施按月单独计税的政策延至 2023 年年底。因此在纳税方法可以选择的期间，选择哪一种方法进行计税就为纳税人提供了筹划的空间。那么，年终奖选择哪种方式计税，就成为纳税筹划的关键所在。

案例四　巧用财产租赁节省个税支出

【咨询案例】

张某在市区有一套闲置的住房，2020 年 12 月份，张某打算于 2021 年 1 月份将此房屋租给他人，租期为 36 个月。张某的房屋出租收入为每月 10 000 元。由于该房子年久失修，已经有多处漏水，需要进行维修，预计花费 24 000 元，工期为 5 天左右。

【方案展示】

方案一：

方案二：

【方案分析】

方案一：

张某 2020 年 12 月份维修房屋后，于 2021 年 1 月份对外出租。

应纳个人所得税 =[10 000-10 000×4%-10 000×3%×（1+7%+3%）]×10%×36=33 372（元）

张某的净收入 =10 000×36-24 000-33 372=302 628（元）

方案二：

张某于 2021 年 1 月份即对外出租的当月对房屋进行维修。

张某前 30 个月每月可以扣除修缮费用 800 元。

前 30 个月应纳个人所得税 =[10 000-10 000×4%-10 000×3%×（1+7%+3%）-800]×10%×30=25410（元）

最后 6 个月应纳个人所得税 =[10 000-10 000×4%-10 000×3%×（1+7%+3%）]×10%×6=5 562（元）

纳税合计 =25 410+5 562=30 972（元）

张某的净收入 =10 000×36-24 000-30 972=305 028（元）

【专家点评】

方案二比方案一少纳税 1 920 元，多获净收入 1 920 元，因此应该选择方案二。

劳务报酬所得、稿酬所得、特许权使用费所得、财产租赁所得，每次收入不超过 4 000 元的，减除费用 800 元；4 000 元以上的，减除 20% 的费用，其余额为应纳税所得额。财产租赁所得，以 1 个月内取得的收入为一次。

纳税人出租闲置的房屋，如将房屋修缮工作安排在签订租赁合同的当月或以后，则修缮费用与该出租房屋直接相关，可持有效凭证从当月财产租赁所得中进行扣除，从而降低应纳税所得额，进而减轻个人所得税税负。

案例五　夫妻双方专项扣除如何选

【咨询案例】

小张和小李为一对夫妻，两人均有工资收入，小张月薪 32 000 元，妻子小李月薪 10 000 元（不考虑专项扣除和其他扣除），两人育有一孩上小学，每月还需还房贷支出，小张和哥哥一起赡养老人，小李为独生子女。对于子女教育、房屋贷款专项扣除只可选择一方扣除，应如何选择使两人年应纳税合计额最少。

【方案分析】

方案一和方案二年应纳税额对比

计算过程	方案一：小张扣除		方案二：小李扣除	
	小张	小李	小张	小李
1. 月薪	32 000	10 000	32 000	10 000
2. 子女教育	1 000	0	0	1 000
3. 房屋贷款	1 000	0	0	1 000
4. 赡养老人	1 000	2 000	1 000	2 000
5. 月应税所得=1-2-3-4-5 000	24 000	3 000	26 000	1 000
6. 年综合所得=5×12	288 000	36 000	312 000	12 000
7. 适用税率，速算扣除数	20%，16 920	3%，0	25%，31 920	3%，0
8. 年应纳税额	40 680	1 080	46 080	360

方案一：由小张扣除子女教育、房屋贷款专项扣除

小张年应纳税额 =（32 000-1 000-1 000-1 000-5 000）×12×20%-16 920= 40 680（元）

小李年应纳税额 =（10 000-2 000-5 000）×12×3%=1 080（元）

两人合计年应纳税额 =1 080+40 680=41 760（元）

方案二：由小李扣除子女教育、房屋贷款专项扣除

小张年应纳税额 =（32 000-1 000-5 000）×12×25%-31 920=46 080（元）

小李年应纳税额 =（10 000-2 000-1 000-1 000-5 000）×12×3%=360（元）

两人合计年应纳税额 =360+46 080=46 440（元）

通过计算比较，方法一合计纳税 41 760 元，方法二合计纳税 46 440 元，方法一共节税 4 680 元。选择高收入多扣除可以节税。

【专家点评】

六项专项附加扣除中有五项支出扣除为定额扣除，另一项大病医疗支出为限额据实扣除，在年终汇算时进行，因此，大病医疗支出需要在平时发生时取得相关票据。对于一个家庭来说，六项专项附加扣除选择哪一方进行扣除直接关乎个人税负分摊，这也是进行税收筹划的意义所在。通常情况下，当夫妻的税前工资差较大时，由工资更高的一方扣除更合适。当两人工资相同时，分别扣除更划算。同时，当扣除后金额更靠近个人所得税的税率表中各档的工资边界，一般能够省下的钱更多，所以如果两个人工资相近，可以考虑将两个人扣除后的金额靠近这个数值。

最终个税专项扣除金额由夫妻双方谁来扣除更划算，还是需要根据具体情况进行具体分析。至于如何计算，在前文中已经提供了公式，只需要根据实际情况套用计算即可。

案例六　期权行权，时机很重要

【咨询案例】

员工 A 在某非上市公司工作了 5 年，并于两年前获得了企业授予的股票期权 10 000 股，行权价为每股 25 元。2020 年，A 根据股票期权计划的规定，选择行权。

行权当日，股票的公平市价为每股 40 元。2020 年年底，A 以每股 45 元的价格，转让了所有股票。

实际经营中，越来越多的企业通过股票期权的形式，将预留的已发行未公开上市的普通股股票认股权作为"一篮子"报酬中的一部分，以事先确定的某一期权价格有条件地无偿授予或奖励给公司高层管理人员和技术骨干，以激励和留住企业的核心人才。

对员工来说，获得股票期权，并在行权后转让股票，取得了行权所得、持有所得和转让所得，需缴纳个人所得税。则该员工是否该选择递延纳税？

【方案分析】

方案一：选择递延纳税政策

《财政部 国家税务总局关于完善股权激励和技术入股有关所得税政策的通知》（财税〔2016〕101 号，以下简称 101 号文件）规定，非上市公司授予本公司员工的股票期权、股权期权、限制性股票和股权奖励，符合规定条件的，经向主管税务机关备案，可实行递延纳税政策，即员工在取得股权激励时可暂不纳税，递延至转让该股权时纳税。股权转让时，股票期权取得成本按行权价确定，限制性股票取得成本按实际出资额确定，股权奖励取得成本为零。

同时，根据《个人所得税法》及有关政策规定，被激励个人通过股权激励机制取得公司股权（票）后，未来再转让股权（票）时，应就其股权（票）转让所得，按照"财产转让所得"税目缴纳税款，适用 20% 的税率。

因此，在适用递延纳税的情况下，A 个人所得税应纳税额＝（转让价－行权价）×10 000×20%＝（45-25）×10 000×20%=40 000（元）。

方案二：不选择递延纳税政策

如果非上市公司不满足适用递延纳税政策的相关条件，或选择不适用递延纳税政策，可先参照《财政部 国家税务总局关于个人所得税法修改后有关优惠政策衔接问题的通知》（财税〔2018〕164 号，以下简称 164 号文件）等相关政策的规定进行税务处理。

按照 164 号文件的规定，居民个人取得股票期权、股票增值权、限制性股票和股权奖励等股权激励，在 2021 年 12 月 31 日前，不并入当年综合所得，全额单独适用综合所得税率表，计算纳税。计算公式为：个人所得税应纳税额＝股权激励收入×适用税率－速算扣除数。如果员工个人在一个纳税年度取得两次以上（含两次）股权激励的，应合并所有的该项所得，按上述公式计算纳税。

A 行权时个人所得税应纳税额＝150 000×20%-16 920=13 080（元）；转让时个人所得税应纳税额＝（45-40）×10 000×20%=10 000（元）。

这种情况下，A 合计应缴纳个人所得税税款＝13 080+10 000=23 080（元）。

针对该员工，应选择不递延纳税。

【专家点评】

上述案例中，A 适用递延纳税政策，相较于不适用递延纳税政策，反而多缴纳了个人所得税 16 920 元（40 000-23 080）。原因何在？这主要是因为两种方案在行权环节与转让环节适用的税收政策不同。

假定授予价或施权价为 P_0，行权日公平市价为 P_1，转让价为 P_2，综合所得税率表中的税率 T，速算扣除数 s，不考虑时间价值影响和 $P_1 < P_0$ 的情况。

不适用递延纳税政策时，个人所得税应纳税额 $T_1=（P_1-P_0）×T-s+（P_2-P_1）×20\%$。而适用递延纳税政策时，应缴纳的个人所得税为 $T_2=（P_2-P_0）×20\%$。

由于 $T_2=（P_2-P_0）×20\%=（P_1-P_0）×20\%+（P_2-P_1）×20\%$，因此，比较 T_1 与 T_2 的大小，只需比较 $（P_1-P_0）×T-s$ 与 $（P_1-P_0）×20\%$ 的大小即可。

当 T 为 3%、10% 或 20% 时，$（P_1-P_0）≤300\,000$，$（P_1-P_0）×T-s-（P_1-P_0）×20\% < 0$ 恒成立，因此，当 $（P_1-P_0）≤300\,000$ 时，$T_1 < T_2$。当 T 为 25% 时，$（P_1-P_0）×（T-20\%）-s=（P_1-P_0）×（25\%-20\%）-31\,920$，$（P_1-P_0）$ 介于 $300\,000 \sim 420\,000$，$（P_1-P_0）×（25\%-20\%）-31\,920 < 0$。

而当 T 为 35% 或 45% 时，$（P_1-P_0）> 660\,000$，$（P_1-P_0）×T-s-（P_1-P_0）×20\%=（P_1-P_0）×（T-20\%）-s$，根据个人所得税综合所得税率表，该等式恒大于 0，因此 $（P_1-P_0）> 660\,000$ 时，$T_1 > T_2$。

当 T 为 30% 时，$（P_1-P_0）×T-s-（P_1-P_0）×20\%=（P_1-P_0）×（25\%-20\%）-31\,920$。经计算得出，当且仅当 $（P_1-P_0）=529\,200$ 时，$T_1=T_2$。

经过测算，当行权日市价与施权价的差额未达到 529 200 元时，选择不适用递延纳税政策更划算；当行权日市价与施权价的差额大于 529 200 元时，选择适用递延纳税政策更划算；而行权日市价与施权价的差额等于 529 200 元时，两种选择无差异。

因此，企业在通过股票期权进行员工激励时，企业及员工双方需要充分考虑税收负担差异，根据行权日市价与施权价差额所得的不同，选择是否适用递延纳税优惠，合规减轻股权激励的个人所得税税负，提升激励的效果。

不过，适用递延纳税政策的非上市公司股权激励，须满足一定的条件，101 号文件对此作了正列举；此外，按照 164 号文件的规定，2022 年 1 月 1 日之后的股权激励政策另行明确，企业和员工都需要关注这些细节。

案例七　系列图书享受税收收益

【咨询案例】

王教授准备出版一本关于税务筹划的著作，全书共 100 万字，预计将获得稿酬所得 9 000 元。试问，王教授应如何筹划使获得的收益最大？

【方案展示】

方案一：

方案二：

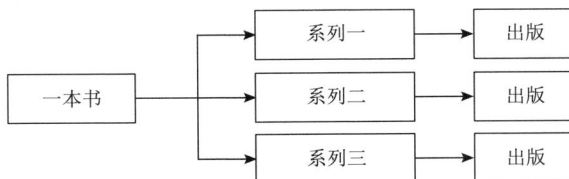

【方案分析】

方案一：

如果以 1 本书的形式出版该著作，则：

年预缴税额 =9 000×（1-20%）×70%×20%=1 008（元）

方案二：

如果在可能的情况下，以 3 本一套的形式出版一套系列丛书，则该纳税人的纳税情况如下：

每本稿酬 =9 000÷3=3 000（元）

应预缴税额 =（3 000-800）×70%×20%×3=924（元）

节省税款 =1 008-924=84（元）

【专家点评】

根据《国家税务总局关于印发征收个人所得税若干问题规定的通知》（国税发〔1994〕89 号）第四条第一款的规定，个人每次以图书、报刊方式出版、发表同一作品，不论出版单位是预付还是分笔支付稿酬，或者加印该作品后再付稿酬，均应合并其稿酬所得按一次计征个人所得税。在两处或两处以上出版、发表或再版同一作品而取得稿酬所得，则可分别各处取得或再版所得按分次所得计征个人所得税。

个人以图书、报刊方式出版、发表同一作品均应合并其稿酬所得，按一次计征个人所得税。但对不同的作品却是分开计税，这就给纳税人的筹划创造了条件。如果一本书可以分成几个部分，以系列丛书的形式出现，则该作品将被认定为几个单独的作品，单独计算纳税，这在某些情况下可以节省纳税人不少税款。税负过高可以用系列丛书筹划法，保证每本书的人均稿酬小于 4 000 元。因为该种筹划法利用的是抵扣费用的临界点，即在稿酬所得小于 4 000 元时，实际抵扣标准大于 20%。

由此可见，在这种情况下，如果王教授采用系列丛书筹划法，可以节省税款 84 元，他可以考虑选择这种筹划法。

使用这种方法应该注意以下几点：

①该著作可以被分解成一套系列著作，而且该种发行方式不会对发行量有太大的影响，当然最好能够促进发行。如果该种分解导致著作的销量或者学术价值大受影响，则这种方式将得不偿失。

②该种发行方式要想充分发挥作用，最好与著作组筹划法结合。

③该种发行方式应保证每本书的人均稿酬小于 4 000 元。因为该种筹划法利用的是抵扣费用的临界点，即在稿酬所得小于 4 000 元时，实际抵扣标准大于 20%。

案例八 多人合作可节省个税

【咨询案例】

高某是一位财政专家，2×20 年准备写一本关于财政的书，出版社同意该书出版之后支付稿费 30 000 元。现可以以该财政专家名义单独出版著作，也可以采取增加著作组成员的方式来进行筹划。若将著作组成员增加至 10 人，每人稿费 3 000 元，请计算是否可节约个人所得税?

【方案展示】

方案一：

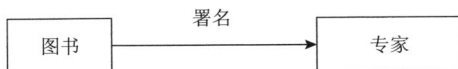

方案二：

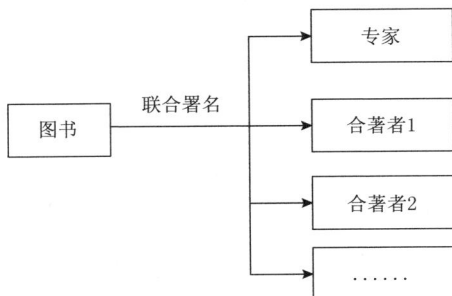

【方案分析】

方案一：只署名专家一人

应预缴个人所得税 =30 000×（1-20%）×20%×（1-30%）=3 360（元）

方案二：专家及合著者

若专家采取增加著作组成员的筹划方法，将著作者增加至 10 人，每人稿费 3 000 元，则其应预缴个人所得税 =（3 000-800）×（1-20%）×20%×（1-30%）= 246.4（元）

【专家点评】

方案二多人合著时，可以少缴税 280 元。

根据《个人所得税法》的规定，两个或两个以上的个人共同取得同一项目收入的，如编著一本书、参加同一场演出等，应当对每个人取得的收入分别按照规定减除费用后计算纳税，即实行"先分、后扣、再税"的办法。因此，如果一项稿酬数额较大，缴纳个人所得税也相应较多，此时可考虑增加著作组成员的办法，即改一本书由一个人写为多个人合作创作，这样就可以少负担部分个人所得税。这种筹划方法利用的是每次收入低于 4 000 元稿酬，减除费用按 800 元抵扣，该项抵扣的效果大于 20% 的抵扣标准。

案例九　个人独资企业财产出租、转让巧区分

【咨询案例】

某个人独资企业 2020 年度实现生产经营所得 280 000 元，转让固定资产取得不含税收入 150 000 元，其原值为 300 000 元，已提折旧 200 000 元，转让过程中发生税费 8 300 元。现有两种方案，一是将该财产作为企业财产，转让收入并入生产经营所得统一纳税。二是将该财产作为投资者个人的其他财产，转让收益按"财产转让所得"单独纳税。请计算哪种方案个人所得税更低。

【方案分析】

方案一：将该财产作为企业财产，转让收入并入生产经营所得统一纳税。

该固定资产转让收益 =150 000-（300 000-200 000）-8 300=41 700（元）

该个人独资企业投资者应纳个人所得税 =（280 000+41 700）×30%-40 500=56 010（元）

方案二：将该财产作为投资者个人的其他财产，转让收益按"财产转让所得"单独纳税。

该固定资产转让收益计算同上，为 41 700 元，财产转让所得应纳个人所得税 =41 700×20%=8 340（元）

个人独资企业投资者应纳个人所得税 =280 000×20%-10 500=45 500（元）

合计应纳个人所得税 =8 340+45 500=53 840（元）

方案二比方案一降低个人所得税 =56 010-53 840=2 170（元）

【专家点评】

将财产转让收益与个人独资企业投资者的生产经营所得分开纳税能否有效降

低税负，要视税率状况而定。如果将财产转让收益与个人独资企业投资者生产经营所得合并后适用的最高税率为 20%，则分开计算不能降低税负。因为无论是财产转让所得还是个人独资企业投资者生产经营所得适用的税率都是 20%，分开核算与合并税税负都不发生变化。

现在假设财产转让发生损失，假定上例中其发生财产转让收入 60 000 元，转让税费 3 300 元，其计算如下：

财产转让损失 =60 000-（300 000-200 000）-3 300=-43 300（元）

方案一：将该财产作为企业财产，转让收益并入生产、经营所得统一纳税。

个人独资企业投资者应纳个人所得税 =（280 000-43 300）×20%-10 500=36 840（元）

方案二：将该财产作为投资者个人的其他财产，转让收益按"财产转让所得"单独纳税。

财产转让所得应纳个人所得税 =0

个人独资企业投资者应纳个人所得税 =280 000×20%-10 500=45 500（元）

方案二比方案一增加税负 =45 500-36 840=8 660（元）。由于将财产转让损失与个人独资企业投资者的生产经营收入分开核算，使财产转让损失无法弥补。所以，将财产转让损失与个人独资企业投资者的生产经营收入合并，可以抵减一部分收益，从而降低应纳个人所得税，起到了节约税款的作用。

案例十 工资薪金福利化

【咨询案例】

北京某公司财务人员张先生 2020 年每月从公司取得工资、薪金 10 000 元，由于张先生本人及配偶在北京没有住房，采取租房的形式，张先生为承租人，每月租金 2 200 元。不考虑其他扣除事项，住房租金每个月可以扣除 1 500 元。若公司为张先生提供住房，公司每月支付租金 1 200 元，每月向张先生收取租金 200 元，每月工资下调 900 元。则张先生应选择自己租房还是由公司负责代为租房并下调其工资薪金？

【方案分析】

方案一：张先生自己租房，每月工资薪金 10 000 元，租房支出 2 200 元，租金每月可以扣除 1 500 元。

则张先生综合所得 2020 年应缴纳个人所得税 =（10 000×12-5 000×12-1 500×12）×10%-2 520=1 680（元）。

方案二：公司为张先生提供住房，公司每月支付住房租金 1 200 元，每月向张先生收取租金 200 元，每月工资下调 900 元。

则张先生综合所得 2020 年应缴纳个人所得税 =（9 100×12-5 000×12-1 500×12）×3%=936（元）

筹划后，张先生可节省个人所得税 =1 680-936=744（元），而公司每月增加支出。

【专家点评】

取得高薪可以提高每个人的消费满足程度，但是由于工资薪金个人所得税的税率是累进的，随着收入的提高，税收负担也会加重。当累进到一定程度时，新增薪金带给纳税人的可支配现金将会逐步减小。所以，把纳税人现金性工资转为提供福利，这样不但可以增加其满足程度，还可以减轻税负。

但是，需要注意的是，个人所得形式，包括现金、实物、有价证券和其他形式的经济利益；所得为实物的，应当按照取得的凭证上所注明的价格计算应纳税所得额，无凭证的实物或者凭证上所注明的价格明显偏低的，参照市场价格核定应纳税所得额；所得为有价证券的，根据票面价格和市场价格核定应纳税所得税；所得为其他形式的经济利益的，参照市场价格核定应纳税所得额。另外，企业也可向员工提供各种福利设施，只要其不能转化为现金，则不会被视为工资收入，从而不用计算缴纳个人所得税。

案例十一　公益事业——帮助别人，自己也受益

【咨询案例】

胡老出版了一本著作，获得稿酬 30 000 元，他想拿出 20 000 元用于公益事业，这 20 000 元有两种分配方案。方案一是将其中 20 000 元直接捐献给受灾者个人；

方案二是将其中 10 000 元通过民政部门进行捐赠，剩下 10 000 直接捐赠给受灾者个人。站在税务筹划的角度，胡老师应该选择哪个方案？

【方案展示】

方案一：

方案二：

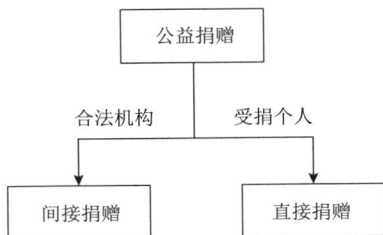

【方案分析】

方案一：20 000 元通过民政部门捐赠给受灾者个人

（1）捐赠扣除限额 =30 000×（1-20%）×70%×30%=5 040（元）

实际捐赠 20 000 元，在计税时，不能从其应税所得中扣除。

（2）应缴个人所得税 =（应纳税所得额 - 允许扣除的公益性支出）×3%=[30 000×（1-20%）×70%-5 040）]×20%-1 410=942（元）

方案二：将 10 000 元通过民政部门进行捐赠，10 000 元直接捐赠给受灾者个人

（1）捐赠扣除限额 =30 000×（1-20%）×70%×30%=5 040（元）

实际捐赠 20 000 元，可在计税时，从其应税所得中部分扣除。

（2）应纳税所得额 =[30 000×（1-20%）×70%-5 040-10 000]×3%=52.8（元）

【专家点评】

方案二符合税法中规定的扣除项条件，可以减少应纳税所得额，降低个人所得税的税收缴纳。站在税务筹划的角度，当进行公益性捐赠时，最好通过税法认可的机关部门，这样在帮助别人的同时，也降低了自己的税收负担，何乐而不为呢？

公益性捐赠是指公益、救济性捐赠（以下简称公益性捐赠），是指纳税人通过中国境内非营利的社会团体、国家机关，向教育、民政等公益事业和遭受自然灾害地区、贫困地区的捐赠。对公益性捐赠未必都免税，需要进行税收筹划。

（1）公益性捐赠的条件限制

国家为了鼓励社会公益性捐赠，在新企业所得税法中规定了一定的优惠条款，但要满足规定的前提条件。公益性捐赠只有在满足这些条件后才可能得到全额免税，否则便应全额或部分缴纳税款。

首先，捐赠应该通过特定机构进行；其次，捐赠必须针对特定的对象；再次，捐赠有一定的限额规定。《个人所得税法》规定，个人通过特定机构进行的公益性捐赠，捐赠额未超过纳税义务人申报的应纳税所得额30%的部分，可以从其应纳税所得额中扣除。

（2）通过特定机构捐赠的筹划

如果纳税人不通过特定机构进行捐赠，则不能够享受税收优惠。因此，该项筹划的关键就是想办法将捐赠通过特定机构进行。

可见，捐赠也是需要筹划的，否则适得其反，还要被追缴税款和罚款。而实际上筹划很简单，只要在捐赠时通过特定机构进行就可以了。当然，抵扣有一定的限额规定，因此要想全额免税，应该在此基础上进行其他的筹划。

（3）利用捐赠限额的筹划

个人要想捐赠全额免税，就要在捐赠限额上进行筹划。个人如果发现捐赠金额已经超过了可扣除的限额，则在纳税申报时，应自行调整减除或分次捐赠，以免税务机关要求补税的同时另计少缴税款的利息甚至罚款。比如上述，捐赠数额较大的个人可以考虑分次捐赠，因为公益事业需要长期性的支持，如果个人每次获得劳务报酬款项或其他收入时，都在扣除限额内进行捐赠，经过多次捐赠，使得总额达到一定数额，同样也能达到支持公益事业的目的，而且还能够免缴税款，这样就会以最小的代价获得最大的捐赠效果。

（4）同时获得多种收入的捐赠筹划

纳税人同时获得多种收入，可以用不同的收入进行捐赠，所带来的税收负担存在很大差异。在纳税人同时获得多种收入时，到底该选择哪种收入进行捐赠，既能够达到捐赠效果，又不需要多缴税款呢？应遵循的原则为：首先，应选择适用税率较高的收入进行捐赠。高税率的收入应该缴纳的税款较多，如果进行捐赠，则可以较多地减少应缴税款。其次，应选择收入数量足以满足抵扣限额要求的收入进行捐赠，如果一项收入数量较少，对其进行捐赠则可能会出现捐赠款项不能全额抵扣的情况。

案例十二　劳务报酬发放有讲究

【咨询案例】

孙某于 2020 年 11 月给某设计院设计了一套工程图纸，设计时间为 11 月 21 日至 11 月 30 日（工作 10 天），每天取得不含增值税的收入为 4 000 元，收入总额为 40 000 元。现可将孙某的设计时间改为 11 月 26 日至 12 月 5 日，即工作时间分布在 2 个月，请计算时间划分的两种方案下能否为孙某节省个人所得税。

【方案分析】

方案一：孙某和设计院商定，按照原计划时间工作（11 月 21 日至 11 月 30 日）

每天取得收入 4 000 元，月收入 40 000 元。

孙某应预缴个人所得税 =40 000×（1-20%）×30%-2 000=7 600（元）

方案二：孙某和设计院商定，将孙某的设计时间改为 11 月 26 日至 12 月 5 日

每天取得收入 4 000 元，11 月收入 20 000 元，12 月收入 20 000 元。

孙某应预缴个人所得税 =20 000×（1-20%）×20%×2=6 400（元）

则方案二比方案一少扣缴个人所得税 1 200 元。

【专家点评】

虽然劳务报酬所得并入综合所得综合计征个人所得税，但在实际征管中采取的是预缴与汇算清缴相结合的方法。扣缴义务人向居民个人支付劳务报酬所得时，应当按照以下或者按月预扣预缴税款：①劳务报酬所得以收入减除费用后的余额为收入额。②预扣预缴税款时，劳务报酬所得每次收入不超过 4 000 元的，减除费用按 800 元计算；每次收入超过 4 000 元的，减除费用按收入的 20% 计算。③劳务报酬所得以每次收入额为预扣预缴应纳税计算应预扣预缴税额。这种固定数额与固定比例的扣除模式导致花费成本较高的劳务报酬税负较高，为此，纳税人在取得劳务报酬时，原则上应将各类成本转移至被服务单位。由此可以降低劳务报酬的表面数额，从而降低劳务报酬的整体税收负担。

劳务报酬所得按照每个纳税人取得的数额分别计征个人所得税。因此，在纳税人的劳务实际上是由若干人提供的情况下，可以通过将部分劳务报酬分散至他人的方式来减轻税收负担。自2019年1月1日至2021年12月31日，对月销售额10万元以下的增值税小规模纳税人，免征增值税。对小型微利企业年应纳税所得额不超过100万元的部分，减按25%计入应纳税所得额，按20%的税率缴纳企业所得税；对年应纳税所得额超过100万元但不超过300万元的部分，减按50%计入应纳税所得额，按20%的税率缴纳企业所得税。对于频繁取得劳务报酬且数额较大的个人，可以考虑成立公司来提供相关劳务、从而将个人劳务报酬所得转变为公司所得，由于小微企业可以享受较多税收优惠，这种转变可以大大降低个人的税收负担。

《中华人民共和国个人所得税法》规定，对于同一项目连续性收入的，以每一月的收入为一次。但是在现实生活中，由于种种原因，某些行业收入的获得具有一定的阶段性，即在某个时期收入可能较多，而在另一些时期收入可能会很少甚至没有收入。这样就有可能在收入较多时适用较高的税率，而在收入较少时适用较低税率，甚至可能连基本的抵扣费也不够，造成总体税收较高。

这时，纳税人只要进行一些很简单的筹划活动，就可能会获取较高的回报。即纳税人和支付劳务报酬的业主商议，把本应该3个月支付的劳务费在1年内支付，使该劳务报酬的支付每月比较平均，从而使得该项所得适用较低的税率。同时，这种支付方式也使得业主不用一次性支付较高费用，减轻了其经济负担，相信业主也比较乐意去做。

案例十三　新购第二套住房，先买后转、先转后买有选择

【咨询案例】

郑先生2015年1月以300万元购买了家庭第一套住房且当月缴纳了契税；2020年2月，郑先生计划购买家庭第二套住房并出售第一套住房。关于家庭住房的换购，郑先生有两套方案可供选择：方案一，先购置第二套住房，待搬家以后，再以500万元转让第一套住房；方案二，先以500万元转让第一套住房，临时租房

安置家具，再购买第二套住房。仅考虑个人所得税，不考虑其他税费。请提出纳税筹划方案。

【方案分析】

方案一：先购入第二套住房，再转让旧房

郑先生应缴纳个人所得税＝（500-300）×20%=40（万元）

方案二：郑先生先转让旧房，再购新房

郑先生可以享受免征个人所得税。

【专家点评】

根据《财政部 国家税务总局关于个人所得税若干政策问题的通知》（财税〔1994〕020号）的规定，个人转让自用达五年以上，并且是唯一的家庭生活用房取得的所得，暂免征收个人所得税。根据《财政部 国家税务总局建设部关于个人出售住房所得征收个人所得税有关问题的通知》（财税〔1999〕278号）的规定，对个人转让自用5年以上，并且是家庭唯一生活用房取得的所得，继续免征个人所得税。如果纳税人满足上述税收优惠政策的条件，应尽量享受该税收优惠政策。需要注意的是，上述"5年"的起算点是取得房产证或缴纳契税之日，因此，纳税人购买房产以后应尽快缴纳契税。

同时，根据《财政部 国家税务总局关于个人无偿受赠房屋有关个人所得税问题的通知》（财税〔2009〕78号）的规定，以下情形的房屋产权无偿赠与，对当事双方不征收个人所得税：①房屋产权所有人将房屋产权无偿赠与配偶、父母、子女、祖父母、外祖父母、孙子女、外孙子女、兄弟姐妹；②房屋产权所有人将房屋产权无偿赠与对其承担直接抚养或者赡养义务的抚养人或者赡养人；③房屋产权所有人死亡，依法取得房屋产权的法定继承人、遗嘱继承人或者受遗赠人。除上述情形以外，房屋产权所有人将房屋产权无偿赠与他人的，受赠人因无偿受赠房屋取得的受赠所得，按照 20% 的税率缴纳个人所得税。对受赠人无偿受赠房屋计征个人所得税时，其应纳税所得额为房地产赠与合同上标明的赠与房屋价值减除赠与过程中受赠人支付的相关税费后的余额。受赠人转让受赠房屋的，以其转让受赠房屋的收入减除原捐赠人取得该房屋的实际购置成本以及赠与和转让过程中受赠人支付的相关税费后的余额，为受赠人的应纳税所得额，依法计征个人所得税。纳税人可以充分利用上述直系亲属房产赠与免税的优惠政策进行对住房转让所得征收个人所得税时，以实际成交价格为转让收入，纳税人申报的住房成交纳税筹划。

价格明显低于市场价格且无正当理由的，征收机关依法有权根据有关信息核定其转让收入，但必须保证各税种计税价格一致。纳税人未提供完整、准确的房屋原值凭证，不能正确计算房屋原值和应纳税额的，税务机关可根据《中华人民共和国税收征收管理法》的规定，对其实行核定征税，即按纳税人住房转让收入的一定比例核定应纳个人所得税额。具体比例由省级地方税务局或者省级地方税务局授权的地市级地方税务局根据纳税人出售住房的所处区域、地理位置、建造时间、房屋类型、住房平均价格水平等因素，在住房转让收入 1% ~ 3% 的幅度内确定。如果纳税人转让房产的购置年代较久、增值较高，税务机关不掌握该房产的购置成本信息，纳税个人以非货币性资产投资，属于个人转让非货币性资产和投资同时发生。

案例十四　个人投资股权转让所得筹划

【咨询案例】

周先生若干年前投资 100 万元获得甲公司 10% 的股权，现周先生准备以 200 万元的价格转让该 10% 的股权。周先生考虑设立乙公司，通过该双层公司形式转让以节税。请问，周先生设立乙公司是否可节约个人所得税？

【方案分析】

方案一：直接以周先生个人名义缴纳个人所得税

周先生应当缴纳个人所得税 =（200-100）×20%=20（万元）

方案二：周先生设立乙公司，通过双层公司缴纳个人所得税

如果周先生采取双层公司结构，即周先生投资设立乙公司，乙公司投资 100 万元，获得甲公司 10% 的股权，现乙公司以 200 万元的价格转让 10% 的股权。乙公司应当缴纳的企业所得税＝（200-100）×25%×20%=5（万元）

【专家点评】

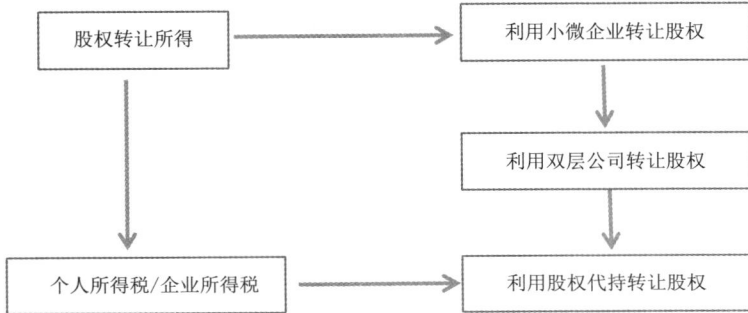

个人转让股权适用的税率是 20%，目前利润 100 万元以下的小微企业适用的所得税税率仅为 5%，因此，如果能在最初投资时即设立双层公司，由上层小微企业作为转让股权的主体，利用小微企业的低税率优惠就可以最大限度地降低股权转让所得的税收负担。

根据《个人所得税法》的规定，个人取得股息需要缴纳 20% 的个人所得税。根据《中华人民共和国企业所得税法》的规定，公司从公司取得股息属于免税所得，不缴纳企业所得税。很多被转让股权的企业中都有较大数额的未分配利润，如果能利用双层公司的结构，在股权转让之前将未分配利润分配至上一层公司，就可以降低股权转让的价格，从而降低股权转让的所得税。个人转让股权需要缴纳个人所得税，个人转让股权的收益权不需要缴纳个人所得税。纳税人可以通过股权代持的方式实现股权转让，待时机合适时再实际转让股权。

第五章

房产税筹划

第一节　房产税简介

一、房产税的概念

房产税，是以房产为征税对象，按照房产的计税价值或房产租金收入向房产所有人或经营管理人等征收的一种税。

房产税法，是国家制定的调整房产税征收与缴纳之间权利及义务关系的法律规范。现行房产税法的基本规范，是 1986 年 9 月 15 日国务院颁布的《中华人民共和国房产税暂行条例》（以下简称《房产税暂行条例》）。同年 9 月 25 日财政部、国家税务总局印发《关于房产税若干具体问题的解释和暂行规定》之后，国务院以及财政部、国家税务总局又陆续发布了一些有关房产税的规定、办法，这些构成了我国房产税法律制度。

征收房产税有利于地方政府筹集财政收入，也有利于加强房产管理。

二、房产税的特点

（一）属于个别财产税。按照征税对象的范围不同，财产税可以分为一般财产税与个别财产税。房产税属于财产税中的个别财产税。其征税对象只有房屋，征税对象规模小。

（二）税源狭窄。现行房产税的征收范围仅限于城镇的经营性房屋，为了不增加农民负担，对坐落在农村的房屋没有纳入征税范围。此外，对某些拥有房屋，但自身没有纳税能力的单位，税法也通过免税的方式将这类房屋排除在征税范围之外。

（三）征收成本低。由于房产具有不可隐匿的特征，所以减少了纳税人偷税的可能性，征收成本相对较低，适宜于地方政府对税源实施监管，成为地方税收收入中的重要来源。

（四）税源稳定。房产本身具有价值，随着经济持续增长、人均收入水平的提高，房产税税源稳定可靠并会稳步增加。

（五）税负难以转嫁。房产税具有直接税性质，税负一般难以转嫁。由于税负难以转嫁，房产税具有纵向公平的税收原则，财富较多的人将通过房产税多纳税，财富较少的人将通过房产税少纳税，有利于公平税负。

三、房产税的立法原则

（一）筹集地方财政收入

在分税制体制下，财产税是各级地方财政的主体税。我国的房产税属于地方税，征收房产税可以为地方财政筹集一部分市政建设资金，缓解地方财力不足的矛盾。而且，房产税以房屋为征税对象，税源比较稳定，随着社会经济的发展，房地产市场和工商各业的兴旺，房产税收入将成为地方财政收入的一个主要来源。

（二）调节财富分配

房屋是法人和个人拥有财富的主要形式。对房屋，尤其是对个人拥有的经营性房屋征收房产税，在调节财富分配方面可以发挥积极作用。

（三）有利于加强房产管理，配合城市住房制度改革

对房屋拥有者征收房产税，不仅可以调节单位、居民之间的财富分配，还有利于加强对房屋的管理，提高房屋的使用效益。另外，房产税规定对个人拥有的非营业用房屋不征房产税，当时为鼓励个人改善住房条件，配合和推动城市住房制度改革。

四、房产税纳税义务人、征税范围和税率

（一）纳税义务人

房产税是以房屋为征税对象，按照房屋的计税余值或租金收入，向产权所有人征收的一种财产税。房产税以在征税范围内的房屋产权所有人为纳税人。其中：

1. 产权属国家所有的，由经营管理单位纳税；产权属集体和个人所有的，由集体单位和个人纳税。

所称单位，包括国有企业、集体企业、私营企业、股份制企业、外商投资企业、外国企业以及其他企业和事业单位、社会团体、国家机关、军队以及其他单位；所称个人，包括个体工商户以及其他个人。

2. 产权出典的，由承典人纳税。所谓产权出典，是指产权所有人将房屋、生产资料等的产权，在一定期限内典当给他人使用，而取得资金的一种融资业务。这种业务大多发生于出典人急需用款，但又想保留产权回赎权的情况。承典人向出典人交付一定的典价之后，在质典期内即获抵押物品的支配权，并可转典。产权的典价一般要低于卖价。出典人在规定期间内须归还典价的本金和利息，方可赎回出典房屋等的产权。由于在房屋出典期间，产权所有人已无权支配房屋，因此，税法规定由对房屋具有支配权的承典人为纳税人。

3. 产权所有人、承典人不在房屋所在地的，或者产权未确定及租典纠纷未解决的，由房产代管人或者使用人纳税。

所谓租典纠纷，是指产权所有人在房产出典和租赁关系上，与承典人、租赁人发生各种争议，特别是权利和义务的争议悬而未决的。此外还有一些产权归属不清的问题，也都属于租典纠纷。对租典纠纷尚未解决的房产，规定由代管人或使用人为纳税人，主要目的在于加强征收管理，保证房产税及时入库。

4. 无租使用其他房产的问题。纳税单位和个人无租使用房产管理部门、免税单位及纳税单位的房产，应由使用人代为缴纳房产税。

（二）征税范围

房产税以房产为征税对象。所谓房产，是指有屋面和围护机构（有墙或两边有柱），能够遮风避雨，可供人们在其中生产、学习、工作、娱乐、居住或储藏物资的场所。房地产开发企业建造的商品房，在出售前，不征收房产税；但对出售前房地产开发企业已使用或出租、出借的商品房应按规定征收房产税：

房产税的征税范围为城市、县城、建制镇和工矿区。具体规定如下：

1. 城市是指国务院批准设立的市。

2. 县城是指县人民政府所在地的地区。

3. 建制镇是指经省、自治区、直辖市人民政府批准设立的建制镇。

4. 工矿区是指工商业比较发达、人口比较集中、符合国务院规定的建制镇标准但尚未设立建制镇的大中型工矿企业所在地。开征房产税的工矿区须经省、自治区、直辖市人民政府批准。房产税的征税范围不包括农村，这主要是为了减轻农民的负担。因为农村的房屋，除农副业生产用房外，大部分是农民居住用房。对农村房屋不纳入房产税征税范围，有利于农业发展，繁荣农村经济，促进社会稳定。

（三）税率

我国现行房产税采用的是比例税率。由于房产税的计税依据分为从价计征和从租计征两种形式，所以房产税的税率也有两种：一种是按房产原值一次减除10% ~ 30% 后的余值计征的，税率为 1.2%，适用于房屋所有权转让的情况；另一种是按房产出租的租金收入计征的，税率为 12%，适用于房屋出租的情况。自 2008 年 3 月 1 日起，对个人出租住房，不区分用途，按 4% 的税率征收房产税。

不同情况下的房产税税率标准

税率	税率适用情况
1.2% 的规定税率	自有房产用于生产经营
12% 的规定税率	出租非居住的房产
4% 的优惠税率	个人出租住房

五、计税依据和应纳税额的计算

（一）计税依据

房产税的计税依据是房产的计税价值或房产的租金收入。按照房产计税价值征税的，称为从价计征；按照房产租金收入计征的，称为从租计征。

1. 从价计征

《房产税暂行条例》规定，房产税依照房产原值一次减除 10% ~ 30% 后的余值计算缴纳。各地扣除比例由当地省、自治区、直辖市人民政府确定。

（1）房产原值是指纳税人按照会计制度规定，在会计核算账簿"固定资产"科目中记载的房屋原价。因此，凡按会计制度规定在账簿中记载有房屋原价的，应以房屋原价按规定减除一定比例后作为房产余值计征房产税；没有记载房屋原价的，按照上述原则，并参照同类房屋确定房产原值，按规定计征房产税。

值得注意的是：自 2009 年 1 月 1 日起，对依照房产原值计税的房产，不论是否记载在会计账簿固定资产科目中，均应按照房屋原价计算缴纳房产税。房屋原价应根据国家有关会计制度规定进行核算。对纳税人未按国家会计制度规定核算并记载的，应按规定予以调整或重新评估。

自 2010 年 12 月 21 日起，对按照房产原值计税的房产，无论会计上如何核算，房产原值均应包含地价，包括为取得土地使用权支付的价款、开发土地发生的成本费用等。宗地容积率低于 0.5 的，按房产建筑面积的 2 倍计算土地面积并据此确定计入房产原值的地价。

（2）房产原值应包括与房屋不可分割的各种附属设备或一般不单独计算价值的配套设施。主要有：暖气、卫生、通风、照明、煤气等设备；各种管线，如蒸汽、压缩空气、石油、给水排水等管道及电力、电信、电缆导线；电梯、升降机、过道、晒台等。属于房屋附属设备的水管、下水道、暖气管、煤气管等应从最近的探视井或三通管起，计算原值；电灯网、照明线从进线盒连接管起，计算原值。

自 2006 年 1 月 1 日起，为了维持和增加房屋的使用功能或使房屋满足设计要求，凡以房屋为载体，不可随意移动的附属设备和配套设施，如给排水、采暖、消防、中央空调、电气及智能化楼宇设备等，无论在会计核算中是否单独记账与核算，都应计入房产原值，计征房产税。对于更换房屋附属设备和配套设施的，在将其价值计入房产原值时，可扣减原来相应设备和设施的价值；对附属设备和配套设施中易损坏、需要经常更换的零配件，更新后不再计入房产原值。

（3）纳税人对原有房屋进行改建、扩建的，要相应增加房屋的原值。房产余值是房产的原值减除规定比例后的剩余价值。此外，还应注意以下两个问题：

①对投资联营的房产，在计征房产税时应予以区别对待。对于以房产投资联营，投资者参与投资利润分红，共担风险的，按房产余值作为计税依据计征房产税；对以房产投资，收取固定收入、不承担联营风险的，实际是以联营名义取得房产租金，应根据《房产税暂行条例》的有关规定由出租方按租金收入计缴房产税。

②对融资租赁房屋的情况，由于租赁费包括购进房屋的价款、手续费、借款利息等，与一般房屋出租的"租金"内涵不同，且租赁期满后，当承租方偿还最后一笔租赁费时，房屋产权要转移到承租方。这实际是一种变相的分期付款购买固定资产的形式，所以在计征房产税时应以房产余值计算征收。根据财税〔2009〕128号文件的规定，融资租赁的房产，由承租人自融资租赁合同约定开始日的次月起依照房产余值缴纳房产税。合同未约定开始日的，由承租人自合同签订的次月起依照房产余值缴纳房产税。

（4）居民住宅区内业主共有的经营性房产缴纳房产税。从2007年1月1日起，对居民住宅区内业主共有的经营性房产，由实际经营（包括自营和出租）的代管人或使用人缴纳房产税。其中自营的，依照房产原值减除10%～30%后的余值计征，没有房产原值或不能将业主共有房产与其他房产的原值准确划分开的，由房产所在地地方税务机关参照同类房产核定房产原值；依照租金收入计征。

（5）凡在房产税征收范围内的具备房屋功能的地下建筑，包括与地上房屋相连的地下建筑以及完全建在地面以下的建筑、地下人防设施等，均应当依照有关规定征收房产税。上述具备房屋功能的地下建筑是指有屋面和维护结构，能够遮风避雨，可供人们在其中生产、经营、工作、学习、娱乐、居住或储藏物资的场所。自用的地下建筑，按以下方式计税：

①工业用途房产，以房屋原价的50%～60%作为应税房产原值。

应纳房产税的税额=应税房产原值×[1-（10%～30%）]×1.2%

②商业和其他用途房产，以房屋原价的70%～80%作为应税房产原值。

应纳房产税的税额=应税房产原值×[1-（10%～30%）]×1.2%

房屋原价折算为应税房产原值的具体比例，由各省、自治区、直辖市和计划单列市财政和地方税务部门在上述幅度内自行确定。

③对于与地上房屋相连的地下建筑，如房屋的地下室、地下停车场、商场的地下部分等，应将地下部分与地上房屋视为一个整体，按照地上房屋建筑的有关规定计算征收房产税。

【例5-1】2020年3月底，某企业将其与办公楼相连的地下停车场和另一独立的地下建筑物改为地下生产车间，停车场原值100万元，地下建筑物原价200万元，该企业所在省确定的工业用途的独立地下建筑物的房产原值这3年比例为50%，房产原值减除比例为30%。计算该企业以上两处地下建筑物2020年4月至12月应缴纳的房产税。

【解析】与地上房屋相连的地下建筑物，要将地上地下视为一个整体，按照地上房屋建筑物的规定计税；独立的地下建筑物作为工业用途的，需要用房屋原价的一定比例折算为应税房产原值，再减除损耗价值计税。

2020年4月至12月应缴纳房产税=（100+200×50%）×（1-30%）×1.2%×9÷12=1.26（万元）

2. 从租计征

房产出租的，以房产租金收入为房产税的计税依据。

所谓房产的租金收入，是房屋产权所有人出租房产使用权所得的报酬，包括货币收入和实物收入。

如果是以劳务或者其他形式为报酬抵付房租收入的，应根据当地同类房产的租金水平，确定一个标准租金额从租计征。

对出租房产，租赁双方签订的租赁合同约定有免收租金期限的，免收租金期间由产权所有人按照房产原值缴纳房产税。

出租的地下建筑，按照出租地上房屋建筑的有关规定计算征收房产税。

房产税的计税公式

计税方法	税率	计税公式
从价计征	1.2%的规定税率	应纳税额=应税房产原值×（1-原值减除比例）×1.2% （注意：房产原值包括地价）
从租计征	12%的规定税率 （或4%）	应纳税额=租金收入×12% （或4%）

（二）应纳税额的计算

房产税的计税依据有两种，与之相适应的应纳税额计算也分为两种：一是从价计征的计算；二是从租计征的计算。

1. 从价计征的计算

从价计征是按房产的原值减除一定比例后的余值计征，其计算公式为：

$$应纳税额=应税房产原值×（1-扣除比例）×1.2\%$$

如前所述，房产原值是"固定资产"科目中记载的房屋原价；减除一定比例是指省、自治区、直辖市人民政府规定的10% ~ 30%的减除比例；计征的适用税率为1.2%。

【例5-2】某企业的经营用房原值为5 000万元，按照当地规定允许减除30%后按余值计税，适用税率为1.2%。请计算其应纳房产税税额。

$$应纳税额=5 000×（1-30\%）×1.2\% =42（万元）$$

2. 从租计征的计算

从租计征是按房产的租金收入计征，其计算公式为：

$$应纳税额=租金收入×12\%（或4\%）$$

【例5-3】某公司出租房屋10间，年租金收入为300 000元，适用税率为12%。请计算其应纳房产税税额。

$$应纳税额=300 000×12\% =36 000（元）$$

六、税收优惠

房产税的税收优惠是根据国家政策需要和纳税人的负担能力制定的。由于房产税属地方税，因此给予地方一定的减免权限，有利于地方因地制宜地处理问题。

目前，房产税的税收优惠政策主要有：

1. 国家机关、人民团体、军队自用的房产免征房产税。但上述免税单位的出租房产以及非自身业务使用的生产、营业用房，不属于免税范围。

上述"人民团体"，是指经国务院授权的政府部门批准设立或登记备案并由国家拨付行政事业费的各种社会团体。

上述"自用的房产"，是指这些单位本身的办公用房和公务用房。

2. 由国家财政部门拨付事业经费的单位，如学校、医疗卫生单位、托儿所、幼儿园、敬老院、文化、体育、艺术这些实行全额或差额预算管理的事业单位所有的，本身业务范围内使用的房产免征房产税。

3. 宗教寺庙、公园、名胜古迹自用的房产免征房产税。

宗教寺庙自用的房产，是指举行宗教仪式等的房屋和宗教人员使用的生活用房。

公园、名胜古迹自用的房产，是指供公共参观游览的房屋及其管理单位的办公用房。宗教寺庙、公园、名胜古迹中附设的营业单位，如影剧院、饮食部、茶社、照相馆等所使用的房产及出租的房产，不属于免税范围，应照章纳税。

4. 个人所有非营业用的房产免征房产税。

个人所有的非营业用房，主要是指居民住房，不分面积多少，一律免征房产税。对个人拥有的营业用房或者出租的房产，不属于免税房产，应照章纳税。

5. 经财政部批准免税的其他房产，主要有：

（1）对非营利性医疗机构、疾病控制机构和妇幼保健机构等卫生机构自用的房产，免征房产税。

（2）从 2001 年 1 月 1 日起，对按政府规定价格出租的公有住房和廉租住房，包括企业和自收自支事业单位向职工出租的单位自有住房，房管部门向居民出租的公有住房，落实私房政策中带户发还产权并以政府规定租金标准向居民出租的私有住房等，暂免征收房产税。

（3）经营公租房的租金收入，免征房产税。公共租赁住房经营管理单位应单独核算公共租赁住房租金收入，未单独核算的，不得享受免征房产税优惠政策。

6. 自 2018 年 10 月 1 日至 2020 年 12 月 31 日，对按照去产能和调结构政策要求停产停业、关闭的企业，自停产停业次月起，免征房产税、城镇土地使用税。企业享受免税政策的期限累计不得超过两年。按照去产能和调结构政策要求停产停业、关闭的中央企业名单由国务院国有资产监督管理部门认定发布，其他企业名单由省、自治区、直辖市人民政府确定的去产能、调结构主管部门认定发布。认定部门应当及时将认定发布的企业名单（含停产停业、关闭时间）抄送同级财政和税务部门。各级认定部门应当每年核查名单内企业情况，将恢复生产经营、终止关闭注销程序的企业名单及时通知财政和税务部门。企业享受规定的免税政策，应按规定进行减免。自认定之日次月起享受规定的税收优惠政策。

2019年1月1日以后被取消资格的，自取消资格之日次月起停止享受规定的税收优惠政策。

8. 自2019年1月1日至2021年12月31日，对高校学生公寓免征房产税。本条所称高校学生公寓，是指为高校学生提供住宿服务，按照国家规定的收费标准收取住宿费的学生公寓。企业享受本条规定的免税政策，应按规定进行免税申报，并将不动产权属证明、载有房产原值的相关材料、房产用途证明、租赁合同等资料留存备查。

七、征收管理

（一）纳税义务发生时间

1. 纳税人将原有房产用于生产经营，从生产经营之月起缴纳房产税。

2. 纳税人自行新建房屋用于生产经营，从建成之次月起缴纳房产税。

3. 纳税人委托施工企业建设的房屋，从办理验收手续之次月起缴纳房产税。

4. 纳税人购置新建商品房，自房屋交付使用之次月起缴纳房产税。

5. 纳税人购置存量房，自办理房屋权属转移、变更登记手续，房地产权属登记机关签发房屋权属证书之次月起，缴纳房产税。

6. 纳税人出租、出借房产，自交付出租、出借房产之次月起，缴纳房产税。

7. 房地产开发企业自用、出租、出借本企业建造的商品房，自房屋使用或交付之次月起，缴纳房产税。

8. 纳税人因房产的实物或权利状态发生变化而依法终止房产税纳税义务的，其应纳税款的计算应截止到房产的实物或权利状态发生变化的当月末。

（二）纳税期限

房产税实行按年计算、分期缴纳的征收方法，具体纳税期限由省、自治区、直辖市人民政府确定。

（三）纳税地点

房产税在房产所在地缴纳。房产不在同一地方的纳税人，应按房产的坐落地点分别向房产所在地的税务机关纳税。

（四）纳税申报

房产税的纳税人应按照条例的有关规定，及时办理纳税申报，并如实填写房产税纳税申报表。

第二节　房产税筹划思路与案例

案例一　设备、房产分别租，企业巧节税

某大型生产企业甲要把下属一家开工不足的工厂出租给一家民营企业乙，双方需要签订租赁合同，厂房内包括一台生产机器，该机器不属于房屋附属设备和配套设施。

方案展示

方案一：甲公司将厂房连同设备一起出租给乙公司，年租金 200 万元。

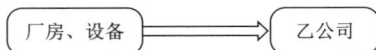

```
┌──────────┐        ┌────────┐
│ 厂房、设备 │ ═════> │ 乙公司 │
└──────────┘        └────────┘
```

方案二：甲公司将厂房与设备分别出租给乙公司，签署两个租赁合同。房屋年租金 100 万元，设备年租金 100 万元。

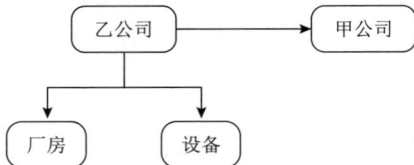

```
        ┌────────┐        ┌────────┐
        │ 乙公司 │ ─────> │ 甲公司 │
        └────────┘        └────────┘
          │      │
          ▼      ▼
      ┌──────┐ ┌──────┐
      │ 厂房 │ │ 设备 │
      └──────┘ └──────┘
```

方案对比

在方案一下，将厂房连同设备一起出租，甲公司要交纳的税款如下：交纳房产税为：$200 \times 12\% = 24$（万元）；交纳增值税为：$200 \times 13\% = 26$（万元）。两项合计为 50 万元。

在方案二下，甲公司将厂房与设备分别出租给乙公司，签署两个租赁合同。甲公司以每年 100 万元的租金出租厂房，100 万元的租金出租设备。虽然两项租金合计仍为 200 万元，但因设备出租不涉及 12% 的房产税，纳税总额因合同内容的改变随之发生明显改变：甲公司出租厂房交纳的房产税为：$100 \times 12\% = 12$（万元）；

厂房的增值税依据 100 万元和 9% 的税率交纳 9 万元，设备的增值税依据 100 万元和 13% 的税率交纳 13 万元；设备出租不涉及房产税，即节约了 16 万元。这样甲公司总体纳税就从 50 万元减少到 34 万元。

专家点评

根据《财政部　税务总局关于房产税和车船使用税几个业务问题的解释与规定》（财税地字〔1986〕8 号）解释，房屋是指有屋面和围护结构（有墙或两边有柱），能够遮风避雨，可供人们在其中生产、工作、学习、娱乐、居住或储藏物资的场所。房产原值应包括与房屋不可分割的各种附属设备或一般不单独计算价值的配套设施。另依据《国家税务总局关于进一步明确房屋附属设备和配套设施计征房产税有关问题的通知》（国税发〔2005〕173 号）规定，为了维持和增加房屋的使用功能或使房屋满足设计要求，凡以房屋为载体，不可随意移动的附属设备和配套设施，如给排水、采暖、消防、中央空调、电气及智能化楼宇设备等，无论在会计核算中是否单独记账与核算，都应计入房产原值，计征房产税。

企业租赁大都涉及房屋租赁，如出租车间、厂房，宾馆、门面房等，这些都和房屋有关。我国现行房产税采用的是比例税率。由于房产税的计税依据分为从价计征和从租计征两种形式，所以房产税的税率也有两种：一种是按房产原值一次减除 10% ~ 30% 后的余值计征的，税率为 1.2%；另一种是按房产出租的租金收入计征的，税率为 12%。从租计征是按房产的租金收入计征，其计算公式为：应纳税额 = 租金收入 ×12%（或 4%）。但企业往往出租的不仅只是房屋设施自身，还有房屋内部或外部的一些附属设施，比如机器设备、办公家具、附属用品等。税法规定，这些设施并不在征收房产税的范围之内。但是，如果把这些设施与房屋不加区别地同时写在一张租赁合同里，那么设施也要交纳房产税了。

案例二　房屋出资不如租房，企业受益更大

甲企业为一家咨询公司，员工只有 5 人，目前需要有一间办公室用于日常经营活动。

方案展示

方案一：利用自家房屋作为办公地点进行注册，自家房屋购价为 200 万元。

方案二：租用房屋作为办公地点，每月 1 000 元。

方案对比

方案一的房产购价为 200 万元，属于个人非营业用房产，按规定免缴房产税；但如果用它来开公司，已经变成了营业用房，按《房产税暂行条例》的规定，需要缴纳房产税。因为把房产无偿提供给公司使用，需要按房产余值计算房产税。房产余值为房产原值减去 30% 计算，税率为 1.2%。他的房产原值为 200 万元，则房产余值为 140 万元，需要每年缴纳 1.68 万元的房产税。

方案二按每月 1 000 元租给公司使用，并用这个租赁合同向工商、税务机关办理登记，这样就可以减少房产税。

专家点评

一些公司在创立时期，因为人员少，业务量不多，为节省费用，往往是以最方便、最快的方式把工商执照办下来，直到纳税时才发现问题很多。

房产税以房产为征税对象。所谓房产，是指有屋面和围护结构（有墙或两边有柱），能够遮风避雨，可供人们在其中生产、学习、工作、娱乐、居住或储藏物资的场所。房地产开发企业建造的商品房，在出售前，不征收房产税；但对出售前房地产开发企业已使用或出租、出借的商品房应按规定征收房产税。

我国现行房产税采用的是比例税率。由于房产税的计税依据分为从价计征和从租计征两种形式，所以房产税的税率也有两种：一种是按房产原值一次减除 10% ~ 30% 后的余值计征的，税率为 1.2%；另一种是按房产出租的租金收入计征的，税率为 12%。从 2001 年 1 月 1 日起，对个人按市场价格出租的居民住房，用于居住的，可暂减按 4% 的税率征收房产税。自 2008 年 3 月 1 日起，对个人出租住房，不区分用途，按 4% 的税率征收房产税。

房产税的计税依据是房产的计税价值或房产的租金收入。按照房产计税价值征税的，称为从价计征；按照房产租金收入计征的，称为从租计征。

对于从价计征房产税而言，《房产税暂行条例》规定，房产税依照房产原值一次减除 10% ~ 30% 后的余值计算缴纳。各地扣除比例由当地省、自治区、直辖市人民政府确定。

　　房产原值是指纳税人按照会计制度规定，在会计核算账簿"固定资产"科目中记载的房屋原价。因此，凡按会计制度规定在账簿中记载有房屋原价的，应以房屋原价按规定减除一定比例后作为房产余值计征房产税；没有记载房屋原价的，按照上述原则，并参照同类房屋确定房产原值，按规定计征房产税。

　　值得注意的是：自 2009 年 1 月 1 日起，对依照房产原值计税的房产，不论是否记载在会计账簿固定资产科目中，均应按照房屋原价计算缴纳房产税。房屋原价应根据国家有关会计制度规定进行核算。对纳税人未按国家会计制度规定核算并记载的，应按规定予以调整或重新评估。

案例三　出租变仓储，企业有实惠

　　A 企业现有 5 栋闲置库房，房产原值为 2 000 万元。现有以下两个方案，企业可以进行选择：

方案展示

方案一：企业将闲置库房出租收取租赁费，年租金收入为 200 万元。

```
闲置库房  ──出租──▶  年租金200万元
```

　　方案二：企业配备保管人员将库房改为仓库，为客户提供仓储服务，收取仓储费，年仓储收入为 200 万元，但需每年支付给保管人员 2 万元。当地房产原值的扣除比例为 30%。

```
闲置转为仓库  ──支付工资2万元──▶  年租金200万元
```

方案对比

　　按照方案一：企业应纳房产税 =200×12%=24（万元）

　　按照方案二：采用仓储筹划，应纳房产税 =2 000×（1-30%）×1.2%=16.8（万元）；应支付给保管人员 2 万元，支出 18.8 万元。

　　由此可见，筹划后比筹划前房产税少支出 24-16.8=7.2（万元），房产税税负降低了 30%（7.2÷24）。

专家点评

房产税的计征方式有两种，一是从价计征，二是从租计征。从价计征的房产税，是以房产余值为计税依据，即按房产原值一次减除 10% ~ 30% 后的余值的 1.2% 计征。从租计征的房产税，是以房屋出租取得的租金收入为计税依据，税率为 12%。由于房产税有两种计税方法——按房产余值或租金收入计算，不同方法计算的结果必然有差异，也必然会导致应纳税额的不同，这就有了纳税筹划的空间。企业可以根据实际情况选择计征方式，通过比较两种方式税负的大小，选择税负低的计征方式，以达到节税的目的。

对于企业而言，要降低企业高额的房产税，可以把单纯的房屋租赁改变为仓储保管服务，也就是改变收入的性质，把租赁收入变为仓储服务收入。房屋租赁要按租金收入的 12% 交纳房产税，仓储保管则是按房产余值的 1.2% 交纳房产税。依据这个企业现在的房产价值（扣除比例为 30%）和租金收入来看，按房产余值计算交纳的房产税肯定低于按租金收入计算交纳的房产税。为此对这个企业的纳税做了如下筹划：

尽管出租变为仓储后，要相应增加人员和设施费用，但相对于节约的房产税税金来说，还只是小部分的费用，从总体来说，企业还是划算的。

案例四 企业业务巧转变

某企业因经营不善等原因，原来的主营业务不景气，仓库被闲置，为增加收入，企业决定业务转型，把对外出租仓库作为主营业务。

方案展示

方案一：直接出租，取得租金收入 1 000 万元。

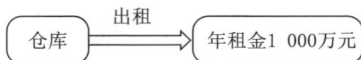

方案二：企业申请成为物业管理公司，并重新签订合同，年租赁费 500 万元，物业管理费 500 万元。

方案对比

方案一： 当年取得租金收入 1 000 万元，依据 12% 的税率交纳房产税 120 万元，单此一项税收就达 120 万元，若再加上其他一些税费，则企业的税负更重。

方案二： 首先，根据当地物业管理标准，对年租金收入进行筹划，把年租金 1 000 万元，变成年租赁费 500 万元，物业管理费 500 万元。因为物业管理费只需交纳增值税，不用按租金收入交纳 12% 的房产税。其次，也是最为关键的一步，就是物业管理的资格认定。物业管理资格认定属于建设主管部门的行政审判事项，只有获得它的认可，再去税务部门得到批准，就可以从事物业管理业务了。

节税筹划前，房产税合计为 120 万元；

节税筹划后，物业管理费只需交纳增值税，不交房产税。所以房产税按 500 万元计算为：$500 \times 12\% = 60$（万元）。

企业的税负为 60 万元。这样可以使企业减轻税负 60 万元（120-60），税负减轻了 50%（60÷120）。

专家点评

房产税的计征方式有两种，一是从价计征，二是从租计征。从价计征的房产税，是以房产余值为计税依据，即按房产原值一次减除 10% ~ 30% 后的余值的 1.2% 计征。从租计征的房产税，是以房屋出租取得的租金收入为计税依据，税率为 12%。由于房产税有两种计税方法——按房产余值或租金收入计算，不同方法计算的结果必然有差异，也必然会导致应纳税额的不同，这就有了纳税筹划的空间。企业可以根据实际情况选择计征方式，通过比较两种方式税负的大小，选择税负低的计征方式，以达到节税的目的。

对于企业而言，要降低企业高额的房产税，可以把单纯的房屋租赁改变为仓储保管服务，也就是改变收入的性质，把仓储服务收入变为主营业务收入。变为企业的主营业务收入以后，企业可以将相关的费用进行税前扣除，之后按照增值税的相关规定计算需要缴纳增值税。企业实现了降低税收的要求，尽管进行了税前扣除，要相应增加人员和设施费用，但相对于节约的房产税税金来说，还只是小部分的费用，从总体来说，企业还是划算的。

案例五　合理规划房产原值

甲企业位于某市市区，企业除厂房、办公用房外，还包括厂区围墙、烟囱、水塔、变电塔、游泳池、停车场等建筑物，总计工程造价 10 亿元，除厂房、办公用房外的建筑设施工程造价 2 亿元。假设当地政府规定的扣除比例为 30%。

方案展示

方案一：将所有建筑物都作为房产计入房产原值。

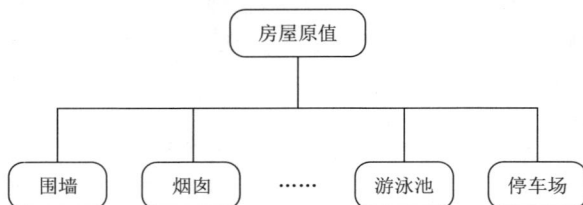

方案二：将游泳池、停车场等都建成露天的，在会计账簿中单独核算。

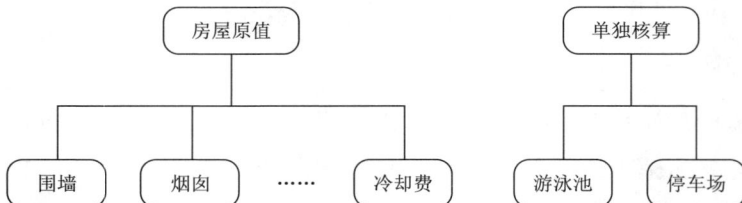

方案对比

按照企业的房产税法，方案一应纳房产税金额 =100 000×（1-30%）×1.2%=840（万元）。

按照企业的房产税法，方案二应纳房产税金额 =（100 000-20 000）×（1-30%）×1.2%=672（万元）。方案二相对于方案一少缴纳房产税 168 万元。

专家点评

房产税是以房屋为征税对象，按照房屋的计税余值或租金收入，向产权所有人征收的一种财产性税收。

房产出租的，房产税采用从租计征方式，以租金收入作为计税依据，按 12%税率计征。对于出租方的代收项目收入，应当与实际租金收入分开核算，分开签订合同，从而降低从租计征的计税依据。

房产税案例房产是以房屋形态表现的财产。独立于房屋之外的建筑物，如酒窖菜窖、室外游泳池、玻璃暖房、各种油气罐等，则不属于房产。对于与房屋不可分离的附属设施，属于房产。如果将除厂房、办公用房以外的建筑物建成露天的，并且把这些独立建筑物的造价同厂房、办公用房的造价分开，在会计账簿中单独核算，对于企业房产税而言，则这部分建筑物的造价不计入房产原值，无需缴纳相关的房产税。

案例六 慎用免租期

A房地产公司开发了一片工业园区，工业园区设计成独立的仓库和厂房，该工业园区开发完成以后，房地产公司作为自持物业对外出租。由于工业园区所处地理位置相对偏远，出租率不太理想，A房地产公司将其中一栋厂房出租给B公司，有两种出租方式可供选择。其中该栋厂房的房产原值为1 500万元，假设当地房产原值的扣除比例为20%，房产余值＝房产原值×（1－扣除比例）。

方案展示

方案一：2018年免租金、2019年租金150万元、2020年租金150万元，合同3年签订一次。

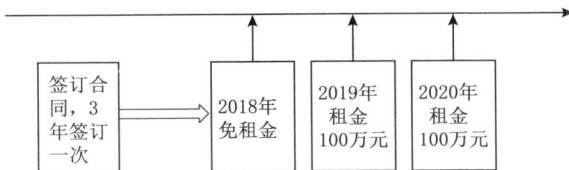

方案二：2018年至2020年租金300万元，合同3年签订一次。

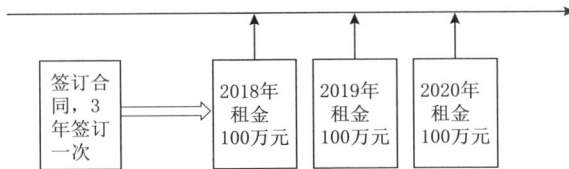

方案对比

第一种合同签订方式（第1年免租）应缴纳房产税：

2018年应缴房产税＝1 500×（1-20%）×1.2%=14.4（万元）（假设当地房产税按房产原值减除比例为20%）

2019 年应缴房产税 =150×12%=18（万元.）

2020 年应缴房产税 =150×12%=18（万元）

2018 ～ 2020 年应缴房产税 =14.4+18+18=50.4（万元）

第二种合同签订方式应缴纳房产税：

2018 ～ 2020 年应缴房产税 =300×12%=36（万元）

可节省房产税 =50.4-36=14.4（万元）。

专家点评

通过以上案例分析我们发现，企业在生产经营过程中合同签订是一件多么重要的事情，仅仅是"免租金"这三个字，却将让企业多缴房产税 14.4 万元。该案例仅仅只是一个筹划思路，实操中，多缴房产税的现象说不定远远大于这个金额。没有房产原值作为依据的，由房产所在地税务机关参考同类房产核定。房产出租的，以房产租金收入为房产税的计税依据。第四条规定，房产税的税率，依照房产余值计算缴纳的，税率为 1.2%；依照房产租金收入计算缴纳的，税率为 12%。根据财税〔2010〕121 号第二条规定：对出租房产，租赁双方签订的租赁合同约定有免收租金期限的，免收租金期间由产权所有人按照房产原值缴纳房产税。

案例七　有计划签合同

某大型生产企业 A 要把下属一家开工不足的工厂出租给一家民营企业 B，双方需要签订租赁合同，有以下两种方案。

方案展示

方案一：企业单独出租房屋，水电费由工厂自行缴纳，签订租约，每年租金 100 万元。

方案二：企业单独出租房屋，水电费纳入企业的租金中，由企业负责缴纳水电费，签订租约，每年租金 150 万元。

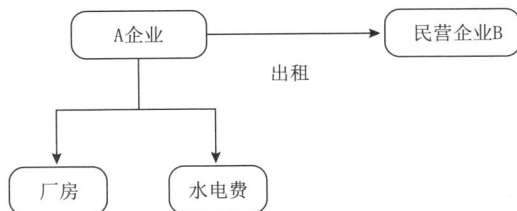

方案对比

按照企业的房产税法，方案一应纳房产税金额 =100×12%=12（万元）。

按照企业的房产税法，方案二应纳房产税金额 =150×12%=18（万元）。方案二相对于方案一多缴纳房产税 6 万元。

专家点评

房产税是以房屋为征税对象，按照房屋的计税余值或租金收入，向产权所有人征收的一种财产性税收。

房产出租的，房产税采用从租计征方式，以租金收入作为计税依据，按 12%税率计征。对于出租方的代收项目收入，应当与实际租金收入分开核算，分开签订合同，从而降低从租计征的计税依据。

在对租赁收入进行节税策划时，可以在保持企业收到实际收入不变的前提下，适当地降低租赁的名义收入额，从而有效地减少税收支出。一些出租房屋的屋主，为了省事，喜欢把水电煤气等代收费用打包在房租里一起收取，这样的方式不划算。

案例八　自用自建房屋，企业原值应该怎么核算最划算

某公司在 2020 年年初新建了一栋办公楼，工程建设成本为 6 000 万元，本次建设土地使用权账面价值为 1 000 万元（该办公楼占据该土地的一半），全部工程完成后办公楼的成本为 7 000 万元。该办公楼的计划使用期限为 30 年。企业在计算房产税的过程中有以下两种方案：

方案展示

方案一： 企业不分别核算，直接按照办公楼的全部成本计算房产税。

方案二：企业分别核算，按照企业所占用的办公楼成本计算房产税。

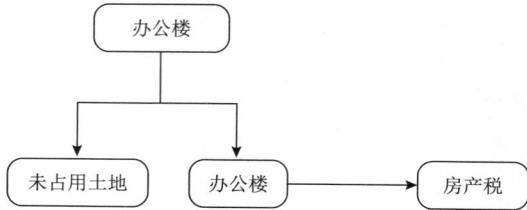

方案对比

对于方案一而言，企业应该缴纳房产税 =7 000×（1-30%）×1.2%=58.8（万元），50 年应该缴纳的房产税 =58.8×50=2 940（万元）。

对于方案二而言，由于办公楼仅仅占土地的一半，可以将另一半的土地单独作为无形资产予以摊销。企业的房地产成本就变为 6 500 万元，每年应该缴纳的房产税 =6 500×（1-30%）×1.2%=54.6（万元），50 年应当缴纳的房产税 =54.6×50=2 730（万元）。减轻税收负担 =2 940-2 730=210（万元）。

专家点评

根据税法的规定，企业购入或者以支付土地出让金的方式取得的土地使用权，在尚未开发或者建造自用房产之前，作为企业的无形资产核算，并按税法规定的摊销期限分期摊销。在建造房产以后，企业应将土地使用权的账面价值全部转入在建工程成本，在结转时，企业应当对房产占用的土地面积按比例结转，对于非房产占用的土地，应当予以摊销，这样可以减少房产的价值，从而减轻企业房产税的负担。

第六章

契税筹划

第一节　契税简介

一、契税的概念

契税是以在中华人民共和国境内转移土地、房屋权属为征税对象，按照当事人签订的合同（契约）以及所确定价格的一定比例，向产权承受人征收的一种财产税。征收契税有利于增加地方财政收入，有利于保护合法产权，避免产权纠纷。

契税法，是指国家指定的用以调整契税征收与缴纳权利及义务关系的法律规范。现行契税法的基本规范，是 2020 年 8 月 11 日第十三届全国人民代表大会常务委员会第二十一次会议表决通过，并于 2021 年 9 月 1 日开始施行的《中华人民共和国契税法》（以下简称《契税法》）。

二、契税纳税义务人和征税范围

（一）纳税义务人

契税的纳税义务人是境内承受土地、房屋权属转移的单位和个人。境内是指中华人民共和国实际税收行政管辖范围内。土地、房屋权属是指土地使用权和房屋所有权。单位是指企业单位、事业单位、国家机关、军事单位和社会团体以及其他组织。个人是指个体经营者及其他个人，包括中国公民和外籍人员。

（二）征税范围

契税是以在中华人民共和国境内转移土地、房屋权属为征税对象，向产权承受人征收的一种财产税。土地、房屋权属未发生转移的，不征收契税。具体征税范围包括以下五项内容：

1. 国有土地使用权出让

国有土地使用权出让是指土地使用者向国家交付土地使用权出让费用，国家将国有土地使用权在一定年限内让与土地使用者的行为。

国有土地使用权出让，受让者应向国家缴纳出让金，以出让金为依据计算缴纳契税。不得因减免土地出让金而减免契税。

2. 土地使用权的转让

土地使用权的转让是指土地使用者以出售、赠与、互换或者其他方式将土地使用权转移给其他单位和个人的行为。土地使用权的转让不包括农村集体土地承包经营权的转移和土地经营权的转移。

3. 房屋买卖

即以货币为媒介，出卖者向购买者让渡房产所有权的交易行为。以下几种特殊情况，视同买卖房屋：

以房产抵债或实物交换房屋。经当地政府和有关部门批准，以房抵债和实物交换房屋，均视同房屋买卖，应由产权承受人，按房屋现值缴纳契税。

例如，甲某因无力偿还乙某债务，而以自有的房产折价抵偿债务。经双方同意，有关部门批准，乙某取得甲某的房屋产权，在办理产权过户手续时，按房产折价款缴纳契税。如以实物（金银首饰等等价物品）交换房屋，应视同以货币购买房屋。

对已缴纳契税的购房单位和个人，在未办理房屋权属变更登记前退房的，退还已纳契税；在办理房屋权属变更登记后退房的，不予退还已纳契税。

以房产作投资、入股。这种交易业务属房屋产权转移，应根据国家房地产管理的有关规定，办理房屋产权交易和产权变更登记手续，视同房屋买卖，由产权承受方按契税税率计算缴纳契税。

例如，甲企业以自有房产投资于乙企业取得相应的股权。其房屋产权变为乙企业所有，故产权所有人发生变化。因此，乙企业在办理产权登记手续后，按甲企业入股房产现值（国有企事业房产须经国有资产管理部门评估核价）缴纳契税。如丙企业以股份方式购买乙企业房屋产权，丙企业在办理产权登记后，按取得房产买价缴纳契税。

以自有房产作股投入本人独资经营的企业，免纳契税。因为以自有的房地产投入本人独资经营的企业，产权所有人和使用权使用人未发生变化，不需办理房产变更手续，也不办理契税手续。

买房拆料或翻建新房，应照章征收契税。例如，甲某购买乙某房产，不论其目的是取得该房产的建筑材料或是翻建新房，实际构成房屋买卖。甲某应首先办理房屋产权变更手续，并按买价缴纳契税。

4. 房屋赠与

房屋的赠与是指房屋产权所有人将房屋无偿转让给他人所有。其中，将自己的房屋转交给他人的法人和自然人，称作房屋赠与人；接受他人房屋的法人和自然人，称为受赠人。房屋赠与的前提必须是产权无纠纷，赠与人和受赠人双方自愿。

由于房屋是不动产，价值较大，故法律要求赠与房屋应有书面合同（契约），并到房地产管理机关或农村基层政权机关办理登记过户手续，才能生效。如果房屋赠与行为涉及涉外关系，还需公证处证明和外事部门认证，才能有效。房屋的受赠人要按规定缴纳契税。

5. 房屋互换

房屋互换是指房屋所有者之间互相交换房屋的行为。

随着经济形势的发展，有些特殊方式转移土地、房屋权属的，也将视同土地使用权转让、房屋买卖或者房屋赠与。一是以土地、房屋权属作价投资、入股；二是以土地、房屋权属抵债；三是以获奖方式承受土地、房屋权属；四是以预购方式或者预付集资建房款方式承受土地、房屋权属。

三、契税税率、计税依据和应纳税额的计算

契税税率及计税依据汇总表

征税对象	纳税人	计税依据	税率	计税公式
国有土地使用权出让	受让方	成交价格（注意：国有土地使用权出让，受让者需要向国家缴纳出让金，以出让金为依据缴纳契税。不能因为减免土地出让金而减免契税）	3% ~ 5% 的幅度税率，各省、自治区、直辖市人民政府按本地区的实际情况在幅度内确定	应纳税额＝计税依据 × 税率
土地使用权转让				
房屋买卖	买房			
土地使用权赠与、房屋赠与	受赠方	征收机关参照市场价格核定		
土地使用权互换、房屋互换	付出差价方	等价交换免征契税；非等价交换的按照差额征税		

（一）税率

契税实行 3% ~ 5% 的幅度税率。实行幅度税率是考虑到我国经济发展的不平衡，各地经济差别较大的实际情况。因此，各省、自治区、直辖市人民政府可以在 3% ~ 5% 的幅度税率规定范围内，按照本地区的实际情况决定。

（二）计税依据

契税的计税依据为不动产的价格（不含增值税）。由于土地、房屋权属转移方式不同，定价方法不同，因而具体计税依据视不同情况而决定。

1. 国有土地使用权出让、土地使用权出售、房屋买卖，以成交价格为计税依据。成交价格是指土地、房屋权属转移合同确定的价格，包括承受者应交付的货币、实物、无形资产或者其他经济利益。

2. 土地使用权赠与、房屋赠与，由征收机关参照土地使用权出售、房屋买卖的市场价格核定。

3. 土地使用权互换、房屋互换，为所互换的土地使用权、房屋的价格差额。也就是说，互换价格相等时，免征契税；互换价格不等时，由多交付的货币、实物、无形资产或者其他经济利益的一方缴纳契税。

4. 以划拨方式取得土地使用权，经批准转让房地产时，由房地产转让者补交契税。计税依据为补交的土地使用权出让费用或者土地收益。

为了避免偷、逃税款，税法规定，成交价格明显低于市场价格并且无正当理

由的，或者所互换土地使用权、房屋价格的差额明显不合理并且无正当理由的，征收机关可以参照市场价格核定计税依据。

对承受国有土地使用权应支付的土地出让金。

5. 房屋附属设施征收契税的依据。

（1）不涉及土地使用权和房屋所有权转移变动的，不征收契税。

（2）采取分期付款方式购买房屋附属设施土地使用权、房屋所有权的，应按合同规定的总价款计征契税。

（3）承受的房屋附属设施权属如为单独计价的，按照当地确定的适用税率征收契税；如与房屋统一计价的，适用与房屋相同的契税税率。

6. 个人无偿赠与不动产行为（法定继承人除外），应对受赠人全额征收契税。在缴纳契税时，纳税人须提交经税务机关审核并签字盖章的个人无偿赠与不动产登记表，税务机关（或其他征收机关）应在纳税人的契税完税凭证上加盖"个人无偿赠与"印章，在个人无偿赠与不动产登记表中签字并将该表格留存。

（三）应纳税额的计算

契税采用比例税率。当计税依据确定以后，应纳税额的计算比较简单。应纳税额的计算公式为：

$$应纳税额=计税依据×税率$$

【例6-1】居民乙因拖欠居民甲180万元的款项无力偿还，2020年6月经当地有关部门调解，以房产抵偿该笔债务，居民甲因此取得该房产的产权并支付给居民乙差价款20万元。假定当地省政府规定的契税税率为5%。应由谁缴纳契税，计算其应缴纳的契税。

【解析】契税的纳税人为承受房产权属的单位和个人，所以应该是居民甲缴纳契税。由于该房产是用180万元债权外加20万元款项取得，故计税依据为200万元，居民甲应纳契税=（180+20）×5% =10（万元）。

【例6-2】2020年，王某获得单位奖励房屋一套。王某得到该房屋后又将其与李某拥有的一套房屋进行交换。经房地产评估机构评估王某获奖房屋价值30万元，李某房屋价值35万元。两人协商后，王某实际向李某支付房屋交换价格差额款5万元。税务机关核定奖励王某的房屋价值28万元。已知当地规定的契税税率为

4%。计算王某应缴纳的契税税额。

【解析】以获奖方式取得房屋权属的应视同房屋赠与征收契税，计税依据为税务机关参照市场价格核定的价格，即 28 万元。房屋交换且交换价格不相等的，应由多支付货币的一方缴纳契税，计税依据为所交换的房屋价格的差额，即 5 万元。因此，王某应就其获奖承受该房屋权属行为和房屋交换行为分别缴纳契税。

（1）王某获奖承受房屋权属应缴纳的契税税额 =280 000×4%=11 200（元）

（2）王某交换房屋行为应缴纳的契税税额 =50 000×4%=2 000（元）

（3）王某实际应缴纳的契税税额 =11 200+2 000=13 200（元）

【例 6-3】北京市张先生和太太 2019 年 1 月以 50 万元购买一套 74 平方米的住房用作结婚新房，2020 年 8 月生子后，为改善住房条件，以 94.5 万元（发票注明价款 90 万元，增值税 4.5 万元）购买了第二套 100 平方米的住房，计算张先生一家两次共需缴纳的契税。

【解析】第一套 90 平方米及以下住房按照 1% 的税率征收契税；第二套改善性住房超过 90 平方米，按照 2% 的税率征收契税。张先生一家两次共缴纳契税 = 50×1% +90×2% =2.3（万元）。

四、契税税收优惠

（一）契税优惠的一般规定

1. 国家机关、事业单位、社会团体、军事单位承受土地、房屋用于办公、教学、医疗、科研和军事设施的，免征契税。

2. 城镇职工按规定第一次购买公有住房，免征契税。

公有制单位为解决职工住房而采取集资建房方式建成的普通住房或由单位购买的普通商品住房，经县级以上人民政府房改部门批准、按照国家房改政策出售给本单位职工的，如属职工首次购买住房，比照公有住房免征契税。

3. 因不可抗力灭失住房，重新承受住房权属，省、自治区、直辖市可以决定免征或减征契税。不可抗力是指自然灾害、战争等不能预见、不可避免并不能克服的客观情况。

4. 因土地、房屋被县级以上人民政府征收、征用，重新承受土地、房屋权属的，由省级人民政府确定是否减免。

5. 承受荒山、荒地、荒滩土地使用权，并用于农、林、牧、渔业生产的，免征契税。

6. 依照法律规定，应当予以免税的外国驻华使馆、领事馆和国际组织驻华代表机构承受土地、房屋权属。

7. 对个人购买住房契税的税收优惠。

个人购买住房契税优惠政策

个人购买住房	契税优惠政策
城镇职工按规定第一次购买公有住房（含按政策经批准的集资房、房改房）	免征契税
个人购买家庭唯一住房，面积为 90 平方米及以下的	减按 1% 的税率征收契税
个人购买家庭唯一住房，面积为 90 平方米及以上的	减按 1.5% 的税率征收契税
个人购买家庭第二套改善性住房，面积为 90 平方米及以下的（不含北京、上海、广州、深圳的住房）	减按 1% 的税率征收契税
个人购买家庭第二套改善性住房，面积为 90 平方米及以上的（不含北京、上海、广州、深圳的住房）	减按 2% 的税率征收契税

注意：家庭第二套改善性住房是指已拥有一套住房的家庭购买的家庭第二套住房。

8. 纳税人申请享受税收优惠的，根据纳税人的申请或授权，由购房所在地的房地产主管部门出具纳税人家庭住房情况书面查询结果，并将查询结果和相关住房信息及时传递给税务机关。暂不具备查询条件而不能提供家庭住房查询结果的，纳税人应向税务机关提交家庭住房实有套数书面诚信保证，诚信保证不实的，属于虚假纳税申报，按照《中华人民共和国税收征收管理法》的有关规定处理，并将不诚信记录纳入个人征信系统。

（二）契税优惠的特殊规定

自 2018 年 1 月 1 日起至 2020 年 12 月 31 日，企业、事业单位改制重组过程中涉及的契税按以下规定执行。该规定出台前，企业、事业单位改制重组过程中涉及的契税尚未处理的，符合以下规定的可按以下规定执行。

1. 企业改制。企业按照《中华人民共和国公司法》有关规定整体改制，包括非公司制企业改制为有限责任公司或股份有限公司，有限责任公司变更为股份有限公司，股份有限公司变更为有限责任公司，原企业投资主体存续并在改制（变更）后的公司中所持股权（股份）比例超过 75%，且改制（变更）后公司承继原企业权利、义务的，对改制（变更）后公司承受原企业土地、房屋权属，免征契税。

2. 事业单位改制。事业单位按照国家有关规定改制为企业，原投资主体存续并在改制后企业中出资（股权、股份）比例超过50%的，对改制后企业承受原事业单位土地、房屋权属，免征契税。

3. 公司合并。两个或两个以上的公司，依照法律规定、合同约定，合并为一个公司，且原投资主体存续的，对合并后公司承受原合并各方土地、房屋权属，免征契税。

4. 公司分立。公司依照法律规定、合同约定分立为两个或两个以上与原公司投资主体相同的公司，对分立后公司承受原公司土地、房屋权属，免征契税。

5. 企业破产。企业依照有关司承受原企业的土地、房屋权属，免征契税。

6. 资产划转。对承受县级以上人民政府或国有资产管理部门按规定进行行政性调整、划转国有土地、房屋权属的单位，免征契税。同一投资主体内部所属企业之间土地、房屋权属的划转，包括母公司与其全资子公司之间，同一公司所属全资子公司之间，同一自然人与其设立的个人独资企业、一人有限公司之间土地、房屋权属的划转，免征契税。母公司以土地、房屋权属向其全资子公司增资，视同划转，免征契税。

7. 债权转股权。经国务院批准实施债权转股权的企业，对债权转股权后新设立的公司承受原企业的土地、房屋权属，免征契税。

8. 划拨用地出让或作价出资。以出让方式或国家作价出资（入股）方式承受原改制重组企业、事业单位划拨用地的，不属上述规定的免税范围，对承受方应按规定征收契税。

9. 公司股权（股份）转让。在股权（股份）转让中，单位、个人承受公司股权（股份），公司土地、房屋权属不发生转移，不征收契税。

税收优惠的特殊规定

特殊行为	具体情况	契税政策
企业改制	包括非公司制企业改制为有限责任公司或股份有限公司，有限责任公司变更为股份有限公司，股份有限公司变更为有限责任公司，原企业投资主体存续并在改制（变更）后的公司中所持股权（股份）比例超过75%，且改制（变更）后公司承继原企业权利、义务的，对改制（变更）后公司承受原企业土地、房屋权属	免征
事业单位改制	事业单位按照国家有关规定改制为企业，原投资主体存续并在改制后企业中出资（股权、股份）比例超过50%的，对改制后企业承受原事业单位土地、房屋权属	免征
公司合并	两个或两个以上的公司，按规定合并为一个公司，且原投资主体存续的，对合并后的公司承受原合并各方的土地、房屋权属	免征
公司分立	公司按规定分设为两个或两个以上与原公司投资主体相同的公司，对分立后公司承受原公司土地、房屋权属	免征
企业破产	企业依照有关法律法规规定实施破产，债权人（包括破产企业职工）承受破产企业抵偿债务的土地、房屋权属	免征
	对非债权人承受破产企业土地、房屋权属，凡按照《中华人民共和国劳动法》等国家有关法律法规政策妥善安置原企业全部职工，与原企业全部职工签订服务年限不少于3年的劳动用工合同的，对其承受所购企业土地、房屋权属	
	对非债权人承受破产企业土地、房屋权属，按规定妥善安置原企业全部职工，与原企业超过30%的职工签订服务年限不少于3年的劳动用工合同的，对其承受所购企业土地、房屋权属	减半征收
资产划转	对承受县级以上人民政府或国有资产管理部门按规定进行行政性调整、划转国有土地、房屋权属的单位	免征
	同一投资主体内部所属企业之间土地、房屋权属的划转，包括母公司与其全资子公司之间，同一公司所属全资子公司之间，同一自然人与其设立的个人独资企业、一人有限公司之间土地、房屋权属的划转。 提示：母公司以土地、房屋权属向其全资子公司增资，视同划转，免征契税（新增）	
债券转股权	经国务院批准实施债权转股权的企业，对债权转股权后新设立的公司承受原企业的土地、房屋权属	免征
划拨用地出让或作价出资	以出让方式或国家作价出资（入股）方式承受原改制重组企业、事业单位划拨用地的	对承受方征税
公司股权（股份）转让	在股权（股份）转让中，单位、个人承受公司股权（股份），公司土地、房屋权属不发生转移	不征

五、契税征收管理

（一）纳税义务发生时间

契税的纳税义务发生时间是纳税人签订土地、房屋权属转移合同的当天，或者纳税人取得其他具有土地、房屋权属转移合同性质凭证的当天。

（二）纳税期限

纳税人应当自纳税义务发生之日起 10 日内，向土地、房屋所在地的契税征收机关办理纳税申报，并在契税征收机关核定的期限内缴纳税款。

（三）纳税地点

契税在土地、房屋所在地的征收机关缴纳。

（四）契税申报

1. 根据人民法院、仲裁委员会的生效法律文书发生土地、房屋权属转移，纳税人不能取得销售不动产发票的，可持人民法院执行裁定书原件及相关材料办理契税纳税申报，税务机关应予受理。

2. 购买新建商品房的纳税人在办理契税纳税申报时，由于销售新建商品房的房地产开发企业已办理注销税务登记或者被税务机关列为非正常户等原因，致使纳税人不能取得销售不动产发票的，税务机关在核实有关情况后应予受理。

（五）征收管理

纳税人办理纳税事宜后，征收机关应向纳税人开具契税完税凭证。纳税人持契税完税凭证和其他规定的文件材料，依法向土地管理部门、房产管理部门办理有关土地、房屋的权属变更登记手续。土地管理部门和房产管理部门应向契税征收机关提供有关资料，并协助契税征收机关依法征收契税。

另外，对已缴纳契税的购房单位和个人，在未办理房屋权属变更登记前退房的，退还已纳契税；在办理房屋权属变更登记之后退还的，不予退还已纳契税。

契税征收管理的主要规定

基本要点	主要规定
纳税义务发生时间	纳税人签订土地、房屋权属转移合同的当天，或者取得其他具有土地、房屋权属转移合同性质凭证的当天
纳税期限	纳税义务发生之日起 10 日内
纳税地点	土地、房屋所在地

第二节　契税筹划思路与案例

案例一　签订等价交换合同，享受免征契税政策

蓝天公司有一块土地价值 4 500 万元拟出售给金地公司，然后从金地公司购买其另外一块价值 4 500 万元的土地。

方案展示

方案一：双方签订土地销售与购买合同后。

方案二：蓝天公司与金地公司改变合同的订立方式，选择签订土地使用权交换合同。

方案对比

按照方案一，蓝天公司应缴纳契税 =4 500×4%=180（万元），金地公司应缴纳契税 =4 500×4%=180（万元）。

按照方案二，蓝天公司与金地公司约定以 4 500 万元的价格等价交换双方土地。根据契税的规定，蓝天公司和金地公司各自免征契税 180 万元。一共节省 360 万元契税。

专家点评

契税是以在中华人民共和国境内转移土地、房屋权属为征税对象，向产权承受人征收的一种财产税。契税的征税对象是境内转移的土地、房屋权属。房屋互换是指房屋所有者之间互相交换房屋的行为。有些特殊方式转移土地、房屋权属的，也将视同土地使用权转让、房屋买卖或者房屋赠与。一是以土地、房屋权属作价投资、入股；二是以土地、房屋权属抵债；三是以获奖方式承受土地、房屋权属；四是以预购方式或者预付集资建房款方式承受土地、房屋权属。契税的计

税依据为不动产的价格。

国有土地使用权出让、土地使用权出售、房屋买卖，以成交价格为计税依据。成交价格是指土地、房屋权属转移合同确定的价格，包括承受者应交付的货币、实物、无形资产或者其他经济利益。土地使用权赠与、房屋赠与，由征收机关参照土地使用权出售、房屋买卖的市场价格核定。土地使用权互换、房屋互换，为所交换的土地使用权、房屋的价格差额。也就是说，交换价格相等时，免征契税；交换价格不等时，由多交付的货币、实物、无形资产或者其他经济利益的一方缴纳契税。

根据《中华人民共和国契税暂行条例》及其《实施细则》规定：土地使用权、房屋交换，契税的计税依据为所交换的土地使用权、房屋的价格差额，由多交付货币、实物、无形资产或其他经济利益的一方缴纳税款，交换价格相等的，免征契税。

案例二　签订分立合同，降低契税支出

金星实业公司有一化肥生产车间拟出售给紫金实业公司，该化肥生产车间有一幢生产厂房及其他生产厂房附属物，附属物主要为围墙、烟囱、水塔、变电塔、油池油柜、若干油气罐、挡土墙、蓄水池等，化肥生产车间总占地面积4 000平方米，该市对于房屋征收的契税征收税率4%。

方案展示

方案一： 整体评估价为800万元（其中生产厂房评估价为260万元，4 000平方米土地评估价为340万元，其他生产厂房附属物评估价为200万元），紫金实业公司按整体评估价800万元购买。

方案二： 金星实业公司与紫金实业公司签订两份销售合同，第一份合同为销售生产厂房及占地4 000平方米土地使用权的合同，销售合同价款为500万元，第二份合同为销售独立于房屋之外的建筑物、构筑物以及地面附着物（主要包括围墙、烟囱、水塔、变电塔、油池油柜、若干油气罐、挡土墙、蓄水池等），销售合同价款为300万元。

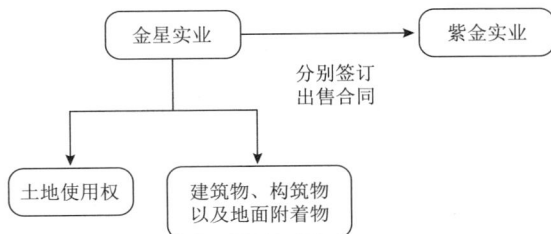

方案对比

方案一：紫金实业公司按照企业的整体评估价 800 万元购买，应缴纳契税 = 800×4%=32（万元）。

方案二：因为分别签订购买的合同，紫金实业公司只就第一份销售合同缴纳契税，应缴纳契税 =500×4%=20（万元），节约契税支出 12 万元。

专家点评

契税是以在中华人民共和国境内转移土地、房屋权属为征税对象，向产权承受人征收的一种财产税。契税的征税对象是境内转移的土地、房屋权属。

契税实行 3% ～ 5% 的幅度税率。实行幅度税率是考虑到我国经济发展的不平衡，各地经济差别较大的实际情况。因此，各省、自治区、直辖市人民政府可以在 3% ～ 5% 的幅度税率规定范围内，报同级人民代表大会常务委员会决定。

根据《财政部　国家税务总局关于房屋附属设施有关契税政策的批复》（财税〔2004〕126 号）规定：

1. 对于承受与房屋相关的附属设施（包括停车位、汽车库、自行车库、顶层阁楼以及储藏室，下同）所有权或土地使用权的行为，按照契税法律、法规的规定征收契税；对于不涉及土地使用权和房屋所有权转移变动的，不征收契税。

2. 采取分期付款方式购买房屋附属设施土地使用权、房屋所有权的，应按合同规定的总价款计征契税。

3. 承受的房屋附属设施权属如为单独计价的，按照当地确定的适用税率征收契税；如与房屋统一计价的，适用与房屋相同的契税税率。

根据上述文件对于免征契税的规定，在支付独立于房屋之外的建筑物、构筑物以及地面附着物价款时不征收契税。

案例三　改变抵债时间，享受免征契税政策

银律公司因企业的严重亏损准备关闭，由于企业尚欠主要债权人明珠公司借款8 000万元，需要偿还借款。现在银律公司有两种方案可供选择：

方案展示

方案一：银律公司直接以公司一块价值8 000万元的土地偿还所欠债务。

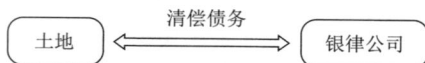

方案二：明珠公司申请银律公司破产清算后再以主要债权人身份承受银律公司以价值8 000万元的土地抵偿债务。

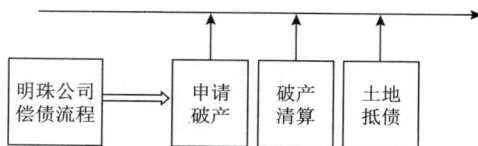

方案对比

方案一：明珠公司接受银律公司土地抵债应缴纳契税=8 000×4%=320（万元）。

方案二：根据国家相关法规的规定，明珠公司可享受免征契税，节约契税支出320万元。

专家点评

根据《财政部　国家税务总局关于改制重组若干契税政策的通知》财税〔2003〕184号文件规定：企业按照有关法律、法规的规定实施关闭、破产后，债权人（包括关闭、破产企业职工）承受关闭、破产企业土地、房屋权属以抵偿债务的，免征契税。

案例四　改变抵债不动产的接收人，享受免征契税

华业公司欠维安公司货款3 000万元，同时维安公司尚欠美晨公司债务3 000万元，维安公司由以下两种可以选择的抵债方案。

方案展示

方案一：华业公司以自身原价值3 000万元的商品房偿还所欠维安公司债务，维安公司再转让给美晨公司。

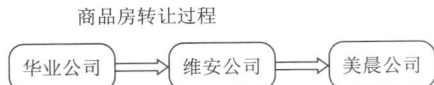

商品房转让过程

华业公司 ➡ 维安公司 ➡ 美晨公司

方案二：维安公司与华业公司、美晨公司签订债务偿还协议，由华业公司将抵债商品房直接销售给美晨公司，美晨公司将房款汇给华业公司。

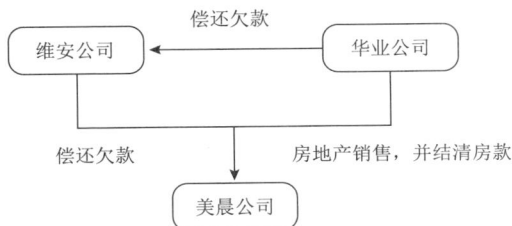

方案对比

方案一：维安公司接受华业公司商品房抵债后又以3 000万元的价格转售给美晨公司偿还所欠债务3 000万元，维安公司接受华业公司抵债商品房应缴纳契税＝3 000×4%＝120（万元）。

方案二：维安公司与华业公司、美晨公司签订债务偿还协议，由华业公司将抵债商品房直接销售给美晨公司，美晨公司将房款汇给华业公司，华业公司收美晨公司房款后再汇给维安公司偿还债务，维安公司收华业公司欠款后再汇给美晨公司偿还债务。经上述筹划后，三方欠款清欠完毕，且维安公司可享受免征契税，节约契税支出120万元。

专家点评

契税是以在中华人民共和国境内转移土地、房屋权属为征税对象，向产权承受人征收的一种财产税。以房抵债和实物交换房屋，均视同房屋买卖，应由产权承受人，按房屋现值缴纳契税。例如，甲某因无力偿还乙某债务，而以自有的房产折价抵偿债务。经双方同意，有关部门批准，乙某取得甲某的房屋产权，在办理产权过户手续时，按房产折价款缴纳契税。如以实物（金银首饰等等价物品）交换房屋，应视同以货币购买房屋。维安公司最终需将抵债商品房销售给美晨公司抵债，华业公司抵债商品房在维安公司账面只是过渡性质，却需多缴纳契税120万元，在三方欠款均相等的情况下，进行纳税筹划后这120万元多缴纳的中间环节契税可免征。

案例五　改变投资方式，享受免征契税政策

王阳与张力计划成立一家有限责任公司，王阳计划将自身一幢商品房价值600万元出资，张力货币出资400万元。现在有以下两个方案可供选择。

方案展示

方案一： 两人直接注册新华有限责任公司，其中新华公司的总注册资本为1 000万元。王阳实物出资600万元，张力货币出资400万元。

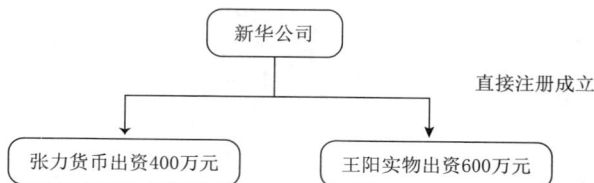

方案二： 王阳到工商局注册登记成立归属于王阳的个人独资公司，然后对其所属的个人独资公司进行相应的公司制改造计划，改组为有限责任公司，改建完成以后由张力对该有限责任公司进行增资。

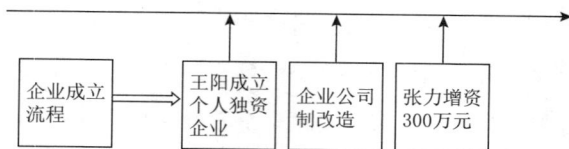

方案对比

方案一：新华公司接受房产投资后应该缴纳的契税=600×4%=24（万元）。

方案二：首先由王阳到工商局注册登记成立一家个人独资公司，将自有房产投入该独资公司，由于房屋产权所有人和使用人未发生变化，故无需办理房产变更手续，不需缴纳契税。王阳对其个人独资公司进行公司制改造，改建为有限责任公司，吸收张力投资，改建为新华有限责任公司，改建后的新华有限责任公司承受王阳个人独资公司的房屋，免征企业的契税，因此新华公司减少契税支出24万元。

专家点评

契税是以在中华人民共和国境内转移土地、房屋权属为征税对象，向产权承受人征收的一种财产税。根据财税〔2003〕184号文件的规定：非公司制企业，按照《中华人民共和国公司法》的规定，整体改建为有限责任公司（含国有独资公司）或股份有限公司，或者有限责任公司整体改建为股份有限公司的，对改建后的公司承受原企业土地、房屋权属，免征契税。

案例六　改变购买不动产方式，享受免征契税政策

安全有限责任公司因发展需要，需要向国有独资公司兴安有限责任公司购买三幢商品房，价值9 900万元。

方案展示

方案一：安全有限责任公司直接向国有独资公司兴安有限责任公司购买三幢商品房，支付9 900万元。

方案二：安全独资公司与兴安公司签订投资协议，共同出资组建兴盛有限责任公司，注册资本为1亿元，安全公司出资100万元，出资方式为货币资金投资，投资比例为1%，兴安公司出资9 900万元，企业的出资方式可以为三幢商品房，投资比例为99%，并约定兴盛有限责任公司成立后，于6个月内办理商品房产权变更手续。办理完商品房产权变更手续后，安全公司与兴安公司另签订一份股权转让协议，约定兴安公司将所持兴盛有限责任公司9 900万元股份原价转让给安全公司股东。

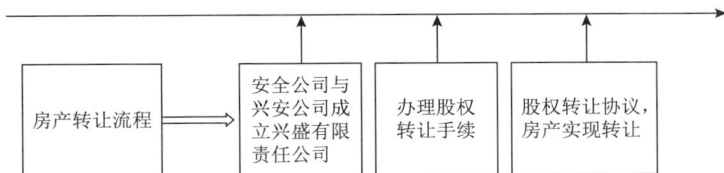

方案对比

方案一：安全公司应缴纳契税=9 900×4%=396（万元）。

方案二：在兴盛有限责任公司办理商品房产权变更手续时，由于新设立的兴盛有限责任公司承受兴安公司投入的房产，因兴安公司投资比例超过50%，享受免征契税396万元。在安全公司与兴安公司另签订一份股权转让协议之后，合并后安全公司承受原兴盛有限责任公司的房产，也可以享受免征契税396万元。在整个房产手续变更过程中，无须缴纳契税。

专家点评

根据财税〔2003〕184号文件的规定：非公司制国有独资企业或国有独资有限责任公司，以其部分资产与他人组建新公司，且该国有独资企业（公司）在新设公司中所占股份超过50%的，对新设公司承受该国有独资企业（公司）的房屋、土地权属，免征契税；两个或两个以上的企业，依据法律规定，合同约定，合并改建为一个企业，对合并后的企业承受原合并各方的房屋、土地权属免征契税。执行期限为2005年12月31日之前。

另外根据财税〔2006〕41号《财政部 国家税务总局关于延长企业改制重组若干契税政策执行期限的通知》文件规定，企业改制重组涉及的契税政策，继续按照财税〔2003〕184号文件规定执行，执行期限为2006年1月1日至2008年12月31日。对于财税〔2003〕184号文件执行过程中的问题做了如下规定：

1.184号文件第一条第一款中规定的"整体改建"，是指改建后的企业承继原企业全部权利和义务的改制行为。

2.184号文件第二、三、四条中所谓"企业"，是指法人企业。

3.184号文件第二条第一款中规定的"股权转让"，包括单位、个人承受企业股权，同时变更该企业法人代表、投资人、经营范围等法人要素的情况。在执行中，可以根据工商管理部门进行的企业登记认定。即企业办理变更登记的，适用于该款规定；企业办理新设登记的，不适用于该款规定。对新设企业承受原企业的土地、房屋权属应征收契税。

4.184号文件第四条规定的"企业分立"，仅指新设企业、派生企业与被分立企业投资主体完全相同的情形。

5.184号文件第七条中规定的"同一投资主体内部所属企业之间"，是指企业的母公司和其全资子公司内部、母公司所属的各个全资子公司内部之间的关系，以及同一自然人设立的个人独资企业之间、同一自然人设立的个人独资企业与一人有限责任公司之间的关系。

6.企业以出让方式承受原改制企业划拨用地的，不属于184号文件规定的范围，对承受人应征收契税。

读者意见反馈表

亲爱的读者：

感谢您对中国铁道出版社有限公司的支持，您的建议是我们不断改进工作的信息来源，您的需求是我们不断开拓创新的基础。为了更好地服务读者，出版更多的精品图书，希望您能在百忙之中抽出时间填写这份意见反馈表发给我们。随书纸制表格请在填好后剪下寄到：北京市西城区右安门西街8号中国铁道出版社有限公司大众出版中心 王佩 收（邮编：100054）。此外，读者也可以直接通过电子邮件把意见反馈给我们，E-mail地址是：505733396@qq.com。我们将选出意见中肯的热心读者，赠送本社的其他图书作为奖励。同时，我们将充分考虑您的意见和建议，并尽可能地给您满意的答复。谢谢！

- -

所购书名：_____

个人资料：

姓名：_____ 性别：_____ 年龄：_____ 文化程度：_____

职业：_____ 电话：_____ E-mail：_____

通信地址：_____ 邮编：_____

- -

您是如何得知本书的：

□书店宣传 □网络宣传 □展会促销 □出版社图书目录 □老师指定 □杂志、报纸等的介绍 □别人推荐
□其他（请指明）_____

您从何处得到本书的：

□书店 □邮购 □商场、超市等卖场 □图书销售的网站 □培训学校 □其他

影响您购买本书的因素（可多选）：

□内容实用 □价格合理 □装帧设计精美 □带多媒体教学光盘 □优惠促销 □书评广告 □出版社知名度
□作者名气 □工作、生活和学习的需要 □其他

您对本书封面设计的满意程度：

□很满意 □比较满意 □一般 □不满意 □改进建议

您对本书的总体满意程度：

从文字的角度 □很满意 □比较满意 □一般 □不满意
从技术的角度 □很满意 □比较满意 □一般 □不满意

您希望书中图的比例是多少：

□少量的图片辅以大量的文字 □图文比例相当 □大量的图片辅以少量的文字

您希望本书的定价是多少：

本书最令您满意的是：

1.
2.

您在使用本书时遇到哪些困难：

1.
2.

您希望本书在哪些方面进行改进：

1.
2.

您需要购买哪些方面的图书？对我社现有图书有什么好的建议？

您更喜欢阅读哪些类型和层次的书籍（可多选）？

□入门类 □精通类 □综合类 □问答类 □图解类 □查询手册类

您在学习计算机的过程中有什么困难？

您的其他要求：